Bauernopfer

Jürgen Reitemeier
Wolfram Tewes

Verlag topp+möller
Detmold 2009

Geschafft! Der Krimi *Bauernopfer* ist fertig. Natürlich sind auch in diesem Buch alle Ähnlichkeiten rein zufällig und auf keinen Fall beabsichtigt.

Bedanken möchten wir uns wie immer bei Alfons Holtgreve, der wieder ein ganz wunderbares Titelbild geschnitzt hat. Bei Petra Wirtz-Kaltenberg und Andreas Kuhlmann, die uns in Fragen der Rechtschreibung und im Kampf gegen die Fehler zur Seite standen. Bei Christiane Fischer, die sich um die logischen Zusammenhänge gekümmert hat. Danke sagen wir auch Rainer Opolka, der es uns ermöglicht hat, zwei Wochen in seinem *Alten Postheim* in Wendisch-Rietz in Klausur zu gehen, um an unserem Buch zu arbeiten und bei Achim Landwehr, der uns diesen Kontakt vermittelte. Last but not least gibt es da noch Jo Dorn, den wir in den zwei Wochen am *Großen Glubigsee* kennen und schätzen gelernt haben.

Bibliografische Information Der Deutschen Bibliothek
Die Deutsche Bibliothek verzeichnet diese Publikation in der Deutschen Nationalbibliografie; detaillierte bibliografische Daten sind im Internet über http://dnb.ddb.de abrufbar.

ISBN: 978-3-936867-31-2

Erste Auflage 2009
© Verlag topp+möller /
Jürgen Reitemeier, Wolfram Tewes 2009

Verlag und Gesamtherstellung: topp+möller, Detmold
Lektorat: Volker Maria Neumann

Der Ostwestfale sieht manchmal aus wie eine Kartoffel, und immer spricht er so. Er sagt nicht wirklich oder Wurst, sondern wiaklich und Wuast, der Nachmittag ist ihm ein Nammiitach und das Abendbrot ein Aaahmtbrot. Ich weiß das, ich komme da wech (…)

Von Harry Rowohlt stammt der Hinweis, dass Ostwestfalen ein Unsinnswort sei – Ost und West subtrahierten sich wechselseitig, und übrig bleibe: Falen. Falen ist aber kein anständiger Name für einen Landstrich. Außerdem spricht sich Ostwestfalen umständlicher und langsamer als Falen und passt deshalb sehr gut zu seinen Bewohnern, die schon zum Frühstück Schlachteplatte essen können und das dann leckò finden. (…)

Wenn Kinder in Ostwestfalen spielen, heißt das kalbern, da ist das Herumalbern schon mit drin, genau wie das Kalb. Machen sie Quatsch, dölmern sie und sind analog Dölmer; toben und lärmen sie, dann heißt es bald: Hört auf zu ramentern! Tünsel ist ein ostwestfälisches Wort, dessen Bedeutung sich nicht auf Anhieb erschließt. Ein Tünsel ist nicht unbedingt ein Dummkopf – eher einer, dem ein Patzer unterlief. (…)

„Wir sind Tünsel." (…)

Wir sind Tünsel: Schöner kann die Einsicht in die allumgreifende Fehlbarkeit des Menschen nicht formuliert werden. Mit dem Wort Heimat verbinde ich keine Landschaft – wozu auch? Eine Sprache, in der Dölmer, Hachos und Tünsel durcheinanderramentern, wullacken und kalbern, ist Heimat genug.

Von: Wiglaf Droste

1

Rauch! Überall Rauch.

Der Qualm der zahlreichen Osterfeuer ließ seine Augen tränen, reizte die Atemwege und bereitete ihm schlechte Laune. Ärgerlich rückte Hubert Diekjobst seinen Hut zurecht, legte sich sorgfältig die Decke über die Knie und setzte seinen Elektro-Rollstuhl in Gang. Er schloss die Haustür hinter sich zu und rollte mit leichtem Surren durch den kleinen Vorgarten auf die dunkle, menschenleere Straße. Dicke, beißende Rauchschwaden hatten sich wie eine Käseglocke über das ganze Dorf gelegt. Die Sicht betrug, wie bei starkem Nebel, an einigen Stellen nicht mehr als ein paar Meter. Hubert Diekjobst rieb sich die brennenden Augen. Wäre er doch nur zu Hause geblieben! Musste er in seinem Alter unbedingt an der Eröffnungsfeier teilnehmen? Aber Anton Fritzmeier hatte nun mal das ganze Dorf eingeladen. Und Fritzmeier war nicht nur sein einziger Freund in Heidental, er war auch noch älter als Diekjobst. Da hatte er schlecht absagen können.

Hubert Diekjobst war fast achtzig Jahre alt und lebte allein in seinem kleinen Häuschen am Dorfrand. Seit etwa zehn Jahren war er auf seinen Rollstuhl angewiesen und hatte sich recht gut daran gewöhnt. Seine sozialen Kontakte beschränkten sich auf den viertelstündlichen Besuch der Krankenschwester vom ambulanten Pflegedienst, die mit ihm gelegentlich zu einem Supermarkt in Detmold fuhr.

Diekjobsts Welt war sehr klein geworden, aber er hatte versucht, sich so gut wie möglich darin einzurichten. Er konnte auf ein abwechslungsreiches, erfülltes Leben zurückblicken und hatte nicht das Gefühl, irgendetwas verpasst zu haben. Er hatte sein Leben, obwohl er hier geboren worden war, nicht in Heidental verbracht. Diekjobst hatte viel von der Welt gesehen und erst als Rentner zurück zu seinen Wurzeln gefunden. Wenn es nun, im hohen Alter, etwas ruhiger zugehen musste, dann war ihm das gar nicht mal unrecht.

Die Straße wurde nun etwas abschüssig. Diekjobst wusste, dass der kleine Feldweg, der links von der Straße abzweigte, eine enorme Abkürzung zu Fritzmeiers Hof bedeutete. Aber diesen Weg wollte er nicht nehmen. Er war unbefestigt, unbeleuchtet und voller Schlaglöcher. Wenn er dort stecken bliebe, würde ihn bis Mitternacht niemand finden. Er könnte noch so laut um Hilfe rufen – das ganze Dorf war heute Abend bei Fritzmeier oder feierte bei einem der vielen Osterfeuer in den Nachbardörfern. Also würde er weiter auf der asphaltierten Straße bis in die Dorfmitte fahren und dann links abbiegen. Auch wenn das länger dauern sollte.

Urplötzlich stand ein Mann vor ihm. Diekjobst bremste. Er konnte das Gesicht des Mannes in der Dunkelheit und dem Rauch nicht richtig erkennen.

„'n Abend, Hubert!", hörte Diekjobst den Mann sagen. „Auch auf dem Weg zu Fritzmeier?"

Die Stimme kannte er und antwortete etwas erleichtert: „Ach, du bist es. Ja, wenn Anton schon mal einen ausgibt, dann will man doch dabei sein!"

„Stimmt!", lachte der Mann, „kommt ja selten genug vor."

Diekjobst wollte seinen Rollstuhl wieder starten, als der andere Mann ihm noch zurief: „Warum nimmst du nicht die Abkürzung? Geht doch viel schneller!"

Aber noch bevor Diekjobst sich erklären konnte, hatte der Mann die Lage offenbar schon verstanden. „Die paar Schlaglöcher sind doch kein Problem. Ich komme ja mit und passe auf. Je schneller wir zu unserem Bier kommen, desto besser!"

Das leuchtete Diekjobst natürlich ein, und er lenkte sein Elektrogefährt in den kleinen, unbefestigten Feldweg hinein. Der andere Mann folgte ihm. Nur Sekunden später hatten Dunkelheit und Rauch die beiden Männer verschluckt.

2

Zur selben Zeit standen oder saßen etwa vierzig Männer und Frauen aller Altersschichten in einem kleinen Fachwerkgebäude beisammen, einem ehemaligen Stall auf dem Fritzmeier'schen Hof in Heidental. Einige hielten ein Glas Sekt, die meisten aber eine Flasche Detmolder Bier in der Hand und prosteten dem Hausherrn zu, der gerade eine für seine Verhältnisse lange Rede beendet hatte. Inhaltlich war sie nicht unbedingt epochal gewesen, aber er hatte seine Gäste begrüßt, ihnen fürs Kommen gedankt und sie eingeladen, so viel zu trinken wie möglich. Das waren Worte, die man in Heidental gern hörte.

Fritzmeier hatte eine Anregung der beiden Töchter seines Mieters, Jupp Schulte, umgesetzt und auf seinem Bauernhof einen Hofladen eröffnet.

Einige Nachbarn hatten versucht, ihm das auszureden, ihm klarzumachen, auf welche Arbeitsbelastung er sich dabei einließ. Und das mit seinen zweiundachtzig Jahren! Andere hatten sich damit begnügt, verständnislos den Kopf zu schütteln über so viel offenkundigen Altersschwachsinn. Aber der fidele Greis hatte sich durch nichts irritieren lassen und war Schritt für Schritt seinen Weg gegangen, immer begleitet und unterstützt vor allem von Lena Wiesenthal, einer der beiden Schulte-Töchter. Er hatte zuerst den alten Stall, der sich nun als schnuckeliges, eingeschossiges Fachwerkhäuschen präsentierte, etwas umbauen lassen. Schwarz natürlich, das Ganze sollte schließlich nicht viel kosten. Dann hatte er sich auf die Suche nach guten Lieferanten gemacht. Viele Nachmittage hatte Lena Wiesenthal geopfert und war mit Fritzmeier durchs Lipperland gefahren. Sie hatten Gemüsebauern besucht, Metzgermeister bequatscht, sowie Jäger und Schnapsproduzenten überredet, ihre Waren zum Freundschaftspreis an Fritzmeier zu liefern. Der alte Mann war in den letzten Wochen zur Höchstform aufgelaufen.

Lenas Schwester Ina, studierte Grafikdesignerin, hatte ein Logo für alle Produkte des Hofladens entworfen.

Nun war es soweit. *Fritzmeiers Hofladen* kündigte ein geschnitztes Holzbrett über der Eingangstür an. Zur Eröffnung hatte Anton Fritzmeier sich nicht lumpen lassen und gleich das ganze Dorf eingeladen. Das hieß zwar in Heidental nicht viel, aber als Geste war es beeindruckend. Und die Heidentaler kamen gern. Zum einen war Fritzmeier ein zwar schrulliger, aber beliebter Mitbürger. Zum anderen gab es schon einige Jahre weder Laden noch Kneipe im Dorf, und nun bot ihnen Fritzmeiers Hofladen immerhin einen kleinen Ausgleich.

Da standen sie nun, tranken, schwatzten und betrachteten neugierig die Auslagen: die kleine, aber bösartige Hermine Kaltenbecher mit ihrem brummigen Ehemann Max, die bis vor drei Jahren noch die Gaststätte *Zum wilden Jäger* in Heidental betrieben hatten. Neben ihnen Elvira Tölle, ein Berg von einem Weib, deren Ehemann sich schon vor zwanzig Jahren durch sein frühzeitiges Ableben dem latenten Ehekrieg entzogen hatte. Tölle redete energisch auf ihre ebenso groß gewachsene, aber klapperdürre Freundin Klärchen Henkemeier ein.

Fritzmeier hatte auf seine direkte Art mal über die Figuren der beiden Freundinnen gesagt: „Als Frau musse dich spätestens mit vierzig entscheiden. Entweder wirste Ziege oder Kuh. Wat anderes chibt's nich!"

Hinter dieser Gruppe drängte sich gerade der Altenpfleger Rainer Salzmann, ein großer Mann in den Vierzigern, zur Theke durch und orderte fröhlich drei Flaschen Bier bei Ina, Schultes zweiter Tochter, die von Fritzmeier engagiert worden war, ihm beim Verkauf zu helfen. Salzmann reichte zwei Flaschen weiter an den Heidentaler Ortsvorsteher Hans Bangemann, einem wichtig dreinschauenden, älteren Glatzkopf, und dessen Frau Mia. Der Große prostete den beiden zu.

„Gut, dass ich Ostern frei habe. Ich konnte es aber auch nicht mehr ertragen. Mein neuer Chef ist die wandelnde Unfähigkeit, aber beratungsresistent. Wenn das so weitergeht, suche ich mir einen neuen Job. Hans, du als Politiker weißt ja auch, wie weh das tut, wenn man immer wieder mit Leuten zu tun hat, die von Tuten und Blasen keine Ahnung haben, dir aber immer wieder sagen wollen, wo es langgeht."

Max Kaltenbecher, der das Gespräch mit angehört hatte, schaltete sich ein:

„Da hat du recht, Rainer, die Erfolgreichen sind nicht immer die Besten."

Hinten im Verkaufsraum stand ein kleiner, dicker, älterer Mann namens Hermann Rodehutskors an der Wand. Er hob sein Glas, als Fritzmeier in seine Nähe kam.

„Großartig, Herr Fritzmeier! Einen tollen Laden haben Sie da. Ich bin ihr erster Stammkunde, da können Sie sich drauf verlassen!" Bei Rodehutskors konnte sich Fritzmeier sicher sein, dass er auch meinte, was er sagte. Das war keiner, der schöne Worte machte und dann anders handelte.

An einem kleinen Tisch in einer Ecke saßen Hauptkommissar Jupp Schulte und seine Tochter Lena. Lena schaukelte Linus, den zweieinhalbjährigen Sohn ihrer Schwester Ina, auf dem Schoß. Während die reichlich chaotische Ina ebenfalls auf dem Fritzmeier'schen Hof wohnte, lebte Lena, eine Lehrerin, in einer hübschen Innenstadtwohnung in Detmold. Schulte hatte die beiden ungleichen Töchter in einer Nacht gezeugt, mit zwei verschiedenen Frauen. Jahrelang hatte er kaum Kontakt zu seinen Kindern gehabt. Dann war erst Lena für ein Jahr bei ihm eingezogen, kurz darauf hatte Ina mit ihrem kleinen Sohn bei ihrem Vater Unterschlupf gefunden. Mittlerweile wohnte sie im Nachbargebäude, aber immer noch auf dem Fritzmeier'schen Hof.

Die Stimmung stieg mit dem Alkoholpegel, es wurde immer lauter und ausgelassener. Auch Anton Fritzmeier lärmte mit, aber irgendwie fühlte er sich müde. Als er sich um zehn

Uhr mal kurz an Schultes Tisch setzte, sprach der Polizist ihn darauf an.

Fritzmeier winkte empört ab. „Ach was! Ich und müde. Natürlich bin ich 'n bissken kaputt nach der chanzen Arbeit. Bin ja nun nich mehr der Jüngste. Aber ich sach dir, Jupp, wenn's drauf ankommt, dann trinke ich die alle noch unteren Tisch, kannsse chlauben. Prost!"

Schulte legte ihm jovial die Hand auf die Schulter. „Kein Frage, Anton. Da habe ich keinen Zweifel. Aber lass es mal in den nächsten Tagen ein bisschen ruhiger angehen. Aufräumen brauchst du hier morgen nicht. Wir packen schon mit an, keine Sorge!"

Aber Fritzmeier schien mit den Gedanken ganz woanders zu sein. „Ich frage mich, warum Hubert nich chekommen ist. Du weißt doch, der mit dem Rollstuhl. Ich hatte ihn auch eincheladen, und er hatte chanz fest zugesagt. Iss 'n alten Freund von mir. Ham als Kinder schon zusammen Ziegen chehütet. Warum der wohl nich chekommen iss?"

Schulte hob ratlos die Schultern. „Na ja, vielleicht ist er gerade mal nicht in Form. Kann ja nicht jeder so drahtig sein wie du!"

Fritzmeier blieb skeptisch. „Iss charnich seine Art, sich nich zu melden. Wenn da mal nix passiert iss."

Aber da wurde Anton Fritzmeier auch schon wieder von einer Gruppe jüngere Dorfbewohner aufgefordert, mit ihnen zusammen ein „tüchtigen Krug Bier" zu trinken. Fritzmeier ließ sie nicht lange warten.

3

Der alte Oberstudienrat a. D. Pahmeier konnte wieder einmal nicht schlafen, und so hatte er sich seinen alten Hund Goethe, einen Drahthaar, geschnappt, sich in seinen ebenso alten Golf gesetzt und war Richtung Heidental gefahren. Am Ortseingang, in der Nähe des Fritzmeier'schen Hofes, befand sich sein Stammparkplatz. Doch heute Morgen war er besetzt, jemand hatte sein Auto stehen lassen und war vermutlich anderweitig nach Hause gelangt.

Anscheinend war irgendwo eine Feier gewesen. Denn auch an anderen Stellen, an denen Parken möglich war, standen verwaiste Autos.

Nach wie vor roch die Luft nach den Osterfeuern der vergangenen Nacht. Pahmeier ärgerte das. Griesgrämig sah er seinen alten Hund an und sagte: „Ja, Goethe, als dein Namensgeber noch lebte, hat es so was bestimmt noch nicht gegeben."

Der Oberstudienrat a. D. schüttelte den Kopf und lenkte sein Auto auf einen Weg, der Bestandteil seines alltäglichen Spaziergangs war. Der Golf stand jetzt zwar so ungünstig, dass kein anderes Fahrzeug den Weg passieren konnte, doch das würde heute, am frühen Ostersonntag, sowieso niemanden stören. Pahmeier wuchtete sich mit Mühe aus seinem Wagen und dachte wie jedes Mal, wenn er sich dieser Prozedur aussetzte, dass er sich ein neues Auto kaufen sollte, eines, bei dem man besser aus- und einsteigen konnte.

In solchen Momenten siegte bei dem alten Lehrer jedoch immer die lippische Mentalität. Die Sparsamkeit! Es blieb seit Jahren bei den guten Vorsätzen, und Pahmeier behielt seinen alten VW.

Er ging um sein Fahrzeug herum, öffnet die Beifahrertür und ließ seinen Hund, der es sich im Fußraum des Wagens bequem gemacht hatte, ins Freie. Ob es dem beim Aussteigen wohl ebenso erging wie ihm selbst, fragte sich der alte

Mann, als er sah, wie sein vierbeiniger Gefährte sich reckte und streckte.

Herr und Hund machten sich auf den Weg und gingen gemütlich den Feldweg hinunter. Plötzlich stromerte der Drahthaar einen etwa drei Meter tiefen Abhang hinunter. Sein Herr sah ihm die Qualen an, die ihm dieser beschwerliche Abstieg bereitete.

Wieso plagte sich das unvernünftige Tier so? Der Drahthaar wusste doch aus den vielen leidvollen Erfahrungen der letzten Jahre, dass seine Zeit als Jagdhund lange vorbei war und er den Hasen, der sich vielleicht dort unten in den Graben gedrückt hatte, sowieso nicht mehr bekommen würde. Pahmeier hatte bis vorhin gedacht, dass sein Hund, ebenso wie er, das Alter akzeptiert hatte und nur noch das tat, was er auch schaffte. Doch da hatte er sich wohl geirrt.

Unten angekommen begann der Hund lautstark zu winseln und zu bellen. „Komm, Goethe, lass gut sein. Egal was sich da unten für ein Tier versteckt, du kriegst es eh nicht."

Doch der Hund kümmerte sich nicht um seinen Herrn.

„Goethe, verdammt noch mal! Hierher!"

Der Tier begann lauter zu bellen, machte jedoch keine Anstalten, den Abhang wieder hinaufzusteigen. Das Verhalten seines Hundes veranlasste Pahmeier, sich weiter vorzubeugen. Der Drahthaar stand vor einem Kleiderbündel, das fast gänzlich von einer rot karierten Decke bedeckt war. Vielleicht hatte sich dort ein Igel eingeschoben, um zu überwintern? Doch dann sah er etwas, das ihn stutzig machte. Lag da nicht ein Rollstuhl in den Büschen? Unter Anstrengungen wechselte Pahmeier seinen Standort, um besser sehen zu können. Genau, halb von Schwarzdornzweigen verdeckt, sah der Greis dort im Graben einen umgekippten Elektrorollstuhl.

Der alte Pahmeier traute sich in seinem körperlichen Zustand nicht, in den Graben hinunterzuklettern. Er fluchte. „Alt werden ist ja ganz schön, aber alt sein ist eine Strafe!"

Ein Handy besaß der Oberstudienrat natürlich auch nicht. Was sollte er tun?

4

Jupp Schulte war für einige Sekunden fest überzeugt, sich in einem Alptraum zu bewegen, aus dem er gleich erwachen würde. Er erwachte tatsächlich, aber es war kein Traum gewesen, der ihn durchgeschüttelt hatte, sondern Linus, der heftig an ihm zerrte. Langsam, ganz langsam kam Schulte zurück in die Wirklichkeit. Dann dämmerte ihm, dass er am Vorabend seinem Enkel leichtsinnigerweise versprochen hatte, am Ostermorgen mit ihm Ostereier zu suchen.

Der Kleine hatte das anscheinend nicht vergessen und sich gleich nach dem Aufwachen völlig selbstständig von der Wohnung seiner Mutter zu Schultes Häuschen auf den Weg gemacht. Als Schulte klar wurde, dass der Junge auf dem Weg zu ihm die Heidentaler Straße überquert haben musste, bekam er einen Schreck. Auf diese Gefahr musste Schulte seine Tochter unbedingt hinweisen.

Opa Jupp stemmte sich aus dem Bett und fluchte. Er hatte bei dem Versprechen, das er seinem Enkel am Vorabend gegeben hatte, nicht einkalkuliert, dass er am selben Abend vielleicht mehr trinken könnte, als für ihn gut war. Aber Fritzmeiers Eröffnungsparty hatte sich bis weit nach Mitternacht hingezogen. Nachdem Anton Fritzmeier sich um elf Uhr fix und fertig zurückgezogen hatte, war Schulte in die Bresche gesprungen und hatte die Hausherrenrolle übernommen. Er hatte jedem Gast mindestens einmal zugeprostet und musste das nun ausbaden.

Linus war unerbittlich. Schulte war sich sicher, dass Lena, die Mutter dieses agilen Knaben, noch friedlich schlummernd in ihrem Bett lag. Doch seine Lena, Schultes andere Tochter, die bei ihrem Vater übernachtet hatte, war bereits putzmunter und freute sich, wie energisch ihr kleiner Neffe seinen Opa wachzurütteln versuchte.

„Ich glaube, der Osterhase war schon da", säuselte sie scheinheilig. „Ihr müsst die Eier nur noch finden!"

Schulte versuchte ihr brummend klarzumachen, dass nicht etwa ein Hase, sondern ein ausgewachsener Kater ihm zu schaffen machte, aber sie entgegnete streng: „Versprochen ist versprochen!"

Linus war offenbar auch dieser Meinung, denn er verstärkte nun seine Bemühungen noch einmal.

Eine Viertelstunde später stand Schulte, nachlässig gekleidet mit wirr abstehenden Haaren, im Garten und mühte sich, Begeisterung zu zeigen, als Linus die ersten Eier gefunden hatte und ihm stolz präsentierte. Eigentlich fand Schulte das ja auch ganz süß. Nun gut, dachte er. Er würde das hier durchstehen und sich anschließend wieder hinlegen. Lena würde sich schon kümmern. Lena kümmerte sich immer, daran hatten sich alle in der kleinen Familie gewöhnt. Bei ihr lief alles wie nach Plan, beruflich wie privat. Ihre Schwester Ina hingegen hatte zwar im letzten Jahr ihre Mutterrolle verinnerlicht und füllte diese auch so gut aus, wie sie es vermochte, aber damit hatte es sich auch. Viel mehr wollte ihr nicht glücken. Sie hatte halbtags eine Stelle an der Fachhochschule OWL in Lemgo, bekam für ihren Sohn aber keinen Unterhalt, da der Vater des Jungen völlig mittellos war. Weil die Auseinandersetzungen mit Gericht und Jugendamt kein Ende nahmen, war sie nach wie vor auf die Unterstützung durch Opa Schulte angewiesen.

Schulte hatte mit Ina, die ihm charakterlich so beängstigend ähnlich war, in der ersten Zeit seine Probleme gehabt. Mittlerweile hatten sich Vater und Tochter aneinander gewöhnt, wären aber beide ohne die Unterstützung der tüchtigen Lena häufig überfordert gewesen.

Nach einer Viertelstunde war alles, was Lena zuvor sorgfältig im Garten versteckt hatte, gefunden. Linus war zufrieden, und Schulte wollte die gute Stimmung nutzen, um sich noch ein weiteres Stündchen aufs Ohr zu legen. Er musste nur noch seinem Enkel klarmachen, dass auf lange Sicht ein gut ausgeschlafener Opa brauchbarer war als einer mit Kopfschmerzen.

5

Da konnte er nicht runter, das war klar. Würde er es dennoch, wider jede Vernunft, wagen, könnte er sich gleich mit unter die rot karierte Decke legen und auf den nächsten Spaziergänger warten – und zwischenzeitlich an Unterkühlung sterben.

Da unten rauskommen würde er jedenfalls nie wieder. Pahmeier überlegte. Hatte ihm nicht der alte Fritzmeier mal erzählte, dass sein Mieter bei der Polizei sei? Genau, den müsste er holen. Der wüsste, was zu tun war. Also machte er kehrt und ging, so schnell es ihm möglich war, in Richtung des Dorfs.

Nach fünf Minuten kam der alte Lehrer schnaufend auf dem Fritzmeier'schen Anwesen an. Doch zu seiner Verwirrung schienen mehrere Mietparteien auf dem Hof zu wohnen. Pahmeier stand vor dem nächsten Problem. Er klingelte an der erstbesten Tür. Nichts geschah. Wieder drückte er mit dem Finger auf das kleine, weiße Ding aus Plastik.

Nach einer gefühlten Ewigkeit hörte er eine Frauenstimme. „Ja, ja, ich komm ja schon, wo brennt's denn?"

Die Tür wurde aufgerissen, und vor Pahmeier stand eine junge Frau, nur dürftig mit einem langen T-Shirt bekleidet. Der Alte bekam Stielaugen, und die Frau einen Mordsschreck. Sie knallte die Tür wieder zu und öffnete sie eine halbe Minute später wieder, bekleidet mit einem weißen Bademantel. Jetzt erst war zu erkennen, wie übernächtigt sie wirkte. Ihre Augen waren verquollen und die Haare zerzaust.

„Pardon, was kann ich für Sie tun?", fragte sie den mittlerweile völlig überforderten Alten.

„Ich brauche einen Lehrer, äh Quatsch, Polizisten. Da hinten im Graben liegt vielleicht ein Toter, äh, zumindest ein Kleiderbündel, zugedeckt mit einer rot karierten Decke, und ein Elektrorollstuhl."

„Kommen Sie herein, ich brauche eine Minute, dann bin ich soweit, um mit Ihnen zu meinem Vater zu gehen. Den suchen Sie wahrscheinlich. Er wohnt auf der anderen Straßenseite."

6

Schulte hatte sich tatsächlich gerade wieder, mit Kopfschmerzen, aufs Ohr gelegt, als die Türklingel schellte. „Kannst du gerade mal aufmachen?", rief Lena ihrem Vater zu. „Ich füttere gerade deinen Enkel!"

Vor der Haustür stand eine heftig fluchende Ina. Die Schimpftiraden verrieten Schulte, dass seine Tochter nur widerwillig aufgestanden war. Aber er fühlte sich zu benommen, um sich zu wundern.

Ina kam, mit einem Morgenmantel bekleidet, in den Hausflur und schimpfte gleich wieder drauflos: „Da draußen ist so ein alter Knacker, der will sofort mit dir sprechen! Er redet ziemlich wirres Zeug von einem Rollstuhl im Graben oder so ähnlich. Ich habe es nicht ganz kapiert. Hoffe aber, dass es nichts mit Hubert Diekobsts gestrigem Wegbleiben zu tun hat. Mann, was brummt mir der Schädel! Ich lege mich wieder hin." Und weg war sie.

Schulte ließ einen leichten Schwindelanfall, verbunden mit einem Schweißausbruch, vorbeiziehen und schlurfte zur Haustür. Draußen stand ein sorgfältig gekleideter, älterer Mann, der vor Aufregung hin und her trippelte. Fluchend verschwand Schulte wieder im Haus. Er schnappte sich seine Jeans, stieg hinein und zog sie mit Schwung hoch. Im nächsten Moment vernahm er ein Geräusch, das sich anhörte, als würde eine Tomate zerquetscht. Konsterniert ließ Schulte seine Hose wieder etwas herunter und tastete sie von innen ab. Dann fühlte er etwas Weiches, Klebriges. Er zog die Hand zurück. In ihr lag ein zerdrücktes Schokoladenosterei, aus dem Nugat und eine rote Marmelade herausquollen.

7

Die Morgensonne brannte auf der Netzhaut, als Schulte in den Garten trat. Doch die angenehme Kühle, die ihn umschlang, linderte seine Kopfschmerzen unmittelbar. Ich sollte öfter mal früh aufstehen, dachte der Polizist, als er auf den aufgeregt hin und her laufenden, alten Mann zuging. Als dieser Schulte bemerkte, änderte er seine Richtung und schritt dem frischgebackenen Polizeirat entgegen. Ohne lange Vorreden berichtete der Alte aufgeregt von dem ungewöhnlichen Verhalten seines Hundes und von dem im Graben liegenden Rollstuhl.

„Wissen Sie, Herr Kommissar, ich habe in den letzten Jahren ziemliche Probleme mit den Knien, und die Kraft lässt auch nach. Ich habe mich einfach nicht getraut, in den Graben hinabzuklettern. Das müssen Sie verstehen", plapperte Pahmeier ohne Punkt und Komma.

Auch wenn es wahrscheinlich nur eine Übersprunghandlung war. Das andauernde Reden des Mannes ging Schulte ziemlich auf die Nerven.

Um dem Ganzen ein Ende zu setzen, sagte er: „Kommen Sie, Herr…?"

„Pahmeier. Ich bin …", wollte der aufgeregte Mann gleich wieder anfangen zu erzählen.

Doch Schulte fiel ihm ins Wort. „Nehmen Sie es mir nicht übel. Zeigen Sie mir einfach die Stelle, an der Sie das Unglück vermuten."

Ohne noch abzuwarten, was der Mann ihm sagen wollte, ging Schulte mit ausladenden Schritten Richtung Gartentor, sodass der Alte keine andere Möglichkeit hatte, als ihm zu folgen.

Nach kurzer Zeit hörten Sie schon das heisere Bellen eines Hundes.

„Da … hören Sie … Goethe", schnaufte der alte Mann, den Schulte schon zwanzig Meter hinter sich gelassen hatte.

Schulte wollte Pahmeier eigentlich nicht mehr die Möglichkeit geben, einen neuen Redeschwall zu beginnen. Doch mit dem Namen Goethe konnte er nun gar nichts anfangen. Verwundert blieb der Polizist stehen und drehte sich um. „Goethe, wer ist Goethe, äh, ich meine, ich weiß natürlich, wer Goethe ist, aber ...“

„So heißt mein Hund“, schnaufte der Herankommende. Er war froh darüber, dass Schulte den Beinahe-Dauerlauf kurzzeitig unterbrochen hatte. Am liebsten hätte der Studienrat a. D. zur nächsten Erklärung angesetzt. Doch die Aufgabe, seinen Körper mit so viel Sauerstoff wie möglich zu versorgen, nahm all seine physiologischen Fähigkeiten in Anspruch. Mehr ging nicht. Schulte grinste, als er dies bemerkte.

„Okay, dann will ich mal sehen, was ihr Dichterhund da unten gefunden hat. Bleiben Sie bitte hier oben.“

Schulte marschierte alleine weiter. Am Grabenrand angekommen, nahm er sich die Zeit, das Bild, das er sah, auf sich wirken zu lassen. Ein Elektrorollstuhl lag fast zehn Meter von der roten Decke entfernt, die irgendetwas unter sich barg. Schulte zückte sein Handy und fotografierte die Szene. Dann stieg er hinab in den Graben. Er fasste den Hund am Halsband und zog ihn nach hinten. Mit der anderen Hand schlug er die Decke etwas beiseite. Unter ihr wurde ein menschlicher Körper erkennbar. Die Totenstarre war schon eingetreten.

Dieser Eindruck reichte Schulte. Ohne weitere Untersuchungen vorzunehmen, stieg er den ungefähr drei Meter hohen, ziemlich steilen Abhang wieder hinauf. Mit dem nur widerwillig folgenden Hund im Schlepptau war das gar nicht so einfach. Oben angekommen war er fast genau so außer Atem wie kurz zuvor der alte Pahmeier.

8

Gestern war es verdammt spät geworden. Doch jetzt, nachdem Hartel ausgiebig geduscht hatte, konnte der Tag beginnen. Erst einmal ordentlich frühstücken, und dann mal sehen, was die Zeit so brachte. Das fand er gar nicht so schlecht. Aber etwas anderes konnte man hier in Lippe sowieso nicht machen.

„Gehen Sie ein Jahr in die Provinz", hatte damals sein Chef in Düsseldorf zu ihm gesagt.

„Das beweist, dass Sie flexibel sind. Danach werden Sie eine Karriere hinlegen, von der jeder andere junge Polizist nur träumen kann. Hören Sie auf meinen Rat. Sie gehen jetzt für kurze Zeit die Welt der Kleinstädte kennen lernen, und in einem Jahr hole ich Sie zurück in die Landeshauptstadt. Dann wird hier bei mir eine Planstelle frei, die genau auf Ihr Profil passt."

Hartel hatte seinem Chef geglaubt. Widerwillig hatte sich der junge Polizist, der Düsseldorf für den Nabel der Welt hielt, in der Provinz beworben. Und – was war passiert? Vier Monate später wurde für Hartels ehemaligen Düsseldorfer Chef eine Planstelle frei, die genau auf diesen passte. Jedoch in Schwerin. Und weg war er, der Gute. Weitere acht Monate später dann auch die versprochene Planstelle für Hartel. Besetzt vom widerlichsten Studienkollegen, den Hartel damals auf der Fachhochschule für Verwaltung kennen gelernt hatte. Der legte jetzt die Bilderbuchkarriere hin, die Hartel für sich selbst vorgesehen hatte.

„Kommen Sie nach Schwerin!", hatte ihm sein damaliger Chef angeboten. „Eine wunderschöne Stadt!"

Eine wunderschöne Stadt war Detmold auch. Aber das reichte Hartel nicht. Er wollte Karriere, doch er wollte auch das Leben in der Großstadt. Nun schien beides in weite Ferne gerückt. Jetzt lebte er schon das fünfte Jahr in Lippe und es wurde immer schlimmer für ihn.

Der einzige Lichtblick war Erpentrup, sein Chef. Alle anderen Kollegen waren Landeier, und noch dazu nicht mehr taufrisch. Und seine Freizeitgestaltung? Die ließ ebenfalls zu wünschen übrig. Nur joggen, das war auch keine Erfüllung, und mit den Lippern kam er überhaupt nicht klar. Erst gestern hatte er mal wieder so ein Erlebnis.

In allen Dörfern waren Osterfeuer angekündigt. Hartel hatte alle, aber auch wirklich alle abgeklappert. Er wollte mal sehen, was die Damenwelt so trieb. Doch er konnte es drehen und wenden wie er wollte, irgendwie wussten die Frauen seine Qualitäten nicht zu schätzen. Er hatte mindestens fünfmal versucht, mit einer der Dorfschönen ins Gespräch zu kommen. Aber spätestens nach einer viertel Stunde war die Unterhaltung so schleppend gelaufen, dass Hartel sich gezwungen sah, weiterzuziehen.. Das Ende vom Lied: seine Klamotten stanken nach Rauch, und an seinen Schuhen klebte der Matsch. Das war's.

„Toller Abend", sagte Hartel frustriert zu sich selbst und steckte zwei Scheiben Weißbrot in den Toaster.

In diesem Moment klingelte sein Handy. Der Anrufer war Volle, der dümmste Polizist Detmolds. „Sag mal, Hartel, du hast doch Bereitschaft, oder?", fragte Volle, um auch ganz sicher zu gehen, dass er nichts falsch machte.

„Ja, wieso?", fragte Hartel, dem nichts Gutes schwante. Mit einem Klacken wurden die Brotscheiben aus dem Toaster geschleudert.

Volle schien das Geräusch erkannt zu haben. Denn er antwortete: „Dann lass das jetzt mal mit frühstücken. In Heidental ist ein Toter gefunden worden. Schulte hat eben angerufen und euch angefordert."

„Wie, Schulte hat eben angerufen? Das verstehe ich nicht. Wenn das ZDG doch schon am Tatort ist, was soll ich denn dann noch dort?"

„Weiß ich auch nicht", sagte Volle, dem man die aufkommende Überforderung anmerkte. Er wurde von Sekunde zu

Sekunde nervöser. „Du machst mich ganz raschelig, Hartel. Frag nicht so viel. Fahr einfach nach Heidental, und wenn du was wissen willst, wende dich an Schulte. Der wohnt da."

Klack! Volle hatte aufgelegt.

„Verdammter Mis!" Hartel hatte zu fragen vergessen, wo denn der Tote lag. Während er sein Frühstücksei langsam steinhart kochen ließ, wählte er die Nummer von Volle. „Wo in Heidental muss ich denn hin?", bellte er sofort in den Hörer, als Volle das Gespräch annahm.

„Ach so, äh ... Lopshorner Weg! Da siehst du es dann schon, hat Schulte jedenfalls gesagt."

Hartel beendete das Gespräch. „So dumm, dass ihn die Schweine beißen, dieser Volle", brummelte Hartel vor sich hin, schaltete die elektrischen Geräte in seiner Küche aus und machte sich auf den Weg.

Zwanzig Minuten später versperrte ein uralter *Golf II* den Feldweg, den Hartel hätte entlangfahren müssen. Er stieg aus und rief nach dem Fahrer. Weit und breit war niemand zu sehen. Doch etwa zweihundert Meter weiter standen zwei Männer, die zu warten schienen. Hartel machte sich also zu Fuß auf den Weg und erreichte die beiden Personen kurze Zeit später.

„Wurde aber auch Zeit", sagte Schulte missmutig. Er stellte Pahmeier vor, sagte einige Sätze zum Sachverhalt, um sich dann mit den Worten: „Alles Weitere am Dienstag" zu verabschieden.

9

So ein paar freie Tage, das hatte schon was, dachte Polizeioberrat Erpentrup, als er auf den Parkplatz der Detmolder Kreispolizeibehörde fuhr. Die paar Tage Osterurlaub hatten ihm gutgetan. Doch die freie Zeit war viel zu kurz gewesen. Denn am Morgen beim Aufstehen hatte er einen ausgeprägten Widerwillen verspürt, als ihm nach der ersten Tasse Kaffee klar wurde, dass heute wieder der berufliche Alltag begann. Der Ehrgeiz, mit dem er noch vor einigen Jahren seine Polizeiarbeit betrieben hatte, war dahin. Dennoch hatte er heute einen vollen Terminkalender. Aber wieder waren alle Termine, bis auf einen Besuch beim Landrat, nur Kleckersachen. Seit es das ZDG in Bielefeld gab, war ausgerechnet der Teil der Kreispolizeibehörde Lippe, dem er vorstand, zu einer Klümpchenbude verkommen. Nichts Aufregendes mehr. Und da noch immer die alte Devise galt, kein Feind – keine Ehre, stand Erpentrup fast gar nicht mehr in der Zeitung, hatte kaum noch repräsentative Termine, und die Nähe zum Landrat war auch nicht mehr so wie früher.

All diese Veränderungen schmerzten den eitlen Detmolder Polizeirat sehr. In letzter Zeit hatte er oft darüber nachgedacht, sich woanders zu bewerben. Doch seine Frau und seine Kinder weigerten sich hartnäckig gegen einen Umzug. Ihnen waren Fußballverein und Kaffeekränzchen wichtiger als die Karriere des Familienoberhaupts.

Als es damals zum Regierungswechsel in Nordrhein-Westfalen gekommen war, hatte der Detmolder Polizeirat geglaubt, jetzt würde sich einiges in seinem Sinne ändern. Doch er gehörte nicht zu den Gewinnern der Veränderung. Sein Intimfeind Schulte, kein Parteigänger und aus Erpentrups Sicht auch sonst keine Leuchte, war natürlich die Treppe hinaufgefallen.

Gerade erst letzte Woche hatte Erpentrup in den internen Mitteilungen gelesen, dass die Chefin des zentralen Dezernats für Gewaltverbrechen, Frau Dr. Bülow, Schulte für eine Beförderung zum Polizeirat vorgeschlagen hatte. Der Minister, dieser Hanswurst, hatte als oberster Dienstherr der Bielefelder Modellbehörde die ganze Angelegenheit natürlich einfach so durchgewunken.

Wieder ein Mosaiksteinchen, das dazu beitrug, Erpentrups Bild von der Polizei brüchiger werden zu lassen. Er riss sich über Jahre den Arsch auf, und dieser Schulte verschaffte sich durch Saufgelage, Proletentum und Playboymentalität Aufmerksamkeit. Zu allem Übel hatte er mehr Erfolge als Nachteile durch seine Art.

Der Polizeioberrat konnte sich noch sehr genau daran erinnern, als er Schulte zu einem Tag der offenen Tür der Detmolder Polizei dienstverpflichtet hatte. Natürlich war auch Erpentrup mit seiner gesamten Familie anwesend gewesen. Und was machte dieser Schulte? Seiner Frau den Hof!

Als seine Gattin sich auf dem Heimweg dann noch zu der Bemerkung verstieg: „Netter Kerl, dieser Schulte", da war es nur noch eine Frage der Zeit, bis Erpentrup mit seiner Frau einen handfesten Streit hatte. Er hasste Schulte!

Der Polizeioberrat schloss seinen Audi A6 ab. Ging in sein Büro, steckte sich noch ein paar Unterlagen ein und machte sich zu Fuß auf den Weg zum Kreishaus. Seit die Bielefelder Straße an der Kreishauskreuzung eine Baustelle war, kam man per pedes schneller dort hin als mit dem Auto.

Lange brauchte Erpentrup nicht zu warten. Denn der Landrat war längst im Büro. Der Polizeioberrat war Frühaufsteher. Doch wann immer er morgens zum Kreishaus kam, der Landrat war längst bei der Arbeit. So auch heute. Die Tür zu seinem Büro stand offen, da seine Sekretärin noch nicht im Hause war. Doch der Duft von frischem Kaffee durchzog schon sein Büro.

Der Chef der Kreispolizeibehörde Lippe, denn das war der Landrat schließlich, begrüßte seinen Polizeioberrat jovial. „Wie wäre es mit einem Kaffee, Herr Erpentrup?"

Dieser hatte nichts dagegen, und so saßen die beiden Männer kurze Zeit später mit je einer Tasse, gefüllt mit dem dampfenden Gebräu, am Besprechungstisch und plauderten über die Erlebnisse der vergangenen Ostertage.

Nach einigen Minuten Geplänkel wurde der Landrat ernst. „Herr Erpentrup, ich habe eine Neuigkeit. Das ZDG wird aufgelöst."

„Na endlich!", frohlockte Erpentrup. „Wir haben aber auch einiges dafür getan, dass die ganze Angelegenheit floppt."

„Okay, der Innenminister ist anscheinend mit seinem Reformprojekt gescheitert", versuchte der Landrat seine Freude zu dämpfen. „Aber kampflos hat er das Feld nicht geräumt. Wie Sie wissen, haben wir ja in dem bevorstehenden Superwahljahr auch Landtagswahlen. Diese Tatsache und die Anhäufung von Pannen im Innenministerium haben dazu geführt, dass unser Wolf schwächelt. Einige mächtige Gegner der nordrheinwestfälischen Polizeireform, zu denen auch ich gehöre, haben die Gunst der Stunde zum Anlass genommen, und sind gekippt. Der einstige Hoffnungsträger Ingo Wolf ist zum Papiertiger mutiert. Aber ungefährlich ist er noch nicht, Sie wissen ja, angeschossene Wölfe ... Er hat sich zwar dem Druck gebeugt und der Auflösung des Reformprojektes zugestimmt. Doch er versucht natürlich, seine Leute neu zu positionieren und seinen Widersachern in die Suppe zu spucken. Ich weiß, dass sie mir gegenüber immer loyal waren. Ich schätze solche Tugenden und werde sie auch nicht vergessen. Mit anderen Worten, wenn sich die Gelegenheit bietet, können Sie sich meiner Gunst sicher sein. Doch heute könnten Sie das Gefühl bekommen, zum Bauernopfer zu werden."

Erpentrup schwante Übles.

„Detmold bekommt einen neuen Polizeichef", fuhr der Landrat fort. „Oder besser gesagt, eine neue Chefin. Sie heißt Frau Dr. Bülow. Wie wir beide wissen, ist sie eine Duzfreundin des Ministers. Das bedeutet, dass Sie in die zweite Reihe rücken."

Erpentrup schluckte trocken. Aber er hatte sich im Griff und ließ sich nichts anmerken. Nein, diese Blöße wollte er sich nicht geben. „Auch da kann ich Ihr Wadenbeißer sein, Herr Landrat", bot Erpentrup sich sofort an. „Wenn wir beide zusammenhalten, ist des Ministers Gspusi in einem Jahr runter mit den Nerven."

Wenn er dem Landrat jetzt die Treue hielt, würde er zwar vorübergehend in die zweite Reihe rutschen, aber mittelfristig Chef an Bord werden und dann mit einer Macht ausgerüstet sein, von der andere nur träumen konnten.

„Ganz so einfach ist es leider nicht, Herr Erpentrup. Es gibt nämlich noch einen gewissen Herrn Schulte, der wiederum ist unserer Frau Dr. Bülow gegenüber bis auf die Knochen loyal. Hinzu kommt, dass dieser, und das meine ich ernst, durchaus tüchtige Polizist, seit dem 1. April Polizeirat ist. Und das ist leider kein Aprilscherz."

Erpentrup sah vor seinem geistigen Auge dunkle Wolken heraufziehen.

„Also hat Frau Dr. Bülow, clever wie sie ohne Zweifel ist, sich nach unten abgesichert – und zwar mit Hilfe des Ministers. Ich gebe es nur ungern zu, aber die gute Frau hat das so gewieft angestellt, dass ich nur noch abnicken konnte. Das Ergebnis lautet wie folgt: Schulte wird ab dem 1. Mai Chef der Direktion K 1, und Sie werden der Nachfolger des Polizeirates Müller, der zu diesem Datum pensioniert wird. Schulte und Bülow kommen aber schon in den nächsten Tagen und beziehen ihre Büros. Die beiden nehmen mit Sicherheit gleich ihre Arbeit auf."

„Und was wird aus mir?", fragte Erpentrup mit einem verzweifelten Unterton in seiner Stimme.

„Sie wissen ja, wie eng es in der Kreispolizeibehörde Detmold ist. Aber auch Müller von der Direktion V hatte schon seinen letzten Arbeitstag. Der hat seinen Schreibtisch bereits geräumt, bevor er seinen Resturlaub angetreten hat. Auch Sie sollten ihren Umzug nicht auf die lange Bank schieben."

Das Zimmer schien sich zu drehen wie eine Wäscheschleuder. Erpentrup war kalkweiß geworden. Er wähnte sich dem Herzinfarkt nahe. Konnte das sein? Er würde Verkehrspolizist? Er würde zum Gespött seiner Berufkollegen aus den Nachbarkreisen? Wieso hatte der Landrat ihm das angetan? Gut, er hatte jetzt mehr Polizisten unter sich und auch die Abteilungen in Bad Salzuflen, Lemgo und so weiter, aber für jemanden, der Verbrechen bekämpfen wollte, war es der schlimmste Abstieg, den man sich vorstellen konnte.

„Eines habe ich noch erreichen können", hörte er den Landrat aus weiter Ferne sagen. „Ich habe mit Frau Dr. Bülow vereinbart, dass Sie, wenn es zu Kompetenzproblemen kommt, direkt mir unterstellt sind. Das heißt, sie wird Ihnen nicht mehr als nötig in Ihr Geschäft hineinregieren."

10

Heute Morgen war die Stimmungslage der Fußballfans in zwei Lager geteilt. Nach der 5:1-Niederlage gegen den VFL Wolfsburg hatten die Bayern nun auch in der Champions League gegen den FC Barcelona eine imposante Schlappe von 0:4 hinnehmen müssen. In dieser Situation konnte man als Fußballfan auf den ersten Blick nur zwischen zwei Gefühlsvarianten wählen: entweder diebische Freude oder tiefe Trauer. Wenn es um Bayern München ging, gab es nur ein klares Ja oder ein leidenschaftliches Nein. Auf keinen Fall waren indifferente Einstellungen möglich, wie ein: Na, wir wollen mal weiter sehen, oder: Es wird schon wieder, kann schließlich jedem einmal passieren.

Schulte war Fußballfan. Sein Lieblingsverein war immer der, der gerade gegen die Bayern spielte. Seitdem Günter Netzer nicht mehr bei Gladbach spielte, hatte er auch dieser

Bundesligamannschaft als Fan den Rücken gekehrt und hielt eben seit dieser Zeit immer zu der Mannschaft, die gegen die Widerlinge aus Süddeutschland spielte. Samstags richtete er sich den Tag, wenn es eben möglich war, so ein, dass er die Bundesliga im Radio hörten konnte, und nach einer Niederlage des FC Hollywood machte Schulte traditionsgemäß eine Flasche Bier auf.

„Alkoholiker kannst du bei so einem solchen Ritual nicht werden. Dafür verlieren die Lederhosen leider zu selten", hatte Schulte mal zu Fritzmeier gesagt und der hatte entgegnet: „Ja, da siehse mal wieder, Sport is eben doch chesund."

Aber als heute Morgen das Boulevardblatt Deutschlands titelte: *Muss Klinsmann gehen?* bemerkte Schulte ein bisher nie gekanntes Gefühl. Er hatte Mitleid mit dem vielfachen Deutschen Meister Bayern München.

Die Gedanken über das gestrige Fußballspiel ließen ihn die Tatsache vorübergehend vergessen, dass er nur noch wenige Tage beim ZDG Bielefeld arbeiten würde. Doch als er seinen Volvo, einen ehemaligen Leichenwagen, auf den Parkplatz an der Kurt-Schumacher-Straße parkte, wurde ihm unmissverständlich wieder ins Bewusstsein gerufen, dass ein Umzug anstand.

Margarete Bülow hatte den Kolleginnen und Kollegen schon vor einigen Wochen unter dem Siegel der Verschwiegenheit gesagt, dass die Tage des ZDG gezählt seien. Also waren alle darauf vorbereitet gewesen. Aber dass die Auflösung schon in der Woche vor Ostern ganz plötzlich und schnell entschieden und sofort umgesetzt werden sollte, damit hatte nun wirklich keiner gerechnet. Noch im April sollte der Schlüssel des Dezernats, das noch vor drei Jahren als das Reformprojekt der nordrhein-westfälischen Polizei galt, umgedreht werden.

Eigentlich ungewöhnlich, dass sich die Politiker, so kurz vor der Wahl, eine Niederlage so offen eingestanden. Es musste wohl noch andere, schwerwiegendere Gründe geben, die Düsseldorf veranlassten, diesen Prozess auf einmal so zu forcieren, dachte Schulte.

Im Grunde genommen schade, kam ihm ein neuer Gedanke. Gerade hatte sich die Truppe zusammengerauft. Die neuen Strukturen griffen und in der Polizeiarbeit hatten sie ganz ordentliche Erfolge auf der Habenseite, da kamen die Schreibtischtäter aus Düsseldorf und traten alles wieder in den Dreck.

Auf dem Flur, der zum Bürotrakt des ZDG gehörte, duftete es nach Kaffee. Als Schulte in den Besprechungsraum linste, standen belegte Brötchen auf dem Tisch, Kaffeekannen und O-Saft.

„Komm rein", rief sein Kollege Muffen, und es sollte wohl fröhlich klingen. „Wir feiern die Beerdigung unseres Dezernats."

Schulte setzte sich zu den Kollegen. Doch eine Feierstimmung wollte nicht aufkommen. Zwar waren alle Anwesenden auf ordentliche Stellen irgendwo in Ostwestfalen versetzt worden, und den einen oder anderen hatte man auch noch schnell befördert. Doch an diesem Morgen wurde ihnen klar, dass Margarete Bülow und Schulte ein arbeitsfähiges Team geschaffen hatten, das jetzt zerstört worden war.

Auf einmal stand Muffen auf und sagte: „Scheiß was auf den Polizeirat, den man mir noch nachgeschmissen hat. Ihr werdet mir fehlen. So und jetzt muss ich hier raus! Mir wird ganz plümerant." Er wischte sich eine Träne aus den Augenwinkeln und ward die nächsten zwei Stunden nicht mehr gesehen.

Den Zurückgebliebenen hatte er aus der Seele gesprochen.

Später saßen Margarete Bülow und Schulte im Büro der Polizeidirektorin. Sie besprachen das Vorgehen der nächsten Wochen.

Bülow entwarf einen Plan: „Ich schlage vor, du hältst ab morgen die Stellung in Detmold, Jupp. Aber lass Erpentrup zufrieden. Der wird unter seiner Niederlage genug leiden. Ich komme zunächst ein- bis zweimal die Woche und wickle in der restlichen Zeit den Laden hier ab. Im Übrigen brauche ich eine Wohnung in Detmold. Vielleicht hörst du dich mal um. Aber vergiss nicht, dass ich blind bin. Eine Bushaltestelle in unmittelbarer Nähe und vielleicht eine Wohnung im Parterre, wenn möglich mit Terrasse, aber ohne Garten, wäre nicht schlecht. Ach ja, und einen Hund muss ich halten dürfen."

Schulte versprach, sich umzuhören und auch, eine Auseinandersetzung mit Erpentrup nicht zu suchen. Konnte sich eine Bemerkung aber doch nicht verkneifen: „Bei dem Gespräch, in dem Erpentrup erfährt, dass wir nach Detmold kommen, würde ich zu gerne Mäuschen spielen. Ach, da fällt mir noch was ein: Bei uns in Heidental hat es einen Todesfall gegeben. Hartel bearbeitet den Fall. Wahrscheinlich ein Unfall. Da würde ich mich heute Nachmittag mal drum kümmern."

11

Auf dem Schreibtisch lag ein Wust von Papieren, und die Post war noch nicht durch. Hartel war zur Polizei gegangen, weil er etwas erleben wollte. Er war ein Mann, der es liebte, wenn ihm das Adrenalin unter die Schädeldecke knallte. Doch seit er hier im lippischen Bergland lebte, kam dieses Gefühl nur zum Tragen, wenn er sich mit seiner Kollegin Maren Köster stritt, oder wenn er diesem chaotischen Schulte zuarbeiten musste. Ansonsten kam er sich hier in Detmold wie ein Sesselpupser vor. Vorübergehend hatte Hartel sich mit dem Leben in der Einöde ja ganz gut arrangiert. Doch in den letzten Monaten ging ihm diese hinterletzte Provinz mit jedem Tag mehr auf die Nerven. Er musste hier weg, das war so klar wie Kloßbrühe. Egal wohin. Zur Not würde der eingefleischte Düsseldorfer sogar nach Köln gehen. Nur weg aus Ostwestfalen.

Hartel schnappte sich noch einmal die Akte *Diekjobst aus Heidental*. Der Bericht des Arztes lag schon vor. Herz-Kreislaufversagen. Außerdem hatte der Rollstuhlfahrer auch einiges an Alkohol getrunken. Der Mediziner hatte eine Speichelprobe genommen, die an Deutlichkeit nichts zu wünschen übrig ließ. Keine Hinweise auf Fremdeinwirkung, die Spurensicherung sah das ebenfalls so.

Okay, dachte sich Hartel, abheften das Ganze! Er warf die Akte auf den Stapel und dachte darüber nach, was er als Nächstes machen sollte, als es klopfte.

Noch bevor Hartel „Herein" sagen konnte, steckte sein Chef den Kopf durch den Türspalt.

„Können Sie mal gerade in mein Büro kommen, Herr Hartel, ich habe etwas mit Ihnen zu besprechen", brummte Erpentrup.

Fünf Minuten später saß der Kommissar seinem Polizeioberrat gegenüber, der einen ziemlich derangierten Eindruck machte.

„Ist während der Ostertage etwas passiert, das ich wissen sollte?", fragte Erpentrup lustlos.

„Ein Unfall mit Todesfolge. Ein betrunkener Rollstuhlfahrer ist eine Böschung hinuntergerollt, aber letztendlich an Herz-Kreislaufversagen gestorben. Ansonsten war es ruhig."

Erpentrup nahm es zur Kenntnis und schwieg eine ganze Weile. War das wirklich alles, was sein Chef von ihm wollte? Die Auskunft hätte sich Erpentrup von Hartel doch auch telefonisch holen können. Weil der Polizeioberrat keine Anstalten machte, das Treffen zu beenden, blieb auch Hartel sitzen.

Auf einmal erhob sich Erpentrup unvermittelt und ging an seinen Schreibtisch. Im nächsten Moment geschah etwas, das hätte sich Hartel vorher niemals träumen lassen. Erpentrup kramte in einer Schublade und hielt plötzlich eine Flasche Cognac in der einen und zwei Gläser in der anderen Hand.

„Glauben Sie nicht, dass es etwas zu feiern gibt", lachte er freudlos. „Aber bestimmte Dinge kann man nur bei einem Schnaps ertragen." Nach einer kleinen Pause fuhr er fort: „Hartel, Sie waren immer der Einzige in diesem Laden, zu dem ich wirklich Vertrauen hatte. Sie waren loyal bis auf die Knochen. Jedenfalls habe ich diesen Eindruck von Ihnen. Ich komme gerade vom Landrat." Erpentrup stellte die Gläser auf den Besprechungstisch und schenkte in jedes einen ordentlichen Schluck ein. „Lange Rede, kurzer Sinn, Sie bekommen einen neuen Chef und wir alle eine neue Chefin. Das ZDG Bielefeld wird aufgelöst. Verbucht unter: eine der gescheiterten Reformen der Landesregierung. Das Ereignis an sich finde ich ja noch ganz erfreulich. Schließlich haben wir in Lippe immer gegen diese Reform gearbeitet. Die Polizei Seite an Seite mit dem Landrat. Doch jetzt halten Sie sich fest: Unser aller Chefin wird dieses gerissene Weib Dr. Bülow und Ihr neuer Chef, dieser versoffene Schulte."

Hartel konnte es nicht fassen. Das durfte nicht wahr sein! Er wollte etwas erwidern, doch Erpentrup fuhr fort: „Mich, um Ihrer Frage zuvorzukommen, haben sie zum Knöllchenschreiben geschickt. Der alte Müller geht doch zum 1. Mai in Rente, und ich bekomme seinen Job. Direktion V.! So, zum Wohl, Herr Hartel!" Erpentrup erhob das Glas und prostete seinem Kommissar zu.

Der konnte nicht anderes, er tat es seinem Chef nach.

„Saufen während der Dienstzeit. Schultensche Verhältnisse! Können Sie sich schon mal dran gewöhnen. Bei mir hätte das ein Diszi gegeben, bei Ihrem neuen Chef gibt es dafür eine Beförderung. So, und jetzt gehe ich nach Hause. Ich fühle mich nicht wohl, wie Sie sich denken können. Ich glaube, ich bin für längere Zeit krank. Ach, noch was, Hartel, wenn Ihnen die Bande auf die Nerven geht, beim V. ist noch ein Plätzchen frei." Er nahm einen letzten großen Schluck. „Auf jeden Fall bekommen Sie von mir noch eine ordentliche Beurteilung. So, und jetzt bis demnächst mal. Könnte sein, dass dieser Proll aus Bielefeld hier heute noch auftaucht. Dem möchte ich nicht über den Weg laufen. Die Gefahr wäre zu groß, dass ich ihm was in die Schnauze schlage." Erpentrup stand einfach auf und ließ Hartel vor seinem Cognacglas sitzen. Nahm sich seine Jacke und verließ den Raum.

Mit seiner Prophezeiung, dass Schulte noch auftauchen würde, hatte der Polizeioberrat recht. Als Hartel zurück in sein Büro kam, hatte sein neuer Chef schon an seinem Schreibtisch Platz genommen. Seine Füße lagen in der aufgezogenen unteren Schublade des Möbels. In der Hand hielt er die Akte von Hubert Diekjobs.

„Die Halbgötter in Weiß machen es sich auch immer einfacher. Nicht mal eine Obduktion. Ob das alles so richtig ist, wage ich zu bezweifeln. Ich finde, Sie sollten da noch mal hinterhergehen, Hartel."

„Wüsste nicht, wie ich das machen sollte, der Staatsanwalt hat die Leiche schon freigegeben."

„Auch so ein fauler Sack!" Schulte stand auf, warf die Akte achtlos auf den Schreibtisch und ging an Hartel vorbei hinaus. Dann, im Türrahmen, blieb er noch einmal stehen, drehte er sich um und sagte: „Mensch, Hartel, Sie haben ja eine Fahne, Alkohol im Dienst? Dass mir das nicht zur Gewohnheit wird!"

Nach diesen Worten wurde die Tür endgültig ins Schloss gezogen.

12

Eigentlich hatte Ina Schulte den Hofladen am Ende des ersten Arbeitstages pünktlich um 17 Uhr schließen wollen, aber dann kamen sie plötzlich aus allen Ecken. Die Männer wollten nicht etwa Gemüse oder Lammfleisch kaufen, sondern mit Anton Fritzmeier ein Feierabendbier trinken. Wenn anstelle des erwarteten alten Bauern eine hübsche, junge Dame hinter dem Verkaufstresen stand, dann schreckte das auch nicht gerade ab. Es war noch jede Menge Bier von der Eröffnungsfeier übrig, und Ina verkaufte die restlichen Flaschen zu einem guten Preis. Irgendwie musste das Zeug ja weg, die Kisten standen nur im Weg rum. Außerdem konnte man so noch ein paar Euro zusätzlich umsetzen.

Als Fritzmeier vom Hof herübergeschlurft kam, schaute sie ihn fragend an. Immerhin war er der Chef.

„Lass man, Määken, das cheht schon klar!", lachte er und nahm sich selbst eine Flasche. „Iss doch keine Ladenöffnungszeit mehr, iss ja mehr privat."

„Genau!", dröhnte Hans Bangemann, der Ortsvorsteher. „Und wenn ich als Ortsvorsteher dabei bin, ist auch dem Recht Genüge getan."

Rainer Salzmann, der Altenpfleger, lachte. „Das ist aber eine merkwürdige Rechtsauffassung. Aber ich will mich nicht beklagen. Endlich gibt es wieder einen Treffpunkt hier in Heidental, nachdem die letzte Kneipe schon vor Jahren wegen bodenloser Langeweile zugrunde gegangen ist."

„Wie? Langeweile?", wollte Max Kaltenbecher, der seinerzeit der Wirt jener Kneipe gewesen war, wütend wissen. „Hat sich einfach nicht mehr gelohnt. Ihr seid ja lieber nach Detmold inne Kneipe gefahren und habt mich hängen lassen. Jetzt mault nicht auch noch rum."

„Aber ich sach euch chleich, dass ich hier nich immer Bier haben kann. Das issen Hofladen und kein Chetränkemarkt", merkte Fritzmeier sicherheitshalber an.

37

„Ja, aber so'n Fläschken nach Feierabend? Ganz privat? Das dürfte doch kein Problem sein", warb Salzmann für seine Idee des Treffpunktes.

„Mensch, Anton. Du bist die letzte soziale Säule, an die wir uns hier in Heidental noch halten können. Lass uns nicht im Stich! Du verkaufst doch lippische Spezialitäten oder? Gehört denn Strates Bier nicht dazu?"

„Na ja", brummte Fritzmeier, noch nicht ganz überzeugt. „Aber wehe, einer von euch scheißt mich an!"

Alle wehrten empört ab. Niemals! Damit schien Fritzmeier einigermaßen zufrieden zu sein.

„Chut! Der einzige Polizist hier in Dorfe ist ja unser Jupp. Und der wird mich wohl nich anzeigen, hoffe ich."

„Vor allem, wo seine reizende Tochter hier arbeitet", flötete Rainer Salzmann und blickte Ina tief in die Augen.

Die gab bissig, aber lachend, zurück: „Hee, Salzmann, du bist ja ein ganz Süßer, was?"

„Ja, Ina, aber leider haben mich schon einige Frauen sitzen lassen, die meine wahren Qualitäten nicht erkannt haben."

Alle schmunzelten, dann brachte Fritzmeier sie wieder zurück in die raue Wirklichkeit. „Aber im Augenblick bin ich auch nicht so richtig in Stimmung zum Feiern. Nach dem, was Karsamstag mit Hubert passiert iss. Hubert warn alter Kumpel von mir und, dat er nun einfach da so tot im Chraben chelegen hat, dass cheht mir ordentlich anne Nieren. Könnter mir chlauben. Und dat Schlimmste iss, dasser zu meine Feier kommen wollte. Hierhin, innen Hofladen. Aber wat fährt der Kerl auch mit sein Rollstuhl durchen Feldweg? Dunkel wie es war? Hätter man was chesagt, ich hätte ihn doch mitten Trecker abcheholt. Sonne Scheiße aber auch!"

Eine Weile tranken alle Anwesenden schweigend ihr Bier. Den anderen war Hubert Diekjobst nicht so bekannt, da er den weitaus größten Teil seines Lebens außerhalb von Heidental verbracht hatte. Fritzmeier war sein einziger nennenswerter Kontakt gewesen. Aber das ganze Dorf war betroffen, als sich die Nachricht Ostersonntag wie ein Lauffeuer verbreitet hatte. Nach einem so langen Leben so elendig im Graben zu sterben ... schrecklich!

Dann schauten sich aber alle gleichzeitig wie ertappt um, als die Glocke über der Eingangstür bimmelte.

„'n Abend, alle zusammen!", grüßte der Eintretende höflich. Ein dunkelhaariger Mann, knapp über vierzig, sehr gut aussehend, sehr gepflegt, sehr gut gekleidet, sehr freundlich. Keiner sagte ein Wort, alle warteten in lippischer Zurückhaltung ab, was den Mann wohl hierhin geführt haben mochte.

Der schaute sich mit ruhigem Blick um, schenkte jedem der Anwesenden ein Lächeln und erklärte sich dann „Ich hatte gehört, dass hier ein neuer Hofladen aufgemacht worden ist. Wissen Sie, ich interessiere mich sehr für diese neue Art des Direktverkaufs auf den Höfen. Ist doch eine großartige Sache, oder? Warum sollen sich die ganzen Zwischenhändler eine goldene Nase verdienen, wenn der Bauer selbst doch das Geld viel besser gebrauchen kann?"

Noch immer sprach keiner ein Wort. Aber der Neue schien diese Eigenart der Lipper zu kennen und plapperte munter fort: „Ach, ich sehe, hier ist auch ein Bierausschank. Es wäre mir eine Ehre, wenn ich Ihnen eine kleine Runde spendieren dürfte, meine Herren. Natürlich nur, wenn Sie mir als Neuling dies gestatten."

Und ob man gestattete. Das war doch ein Wort unter Männern. Urplötzlich war der Damm gebrochen, alle Anwesenden plauderten fröhlich drauflos. Der Neue stand, wie von Zauberhand so arrangiert, nun in der Mitte und trank allen zu. Er stellte sich vor als Nils Nolte, von Beruf Projektentwickler. Damit konnte zwar keiner der Männer was anfangen, aber es interessierte auch wenig. Nolte wirkte in seinem schicken Anzug hier völlig deplatziert, aber er schaffte es erstaunlich schnell, sich dem Tonfall dieser Runde anzupassen.

„Ja, ich komme im Prinzip ja auch aus der Landwirtschaft", erklärte er. „Meine Großeltern hatten einen großen
Hof in Bega. Als Kind war ich häufig bei ihnen und habe bei
der Arbeit mitgeholfen. Seitdem habe ich diese Vorliebe für
alles Ländliche. Und dieses Heidental ist ja ein ganz besonders nettes Dorf."

Er gab noch zwei weitere Runden aus, dann verabschiedete er sich.

Kaltenbecher hatte den Fremden die ganze Zeit über an-
gestarrt, als habe dieser ein riesiges Furunkel am Kopf. Dann
schien ihm etwas einzufallen. Plötzlich trat ein gewisses
Leuchten in sein Gesicht. „Sagen Sie mal, ich hab Sie doch
schon mal hier in Heidental gesehen, oder irre ich mich?"

Der Dunkelhaarige wirkte einen Moment verlegen. „Kann
sein, ich war Karsamstag schon mal hier im Dorf. Ich hatte
einen alten Mann im Rollstuhl nach dem Weg zu diesem Hofladen gefragt. Der Alte meinte aber, es sei dort eine private
Fete. Da würde ich nur stören. Na, ja, da bin ich dann weiter
zu einem Osterfeuer gefahren und eben heute gekommen."

Plötzlich war allgemein betretenes Schweigen. Von jetzt
auf gleich veränderte sich Atmosphäre. Der Stimmungswan-
del verunsicherte Nolte. Die eben noch herrschende Gelassenheit war in Hast umgeschlagen.

Zügig trank Nolte den letzten Schluck seines Bieres und
verabschiedete sich. „Hat mich sehr gefreut, Sie kennen zu
lernen, meine Herren! Und meine Dame natürlich", damit
nickte er Ina Schulte mit verschwörerischem Blick zu. Die
verdrehte nur die Augen, sagte aber nichts.

Nolte flüchtete fast aus dem Verkaufsraum. Zurück blieben eine Handvoll Heidentaler.

„Wahrscheinlich war dieser Mann der Letzte, der unseren
Freund Diekjobst lebend gesehen hat", sagte einer der Männer nachdenklich.

Die anderen gingen nicht auf die Bemerkung ein, sondern
plapperten wirr drauflos.

„Netter Kerl!", meinte Bangemann. „Endlich mal ein wohlerzogener junger Mann."

Max Kaltenbecher pflichtete ihm bei. Nur Fritzmeier brummte: „Weiß nich! Bei diese Anzugträger denke ich immer, die wollen mir was verkaufen. Irgendson Zeuchs, watt ich charnich chebrauchen kann." Und als die anderen protestierten, legte er nach: „Iss doch so! Warum schmeißt so 'n Kerl sich denn innen schicken Anzug? Weil er Eindruck auf dich machen will, oder? Und warum willer Eindruck machen? Weil er dir was aufschwatzen will. Erzählt mir doch nix. Ihr könnt alle sagen, wasser wollt. Mir war der 'ne Spur zu freundlich."

„Ach, Anton, du alter Schwarzseher!", lachte Bangemann. „Solange ich Ortsvorsteher von Heidental bin, ist hier jeder willkommen, der einen ausgibt. Was meint ihr anderen?"

„Hans, du triffst wie immer den Nagel auf den Kopf!", grinste Salzmann und schenkte Ina einen weiteren schmachtenden Blick.

13

Der Laden bei Fritzmeier lief recht gut an. Jeden Abend war in den letzten Tagen auf dem Hof was los gewesen. Jede Menge Leute. Schulte hatte immer geglaubt, dass ihm so ein Trubel lag. Doch weit gefehlt, die ständige Anwesenheit irgendwelcher Menschen, die er nicht leiden konnte, ging ihm langsam aber sicher auf die Nerven. Gerade eben war ihm der Ortsvorsteher von Heidental über den Weg gelaufen. Auf dem Weg zum Feierabendbier, wie der dicke Bangemann das nannte.

Feierabendbier, Schulte konnte es nicht fassen, der Typ hatte doch schon seit Jahren nicht mehr gearbeitet. Eigentlich war Bangemann Schließer im Knast. War aber schon Frührentner, seit Schulte in Heidental wohnte. Hatte irgendwas mit dem Rücken und konnte angeblich nicht länger als eine halbe Stunde sitzen. Drückte sich aber ständig auf allen möglichen Treffen seiner Partei herum. War in Rat und Kreistag und hatte auch sonst jede Menge Ehrenämter. Und ein Klugscheißer vor dem Herrn war der, aber gut informiert. Von der Auflösung des ZDG hatte Bangemann auch schon gehört. Natürlich wollte er mit Schulte darüber reden. Doch dazu hatte der überhaupt keine Lust.

„Hans, nimm es mir nicht übel. Ich muss zu Lena, meiner Tochter", hatte sich Schulte herausgeredet. „Und bin schon spät dran. Du weißt ja, wie pünktlich und ordnungsliebend die ist. Sie ist immer gleich sauer, wenn ich zu spät zu einer Verabredung mit ihr komme."

Bangemann winkte verständig ab: „Frauensleute! Kenn' ich."

Jetzt saß Schulte in seinem Volvo und fuhr Richtung Detmold. Heidental war ja wirklich ein schönes Dorf, dachte er. Aber wenn er da seine ganze Zeit verbringen müsste, bekäme er mit Sicherheit einen Lagerkoller.

Es war ein schöner Frühlingsabend. Den Besuch bei Lena hatte Schulte sich nur als schnelle Ausrede einfallen lassen, um Bangemann zu entgehen.

Doch jetzt, da er im Auto saß, hatte er wirklich Lust bekommen, seine Tochter zu besuchen. Er hatte schon lange keinen Abend mehr mit ihr allein verbracht. Vielleicht hatte Lena ja Zeit und auch Interesse, mit ihm etwas zu unternehmen.

Schulte suchte sich einen Parkplatz in der Emilienstraße und drückte kurze Zeit später auf den Klingelknopf, der sich neben einem getöpferten Türschild befand, auf dem ein Segelboot mit dem Namen *Wiesenthal* zu sehen war.

Lena war zu Hause und hatte sowohl Zeit als auch Lust, mit ihrem Vater den Abend zu verbringen, und so gingen sie kurze Zeit später, Lena hatte sich bei Schulte eingehakt, über den Kaiser-Wilhelm-Platz in Richtung Innenstadt.

„Was für ein toller Frühlingsabend", fand Lena Wiesenthal, „da sollte ich nicht mit so einem alten Knacker wie dir durch dieses wunderschöne Detmold gehen, sondern mich nach einem geeigneten jungen Mann umsehen." Sie stupste Schulte schelmisch in die Seite.

„Wieso?", antwortet ihr Vater. „Mir gefällt es. Guck mal, wie die Leute mich um die Schönheit an meiner Seite beneiden."

Wieder bekam er einen Stoß in die Rippen.

„Komm, lass uns mal bei Erhard Wolf in der *Schlosswache* vorbeigehen. Vielleicht kann man da ja schon draußen sitzen, die Geschäfte machen sowie gerade zu", lud Schulte sie ein.

„Wenn nicht, gehen wir hinein, setzen uns an ein Fenster und sehen uns von da aus den Schlosspark an. Ist auch ganz schön", meinte seine Tochter und zog Schulte über die Paulinenstraße.

„Aber erst gehen wir einmal durch die Fußgängerzone. Mal sehen, was es so an Frühjahrsmode gibt", plapperte sie weiter.

Früher hätte Schulte spätestens jetzt die Reißleine gezogen. Bloß nicht Einkaufsbummeln. Aber Lena zuliebe sprang Schulte schon mal über seinen Schatten.

Wie unterschiedlich doch Töchter sind, dachte er. Obwohl Ina und Lena in der gleichen Nacht gezeugt wurden und immerhin den gleichen Vater hatten, waren sie doch so unterschiedlich, wie sie nur sein konnten. Sicher, er mochte sie beide und hätte mit Sicherheit nicht sagen können, welche der Töchter ihm näher stand, aber dennoch waren sie wie Tag und Nacht.

„Sieh mal, wer da ist!", riss Lena ihren Vater aus seinen Gedanken. „Maren Köster! Komm, wir fragen sie, ob sie mit in die *Schlosswache* kommt."

Noch ehe Schulte etwas sagen konnte, winkte seine Tochter der Kollegin zu und rief ihren Namen. Maren Köster sah

43

sich erst irritiert um, dann erkannte sie die beiden und winkte zurück.

„Hallo Maren", übernahm Lena gleich die Initiative. „Wir wollen noch ein Bier trinken, kommst du mit?"

Und ehe Schulte sich's versah, ging er, bepackt mit den Einkauftüten der Kommissarin, zwei Meter hinter zwei kichernden und schwatzenden Frauen her, blieb vor jedem zweiten Schaufenster stehen und langweilte sich.

An der *Schlosswache* angekommen, fielen ihm bald die Finger ab, so schwer waren Kösters Taschen geworden.

„Sag mal, Maren, was schleppe ich hier eigentlich für zentnerschwere Tüten hinter dir her? Sind da Backsteine drin?"

Maren grinste ihn an. „Nee, das sind so einige leckere Sachen für eine kleine Wiedersehensparty mit Michael. Der war drei Wochen in der Türkei. Morgen kommt er wieder. Da wollte ich ihm eine kleine Freude machen."

Schultes gute Laune war in den letzten zehn Minuten ohnehin schon um einiges gesunken. Jetzt bekam sie noch einmal einen Dämpfer. Er konnte Michael Grafenberg nicht leiden, obwohl es an sich keinen Grund dafür gab, außer, dass er der Freund von Maren Köster war. In solchen Momenten überkam Schulte so ein unglaubliches Bedürfnis, den Einkauf, den er die ganze Zeit hinter Maren Köster hergeschleppt hatte, in die nächste Mülltonne zu werfen.

Seine Tochter Lena kannte ihn mittlerweile gut. Sie zog ihn einfach am Ärmel in die Kneipe, und nach dem zweiten *Detmolder Herb* war Schulte wieder besserer Laune.

Er fühlte immer noch die Druckstellen an den Fingern, die ihm die Einkaufstüten verpasst hatten. Er sah sich die Stellen an. Öffnete und schloss die Hände. „Wenn du öfters mal die Taschen von mir getragen haben möchtest, dann kauf doch demnächst in Anton Fritzmeiers Hofladen ein. Die Qualität, die du da geboten bekommst, ist mit Sicherheit besser als die der Lebensmittel in deiner Tüte."

„Hört sich ja so an, als hättest du Aktien in dem Laden stecken, bei der Werbung, die du hier machst."

Schulte sah auf seine Fingernägel und polierte sie imaginär an seinem Ärmel. Dann zuckte er mit den Schultern. „Könnte sein."

Auf dem Heimweg, Maren Köster hatten sie an ihrem Auto vorbeigebracht und natürlich hatte Schulte ihr, ganz gegen seine sonstigen Gewohnheiten, die Einkaufstaschen getragen, meinte Schulte: „Sag mal, Lena, manchmal habe ich den Eindruck, du hast so ein bisschen den Hang zu einer Kupplerin."

„Wieso? Maren ist doch fest liiert."

14

Es war bereits stockdunkel, als Nolte sein Auto in der Garage abstellte. Gedankenverloren ging er ins Haus. Wieso waren die Männer in Fritzmeiers Hofladen so schweigsam geworden, nachdem er von dem Gespräch mit dem Rollstuhlfahrer berichtet hatte? Ahnten sie etwas von seinem Vorhaben, oder wussten Sie sogar Bescheid? Nolte betrat sein Arbeitszimmer und stellte seine Aktentasche achtlos neben ein Bücherregal, setzte sich vor seinen Schreibtisch und stützte den Kopf mit seinen Händen ab.

Wieder einmal würde er in die Kriminalität abgleiten müssen, um seine Interessen durchzusetzen. Seine Interessen? Nolte lachte verbittert. Mit jedem Auftrag schlitterte er mehr in den Moloch der Gesetzlosigkeit, um seine Ziele zu erreichen.

Je mehr er darüber nachdachte, umso klarer wurde ihm, dass er sich auf eine Sache eingelassen hatte, die er nie wollte. Er musste aussteigen, komme was da wolle! Wenn es ihm nicht bald gelänge, würde man ihn irgendwann erwischen.

Der Wunsch, die Brocken hinzuschmeißen, wurde in letzter Zeit immer stärker. Doch wie sollte er aus diesem übermächtigen System auszusteigen? Man würde ihm keine Chance lassen.

Mitgefangen, mitgehangen, pflegte sein Vater immer zu sagen. Eine Zeitlang hatte Nolte solche Volksweisheiten als dumme Sprüche abgetan. Doch mehr und mehr wurde ihm klar, welchen Wahrheitsgehalt diese Zitate besaßen.

Verdammt, worauf hatte er sich da nur eingelassen? Er steckte bis zum Hals in einem Schlamassel, aus dem er keinen Ausweg sah.

Verzweifelt schlug Nolte mit beiden Händen auf die Platte seines Schreibtischs. Er würde wohl weitermachen müssen, bis zum bitteren Ende.

15

Die Zeiger der Küchenuhr zeigten zehn vor acht. Fritzmeier nahm noch einen kräftigen Schluck Kaffee, und dann machte er sich auf den Weg ins Cheschäft, wie er seinen neuen Hofladen nannte.

Es war doch mehr Arbeit, als er gedacht hatte. Heute und morgen war Ina an ihrem Zweitarbeitsplatz an der Hochschule Ostwestfalen in Lemgo, wo sie eine halbe Stelle im Fachbereich Medienproduktion hatte.

Als Fritzmeier auf seinen Hof hinaustrat, stand schon ein chicer X5 auf dem Parkplatz.

„Mensch", sagte Fritzmeier, obwohl keiner in der Nähe war. „Dat Geschäft läuft aber wie ein Länderspiel. Jetzt hab ich den Laden noch nich mal aufcheschlossen und die erste Frau is schon da und will wat kaufen."

Fritzmeier ging zu dem kleinen Fachwerkhaus hinüber und öffnete die Eingangstür. Fast im gleichen Augenblick stieg eine elegant gekleidete Frau aus dem geparkten BMW aus.

Jeden Morgen, wenn der alte Bauer seinen Laden betrat, war er aufs Neue begeistert. Auf allen Produkten prangte das von Ina Schulte entwickelte Logo: *Fritzmeiers Hofladen*.

„Guten Morgen", wurde er von einer Frauenstimme aus seinen Gedanken gerissen. Der alte Bauer blickte zur Tür und sah die Frau, die eben noch in dem Geländewagen gesessen hatte.

„Tach! Wat kann ich für Sie tun?"

„Ach, wissen Sie, eine Freundin hat mir von der Eröffnung Ihres Ladens erzählt, und da dachte ich, wenn ich die Kinder in die Schule gebracht habe, dann halte ich bei Ihnen mal an und schaue, was Sie so zu bieten haben."

„Chute Idee!"

„Ist ja wirklich ein schnuckeliges, kleines Geschäft geworden und eine wirklich breite Produktpalette für so einen kleinen Laden. Oh, Sie haben schon Bärlauch! Ist der aus biologischem Anbau?"

„Biologischem Anbau?", Fritzmeier kratzte sich am Kopf. „Ja, biologischer Anbau, ich chlaube nich. Ich hab ja noch son Wäldchen, so zehn Hektar Buchenwald, ein paar Hecken und dann son bisschen durchenander. Da wächst dies Zeuch wie blöd im Frühjahr. Bärlauch heißt dat. Als Kinder haben wir da wilden Knoblauch zu chesacht. Stinkt ja da im Wald dann auch so, nach Knoblauch, wenn dat Zeuch im Frühjahr wächst."

Fritzmeier bemerkte nicht, dass die Frau ihn überrascht anstarrte, deshalb plauderte er munter weiter. Die Kundin sah ziemlich verwundert drein.

„Ina, meine Kollegin, hat chesacht, den Bärlauch, den müssten wir hier im Laden verkaufen. Ich hab ers chedacht, die spinnt und hab se chefracht: willse den Leuten auch noch Löwenzahn andrehen? Da hat se mich anchekuckt wie 'n Auto und hat chesacht: Na klar! Ich hab chedacht, die is bekloppt. Nun wollte ich aber auch kein Streit anfangen, also bin ich mit der Sense los in meinen Wald, und hab ein bisschen von beidem chemät. Und ich sage Ihnen, dat Zeuch, Bärlauch und auch der Löwenzahn da, dat läuft wie cheschnitten Brot. Die Leute kaufen Chrünzeuch, als wenn der nächste Kriech käme. Früher hab ich ja immer über dat Unkraut cheflucht. Wenn ich dat chewußt hätte, wat hätte ich ein Cheld machen können? Vom Löwenzahn hab ich nur noch zwei Bund und vom Bärlauch noch drei. Wenn die wech sind, muss ich schon wieder los und Nachschub holen."

„Ja, das werden Sie wohl jetzt müssen", sagte die Frau und packte die Kräuter in ihren Korb.

„Is aber, chlaube ich, kein Bio", betonte Fritzmeier ausdrücklich noch einmal. Doch das schien die Frau auf einmal nicht mehr zu interessieren. Sie ging durch den Laden, packte hier eine Dose gekochtes Mett, da einen Ring lippische Leberwurst und dort ein Stück Damhirschsalami ein.

„Ich will jetzt nich behaupten, dat ich die Tiere alle chekannt habe, aus denen die Wurst gemacht wurde. Aber die Bauern, die sie mir verkauft haben, dat sind allet chanz feine Leute. Die behandeln ihr Vieh noch wie unser Opa. Die Hühner laufen bei denen noch in der Wiese rum. Manchmal holt auch der Fuchs eins. Die Bauern sprechen noch mit den Schweinen und schuppern se manchmal, und die Kühe haben alle noch einen Namen."

Die Kundin wollte gar keine weiteren Details mehr wissen.

„Sagen Sie, verkaufen Sie auch Frischfleisch?", fragte die Frau, als sie ihre Ware bezahlte.

„Jau, verkaufen wir auch. Wir haben nebenan so'n kleinen Kühlraum. Aber dat Beste is, wenn Se vorbestellen. Dann kriegense auch, wat Se wollen. Wildfleisch, wenn wat cheschossen wurde. Im Moment chrade nich, ist ja Schonzeit. Aber Lamm-, Rind- und Schweinefleisch könnense am Wochenende kriegen, wennse bis Donnerstach Bescheid sagen. Aber son kleinen Vorrat haben wir natürlich immer da. Chut abchehangen, versteht sich."

Nachdem die erste Kundin des Tages gegangen war, sah er sich in seinem Laden um. Die Regale waren ziemlich leer. Seine Bestände waren schneller geschrumpft, als er gedacht hatte. Und das Geld, das er aus alter Gewohnheit in die Zuckerdose gesteckt hatte, war da auch nicht gut aufgehoben. Euroscheine passten da nicht mehr rein. Die Menge, die er in den letzten Tagen an Barschaft eingenommen hatte, war ein größerer Betrag, als der, den er früher in der Tasche gehabt hätte, wenn er zwei Bullen verkauft hatte.

Ob er es wollte oder nicht, Fritzmeier musste auf seine alten Tage wohl noch einmal zur Bank gehen, um ein Geschäftskonto einzurichten.

Außerdem dachte er jetzt doch noch einmal darüber nach, sich eine Kasse mit Kartenlesegerät anzuschaffen. Denn schon mehrere Leute wollten mit diesem Plastikgeld bezahlen. Zum Teil mussten sie einen Teil der Ware wieder auspacken, weil sie nicht genug Bares dabei gehabt hatten.

Ina war zwar gleich der Meinung gewesen, dass er so ein Lesegerät, wie sie das nannte, brauchte, aber Fritzmeier hatte nur abgewunken.

Wieder fiel Fritzmeiers Blick auf die fast leeren Regale. Eigentlich musste der alte Bauer jetzt los und sich um Nachschub kümmern, aber wer sollte dann im Laden stehen? Fritzmeier überlegte. Wie wäre es mit seiner Freundin Elvira, die fühlte sich sowieso schon vernachlässigt, seit er seine ganze Energie in den Laden steckte. Wenn die mithelfen würde, dann könnte Fritzmeier zwei Fliegen mit einer Klappe schlagen. Er hätte während seiner Abwesenheit jemandem im Laden, dem er vertraute, und er könnte sich um den Nachschub kümmern. Organisieren tat er fast noch lieber, als Frauen Wurst zu verkaufen.

16

Es hatte ein schöner Abend werden sollen.

Maren Köster hatte alles sorgfältig vorbereitet. Während sie mit dem Auto zum Flughafen Paderborn fuhr, brutzelte zu Hause ein Braten in der Röhre, der Tisch war bereits gedeckt, der Wein entkorkt.

Um 16 Uhr sollte der Flieger aus Antalya landen, dann würde sie ihren Lebensgefährten Michael Grafenberg in die Arme schließen, mit ihm zusammen nach Hause ins idyllische Lemgo fahren und das Wiedersehen feiern. Sie freute sich darauf.

Es lief auch alles glatt, das Flugzeug landete trotz Regen pünktlich, die Koffer kamen zügig, und kurz darauf lenkte Maren Köster ihren neuen, roten Flitzer, wieder mal ein Renault Mégane, aus der Parklücke. Neben ihr saß ein urlaubsgebräunter Michael Grafenberg, der sich erstaunlich verhalten zeigte. Drei Wochen war er weg gewesen. Allein. Sie hatte ihn mehr vermisst, als sie sich das vorher hätte vorstellen können. Es waren für sie drei leere, ereignislose Wochen gewesen. Aber nun war ja alles gut.

Auf den ersten Kilometern über die regennassen Straßen des Kreises Paderborn schwieg er. Maren Köster führte das darauf zurück, dass er das Zusammensein mit ihr still zu genießen versuchte.

Schließlich aber wurde sie ungeduldig. „Jetzt erzähl doch mal! Wie war's denn?"

Grafenberg schrak aus seiner Versunkenheit auf. Es kam ihr vor, als müsse er sich erst konzentrieren, bevor er antworten konnte. „Schön war's. Doch. Alles prima!"

Das war ihr nun doch entschieden zu einsilbig, und sie bohrte nach.

„Ein bisschen mehr wirst du doch schon erzählen können nach drei Wochen. Wie war das Wetter, wie dein Hotel, wie waren Land und Leute? Hast du mich vermisst?"

Er lächelte matt. „Natürlich habe ich dich vermisst. Ich hatte viel Sonne, das Hotel war ganz in Ordnung, das Essen war gut, der Strand war schön. Und ich bin auch viel rumgekommen. War ein schöner Urlaub. Und bei dir?"

„Bei mir? Ich habe gearbeitet, mein Lieber. Was soll da gewesen sein? Nein, im Ernst, es war ruhig in den letzten drei Wochen. Aber irgendwas stimmt doch mit deinem Urlaub nicht, oder? Du bist alles andere als euphorisch. Ist irgendwas Unangenehmes passiert?"

Er zeigte deutliche Anzeigen von Widerwillen, weiter auf dieses Thema einzugehen, rang sich nur eine schlaffe Erklärung ab: „Ich bin nur ziemlich kaputt, weißt du. Der Flug, dann der Klimawechsel. Gib mir etwas Zeit, dann erzähl ich dir alles. Einverstanden?"

Na gut, dachte sie. Dann zeige ich eben mal etwas weibliches Einfühlungsvermögen und lasse ihn eine Weile in Frieden. Männer sind ja so empfindlich.

Bis kurz vor der Abzweigung nach Salzkotten schwiegen beide. Dann schien Grafenberg etwas aufzutauen.

„Wie grün alles geworden ist. Als ich weggefahren bin, war hier noch alles kahl und trostlos. Jetzt ist Frühling. Immer wieder erstaunlich!"

Auf diese Beobachtung gab sie keine Antwort. Das war ihr doch eine Nummer zu platt, zu unpersönlich. Hörte sich nach Pflichtübung an. Langsam aber sicher spürte sie leichten Ärger aufkommen.

Hatte sie dafür drei Wochen lang Abend für Abend an ihn gedacht, erst mit Sehnsucht, dann mit wachsender Vorfreude? Um nun ein Gespräch auf dem Smalltalk-Niveau eines Stehempfangs zu führen? Aber sie biss die Zähne zusammen, bis sie in Paderborn auf die B 1 aufgefahren war. Irgendwas lag ihm auf der Seele, das konnte die erfahrene Polizistin, die so manches Verhör mitgemacht hatte, ihm förmlich ansehen.

Auf der Höhe Bad Lippspringe war es dann mit ihrer Geduld vorbei.

„So, und jetzt will ich wissen, was los ist. Ich bin nicht irgendwer. Wenn du Tisch und Bett mit mir teilen willst, dann solltest du auch deine Gedanken mit mir teilen. Und dass mit dir etwas nicht stimmt, das sehe ich dir an. Mach mir nichts vor. Was ist passiert?"

Er drehte den Kopf zur anderen Seite und tat, als gäbe es auf der Wiese rechts neben der Straße etwas enorm Spannendes zu sehen.

„Los! Jetzt rede endlich!", rief sie ihm, mittlerweile recht laut geworden, zu. „Lass mich hier nicht hängen."

„Also gut, ich …", Grafenberg suchte nach den richtigen Worten zum Einstieg, schien sie aber noch nicht gefunden zu haben, denn er verfiel sofort wieder in Schweigen. Dabei nestelte er nervös mit den Fingern an ihrem Handschuhfach herum, als gäbe es da etwas zu richten.

Maren Köster spürte Hitze in sich aufsteigen wie Quecksilber in einem Thermometer. Es war eine Mischung aus Wut und Angst vor dem, was da kommen mochte. Als die Hitze in ihrem Kopf angekommen war, schlug sie mit der Faust aufs Lenkrad, schluckte aber die Bemerkung, die ihr auf der Zunge lag, energisch runter. Mittlerweile war sie zwischen Schlangen und Kohlstädt von der B 1 abgefahren und auf die Fürstenallee, die zur Gauseköte führt, eingebogen. Der vordere Bereich dieser früher so beeindruckenden Allee war in diesem Jahr brutal abgeholzt worden und sah so trübsinnig aus, wie es den Gefühlen der beiden Menschen in dem dahinrasenden Renault entsprach.

„Okay! Besser ich sage es gleich …", kam es dann aus ihm heraus.

Maren Köster spürte, wie ihr bei diesen Worten ein neuer Schub Hitze in den Kopf schoss. Sie war eine erfahrene Frau und ahnte bereits, was kommen würde. Doch endlich schien er den Anfang gefunden zu haben.

„Ich habe im Urlaub eine Frau kennen gelernt. Wir haben einige Touren zusammen gemacht. Und dann ...", wieder stoppte er.

Sie hätte mittlerweile ins Lenkrad beißen können. „Was, und dann?", rief sie, ohne ihn dabei anzusehen.

„Ja, wir haben uns dann auch abends öfter getroffen und ..."

„Und dann bist du mit ihr ins Bett gegangen, stimmt's?", zischte sie in einem Ton, der höchst bedrohlich wirkte.

Er nickte nur zerschlagen, sagte aber nichts.

Einige Sekunden lang schwiegen beide. Mittlerweile hatten sie die Gaststätte *Kreuzkrug* hinter sich gelassen und brausten die steile Gausektöte hinauf.

„Und, was ist jetzt?", fragte sie mit zusammengepressten Lippen.

Er atmete einmal tief durch: „Ich habe mich in Marion verliebt, und ich werde sie wiedersehen. Sie kommt aus Dortmund und wird mich am nächsten Wochenende besuchen. So, jetzt weißt du alles."

Grafenberg schien sichtlich erleichtert. Dann wagte er einen ersten ängstlichen Blick zu ihr. Sie hatte sich gut im Griff, als sie, äußerlich ruhig, bemerkte:

„Das war's also mit uns beiden, oder?"

Er druckste wieder herum, war aber gleichzeitig heilfroh, dass sie die Angelegenheit so sachlich aufnahm.

„Tja, darauf wird es wohl hinauslaufen. Glaub mir, es fällt mir unheimlich schwer, aber ..."

Plötzlich trat Maren voll auf die Bremse. Das Auto kam genau auf der Passhöhe der Gausektöte zum Stehen. Mitten im tiefsten Wald. Sie stieg wortlos aus, öffnete die Gepäckraumhaube, nahm seinen Koffer und seinen Rucksack heraus und stellte beides an den Straßenrand. Dann stieg sie wieder ein, schaute nur nach vorn und zischte leise: „Raus!"

Grafenberg war wie gelähmt. Dann stammelte er: „Wie, raus? Wie meinst du das?"

54

„RAUS!!"

„Aber Maren, hier mitten im Wald? Du kannst mich doch hier nicht einfach rauswerfen!"

„R A U S !!!"

Sekunden später stand Michael Grafenberg wie betäubt mit einem Koffer und einem Rucksack an der Straße und schaute staunend hinter einem mit Vollgas abbrausenden Renault Mégane her.

17

So ein Stündchen schlafen nach dem Dienst, das war genau das Richtige. Schulte reckte und streckte sich. Im Radio, das er immer anstellte, bevor er es sich zur Augenpflege auf dem Sofa bequem machte, lief: *I feel good* von James Brown. Schulte fühlte sich wirklich gut.

Jedenfalls so lange, bis er auf dem Weg zur Toilette einen Blick in den Spiegel warf. Er starrte einen Mann an, von dem er anderen gegenüber behaupten würde, dass er das Gesicht noch nie gesehen hätte. Mann, Mann, Mann, er hatte doch schon ziemlich tiefe Falten und Ringe unter den Augen. Diese körperlichen Tribute an das Leben, gekoppelt mit dem noch abgesenkten Kreislauf und den wuscheligen, schon etwas fettigen Haaren. Da konnte man sich schon mal vor sich selbst erschrecken.

„Na ja, so eine Hand voll Wasser ins Gesicht, das wirkt Wunder", machte er sich selber Mut. Gerade hatte er sich von seinem Spiegelbild losgerissen, da klingelte es Sturm an seiner Haustür. Er unterbrach seinen Weg ins Badezimmer und ging zur Tür. Als er sie öffnete, stand eine ziemlich geladene Maren Köster vor ihm. Schulte erinnerte sich sofort an den Mann, den er eben im Spiegel gesehen hatte. Verlegen versuchte er seine wild durcheinanderstehenden Haare zu ordnen. Gut, dass er kein Feinrippunterhemd anhatte, dachte er. Sein verschlafenes Aussehen und dann noch mit so einem Klassiker bekleidet, womöglich noch zwei Nummern zu eng, das würde jede Frau vertreiben.

Doch Maren Köster schien nichts Ungewöhnliches an ihm zu entdecken. Sie schob sich vorbei in seinen Flur, setzte sich auf einen Stuhl, der aus irgendwelchen Gründen dort stand, und begann erst zu heulen und dann zu fluchen.

„Dieses verdammte Arschloch fährt in Urlaub und lacht sich gleich eine andere Frau an. Männer, kennst du einen, kennst du alle!"

Schulte kapierte so langsam, was passiert war. Behutsam fasste er sie an den Schultern. „Na, nun komm erst mal rein. Wenn du über Männer ablästern willst, bin ich zwar nicht der Richtige. Da solltest du lieber zu einer Freundin fahren, aber ansonsten stehen dir meine breiten Schultern zum Ausheulen zur Verfügung. Wie wäre es mit einem Schnaps?"

Maren Köster schniefte und nickte. Also ging Schulte an seinen Kleiderschrank, in dem bewahrte er seine Schätze auf, und kam kurze Zeit später mit zwei Gläsern wunderbar weichem Grappa zurück. Der edle Schnaps schien ihr gut zu tun. Befriedigt beobachtete er, wie sie sich unter der Wirkung des edlen Schnapses deutlich sichtbar entspannte.

„Ich habe mich so auf die Rückkehr von Michael gefreut. Stell dir das mal vor, Jupp, ich wirbele wie eine Blöde, kaufe ein, bereite ein schönes Essen vor, und dann kommt dieser Idiot nach Hause und erzählt mir schon auf der Gauseköte von seiner Flamme, dieser Blödmann."

Das hat der bestimmt nicht freiwillig gemacht, dachte Schulte, der so manches Verhör gemeinsam mit seiner Kollegin Köster bestritten hatte.

Auf einmal fing sie an zu kichern. „Das hat er nun davon, der Schwachkopf."

„Wie, was hat er nun davon?"

„Der steht jetzt mit seinem gesamten Gepäck da oben im Teuto und friert sich den Arsch ab. Vor dem Urlaub habe ich ihm gesagt, nimm dir eine warme Jacke mit. Nee, hat mein Michael natürlich nicht gemacht. In der Türkei ist es schon über fünfundzwanzig Grad, hat er mir geantwortet. Jetzt könnte er seinen Anorak gut gebrauchen. Hoffentlich regnet es heute noch."

„So schlimm ist die Strafe auch nicht", lenkte Schulte ein. „Es gibt doch Handys."

„Von wegen Handy, da oben ist ein handfestes Funkloch. Außerdem hatte der Schussel sein Ladegerät nicht mit in Urlaub genommen. Der Akku von seinem Telefon ist schon seit Tagen leer, da ist nichts mit mal eben Rodehutskors anrufen, oder so. Und glaub mal, jetzt in der Dämmerung nimmt den mit seinem Koffer und seinem Rucksack so schnell auch keiner mit. Die halten den doch alle für einen Penner." Die Schadenfreude tat Maren Köster sichtlich gut. „So, Jupp, und weil ich dich gut leiden kann, du Michael nicht leiden kannst und der dich nicht leiden kann, esse ich jetzt mit dir den Braten, den ich für ihn gemacht habe und den Rest vom guten Essen. Wein habe ich auch mitgebracht und dann zeigst du mir den Hofladen. Ich lasse mir doch von so einem Arsch nicht den Abend verderben. Komm, pack mal mit an. Ich habe alles im Kofferraum."

Das Essen war trotz der Tatsache, dass es aufgewärmt war, sehr gut, und Schulte musste ihr zugestehen, dass er ihre Kochkünste jahrelang unterschätzt hatte.

„Nachdem ich weiß, was du kochtechnisch drauf hast, werde ich dich ab jetzt öfter mal besuchen", drohte Schulte, als er mit ihr auf dem Weg zu Fritzmeiers Hofladen war.

Die Möglichkeit, bei Fritzmeier ein Feierabendbier zu trinken, war mittlerweile professionalisiert worden. Der alte Bauer hatte eine große MDF-Platte besorgt, die er abends auf zwei Kühltruhen legte. So hatte er eine hervorragende Theke, um die sich auch an diesem Abend wieder einige Männer des Dorfes geschart hatten. Als Schulte und Köster eintraten, verstummten ihre Gespräche.

Fritzmeier war der Erste, der die Sprache wiederfand.

„Wat für ein Chlanz in meiner bescheidenen Hütte. Die Frau Kommissarin. Kommen se rein, Frau Köster. Et scheint ja heute noch ein schöner Abend zu werden. Wat darf ich Ihnen anbieten? Vielleicht ein Glass Rotwein? Hat meine Elvira auschesucht. Ich chlaube, der is nich schlecht!"

Maren hatte nichts dagegen, und so war sie bald der Mittelpunkt in der Männerrunde. Neben ihr stand Salzmann. Rainer Salzmann, hatte er sich vorgestellt. Der versuchte mit ihr zu plaudern. Zu einem andern Zeitpunkt wäre das sicher ganz nett gewesen, doch je mehr sich Maren Köster entspannte, umso mehr griffen die Trauer und der Schmerz nach ihr. Sie hatte das Glas noch nicht ganz ausgetrunken, da bat sie Fritzmeier zur Enttäuschung aller, er möge ihr ein Taxi rufen. Zwar bot Salzmann sich an, sie zu fahren. Doch sie lehnte dankend ab. Sie wollte nur noch nach Hause, auf direktem Wege und ohne weitere Komplikationen.

„Das Auto kann ich ja morgen holen, oder?"

Dann machte sie Anstalten zu gehen. Schulte wollte sie begleiten, doch sie lehnte ab. „Lass mal, Jupp, ich muss jetzt allein sein. Mir geht es ziemlich dreckig. Danke, dass du mir über den ersten Schock hinweggeholfen hast."

Schulte nickte, und Maren Köster verließ den Raum.

18

Hermann Rodehutskors konnte nicht fassen, was ihm sein Mitarbeiter Michael Grafenberg da gerade berichtet hatte. Rodehutskors betrieb zusammen mit Grafenberg seit drei Jahren durchaus erfolgreich einen Pressedienst. Während der jüngere Grafenberg journalistisch keinerlei Vorbildung besaß, war Rodehutskors ein alter Hase. Er hatte sein ganzes Berufsleben bei der Detmolder *Heimatzeitung* verbracht, viel Erfahrung gesammelt, eine Menge wichtiger Leute kennen gelernt und sein Handwerk perfektioniert. Nun, als Ruheständler mit noch erheblichem Leistungspotenzial, brachte er die Summe all dessen in *Hermanns Pressedienst* ein. Da er für die vielen Fahrereien, aber vor allem für körperlich anstrengende Tätigkeiten einen jüngeren Mitarbeiter brauchte, war ihm seinerzeit der arbeitslose Grafenberg gerade recht gekommen. Die beiden hatten sich gut zusammengerauft und bereits so manche schöne Geschichte in der deutschen Medienlandschaft platziert. Aber jetzt, an diesem Freitagmittag, war er fassungslos.

„Du hast diese wunderbare Frau verlassen? Eine Frau, nach der sich jeder halbwegs vernunftbegabte Mann die Finger ablecken würden?"

Grafenberg versuchte, sich zu wehren. „Was heißt verlassen? Sie hat mich verlassen! Hat mich einfach oben auf dem Berg stehen lassen, mit meinem Gepäck. Dabei wollte ich nur ganz ehrlich sein und ihr reinen Wein einschenken. Hätte ja auch bluffen können. Alles eitel Sonnenschein, große Wiedersehensfreude und so. Und hätte heimlich nebenbei 'ne andere gehabt. Wäre das besser gewesen?"

Rodehutskors schnaufte. Das moralische Dilemma, welches Grafenberg ihm hier aufzwang, war ganz und gar nicht nach seinem Geschmack. „Warum musstest du überhaupt … na, du weißt schon. Warum konntest du dein Prachtstück nicht einfach zwischen die Matratzen klemmen?

Nein, der Herr Grafenberg ist ja der große Frauenbeglücker, selbst im Urlaub immer im Einsatz. Keine Pause." Er drehte, mit den Händen heftig gestikulierend, eine Runde durch sein Arbeitszimmer. „Hättest du nicht einfach die Klappe halten können? Schlimm genug, dass dir so was passiert ist. Aber, das dann auch noch auszuposaunen, ist mehr als dumm. *Quae nocent, docent*, wie der Lateiner sagt. Du hast doch schon oft genug diese Erfahrung gemacht."

Grafenberg, der bislang bescheiden auf einem Stuhl gesessen hatte, sprang nun auf. „Oho! Meinst du das im Ernst? Ich hätte Maren nichts sagen sollen und so tun, als sei nichts passiert? Und wäre zwischendurch immer mal wieder nach Dortmund gefahren. Das findest du dann in Ordnung?"

Als Rodehutskors nur wütend brummte, trumpfte Grafenberg weiter auf. „Also, mein lieber Hermann. Ich kann den Eindruck nicht loswerden, dass es dir hier gar nicht um die Erörterung einer moralischen Situation geht. Dein erster Gedanke war vermutlich: Da hat dieser Bengel so gute Kontakte zur Polizei und verschleudert die leichtfertig. Hat der dabei gar nicht an den Schaden für Hermanns Pressedienst gedacht? Wo wir doch immer so tolle Tipps und Hintergrundinformationen von ihr bekommen haben. Stimmt's?"

Rodehutskors schien sich ertappt zu fühlen, denn er stierte seinen Kompagnon lange wütend aber schweigend an, unterbrach seine Wanderungen durchs Zimmer und setzte sich. „Stimmt ein wenig. Und stimmt auch wieder nicht", sinnierte er, bereits wesentlich ruhiger im Tonfall. „Ich will gar nicht abstreiten, dass mir eben diese Gedanken gekommen sind. Und darauf kann ich mir nichts einbilden, das weiß ich selbst. Aber es lief in letzter Zeit so gut mit unserem Laden, und ich möchte das nicht gefährden. Hermanns Pressedienst ist nun mal mein Alterswerk, an dem liegt mir unglaublich viel. Kannst du einem alten Mann das übelnehmen?"

Minutenlang schwiegen beide. Dann sprach Rodehutskors weiter. „Trotzdem bleibe ich dabei, dass du ein Riesenvollidiot bist. Diese Frau ist eine Perle, so eine findest du in diesem Leben nicht mehr. Nicht nur, dass sie einfach atemberaubend gut aussieht, nein, sie hat ganz viel von dem, was dir fehlt: Tüchtigkeit, Gradlinigkeit, Überzeugungen und Ziele. Zusammen wart ihr beiden in Ordnung, was hauptsächlich ihr Verdienst war. Du ganz alleine …, also ich weiß nicht, was daraus werden soll. Außerdem mag ich diese Maren. Und so eine Enttäuschung hat sie nicht verdient. So ein feines Mädchen."

„Du tust ja gerade, als hätte ich sie direkt von der Konfirmation weg verführt und sie dann mit einem Kind sitzen lassen. Dieses feine Mädchen ist mittlerweile immerhin auch schon zweiundvierzig Jahre alt und weiß, wie das Leben so läuft. Ob du es glaubst oder nicht, auch mir tut sie leid. Und ich bin auch nicht stolz darauf. Ich will ja gar nicht alles schönreden, aber passiert ist passiert. Und irgendwie wird es schon weitergehen. Für mich, für Maren und auch für Hermanns Pressedienst."

Wieder schwiegen beide, aber die Atmosphäre hatte sich geklärt. Endlich hob Rodehutskors den Kopf und fragte: „Wie ist sie denn so, diese Marion? Erzähl doch mal!"

Auf diese Frage war Grafenberg nicht vorbereitet, er musste erst einmal eine Weile nachdenken.

„Na ja, toll eben. Ich weiß nicht, wie ich sie beschreiben soll. Also rein äußerlich kann sie mit Maren natürlich nicht ganz mithalten, aber welche Frau kann das schon? Aber sie ist ganz anders, verstehst du? Sie ist nicht diese Powerfrau, sie ist nicht tough. Sie ist irgendwie weich und warm. Bei ihr fühlt man sich wohl. Da kann ich mal der Starke sein. Sie steht nicht als Mamorsäule auf einem Podest. Marion kann man anfassen. Kannst du das verstehen?"

Rodehutskors brummte. „Ich verstehe nur, dass du das mit dem Anfassen sehr ausgiebig ausprobiert hast. Na ja, schauen wir mal!"

19

Das monotone Bimmeln der Glocke war im ganzen Dorf zu hören. Es war später Freitagnachmittag, fast alle Dorfbewohner hatten bereits frei oder sich für diesen Anlass frei genommen. Sie alle strömten nun zu der kleinen, weißgetünchten Kirche, die sich etwas oberhalb des Dorfes befand. Auf dem neben der Kirche liegenden Friedhof konnten die Besucher einen frisch aufgetürmten Erdhügel sehen, neben dem ein tiefes, dunkles Loch klaffte. Die Kirche war bis auf den letzten Platz besetzt, als der Pastor mit der Trauerfeier für Hubert Diekjobst begann. Er sprach von den Verdiensten des Verstorbenen, von seinem harten Schicksal als Witwer und als Rollstuhlfahrer. Er nannte seinen Tod einen tragischen Unfall und sprach den Hinterbliebenen sein Beileid aus. Aber außer einer Cousine, die schon weit in den Siebzigern war, gab es keine Angehörigen mehr. Als die Trauergemeinde rauskam und in einer langen Reihe auf den Friedhof zog, hatte ein feiner Nieselregen eingesetzt. Alle zogen den Kopf ein und gingen tapfer weiter bis zum offenen Grab.

Anton Fritzmeier stand in der ersten Reihe und starrte grübelnd auf den Sarg, in dem sein alter Kumpel nun in die kalte und feuchte Erde versenkt werden würde. Und das, wo Hubert immer so 'n Ärger mit sein Rheuma hatte, dachte er traurig. Und selbst dieser sonst so standhafte Lebensbejaher Fritzmeier konnte die Frage, wann er seinem Freund wohl nachfolgen würde, nicht einfach wegwischen. Lange würde es wohl nicht mehr dauern. Er sah sich fast schon selbst in diesem Loch. Bis zum Jüngsten Tag würde er es darin aushalten müssen. Eine verdammt lange Zeit! Dann wischte er diese Gedanken beiseite und konzentrierte sich auf die Worte des Pastors.

Da Hubert Diekjobst keinem der Heidentaler Vereine angehört hatte, war es nicht so einfach gewesen, Sargträger zu finden. Und so hatte der Pastor einfach sechs kräftige Männer darum gebeten. Eine Pflicht, der sich hier keiner entziehen konnte. Unter den Trägern erkannte Fritzmeier zwei seiner mittlerweile regelmäßigen Kunden. Den trotz des Nieselregens heftig schwitzenden Ortsvorsteher, der bei solchen Gelegenheiten immer freiwillig und mit gutem Beispiel vorangehen musste, und Rainer Salzmann, dem die Schlepperei nicht viel auszumachen schien. Neben Fritzmeier standen Jupp Schulte und seine Tochter Ina, die ihr Söhnchen auf dem Arm hielt.

Dann wurde der Sarg versenkt. Die Cousine des Verstorbenen trat als Erste an das Grab und warf ihren Blumenstrauß hinein. Ihr folgten Fritzmeier und danach alle anderen. Während der Pastor noch den Trauergästen die Hand schüttelte, hatte der Küster bereits damit begonnen, das Grab zuzuschaufeln. So schnell wie die Pietät dies zuließ, verdrückten sich wegen des stärker werdenden Regens die meisten Trauernden in den Gemeindesaal, wo bereits Kaffee und Kuchen auf sie warteten. Andere gingen direkt nach Hause.

Auch Ina war mit ihrem Sohn schon verschwunden.

Schulte war mit in den Gemeindesaal gegangen. Nicht, weil er dem Toten so nahe gestanden hatte, sondern weil er sich Fritzmeier irgendwie verpflichtet fühlte. In seiner Nähe stand, mit hochrotem Kopf, der Ortsvorsteher Bangemann und wischte sich mit einem großen Taschentuch die Glatze trocken. Er schimpfte aufs Wetter, wies aber, ganz beiläufig, auf seine besondere Verantwortung für das Allgemeinwohl hin und wie selbstverständlich es sei, dass er als faktisches Oberhaupt des Dorfes solch traurige Pflichten zu übernehmen bereit sei. Auch Max Kaltenbecher schimpfte über den Regen. Bis Rainer Salzmann auf ihn zutrat, ihm eine Hand auf die Schulter legte und lachend sagte: „Das bisschen Regen. Sei doch nicht so bange, Mann?"

Es dauerte eine Weile, bis Kaltenbecher den Seitenhieb auf seinen Ortsvorsteher verstand. Dann lachte auch er pflichtschuldig.

Bangemann blickte die beiden finster an.

„Also, ich hoffe ja, dass ich noch viel Zeit habe", meinte Salzmann nachdenklich, „aber ich glaube, ich möchte nicht in so einem dunklen Loch liegen. Es gibt doch heute so viele andere Möglichkeiten. Warum hat er sich nicht verbrennen lassen? Hatte er keine Verfügung hinterlassen?"

„Man hat bei ihm weder ein Testament noch eine Verfügung für seine Beerdigung gefunden", warf Bangemann dazwischen. „Dann wird eben alles so gemacht, wie es sich gehört. Schon von Amts wegen."

„Und es wurde wirklich gründlich gesucht?", fragte Salzmann misstrauisch. „Oder habt ihr es euch wieder mal ganz leicht gemacht?"

Bangemann wurde noch roter. „Was soll das denn heißen?"

Salzmann hob besänftigend die Hände. „Ich meine ja nur. Schließlich bin ich Altenpfleger und da kriege ich 'ne Menge mit. Glaubt es mir. Es ist nicht immer wirklich der letzte Wunsch eines Verstorbenen, der umgesetzt wird. Da wird getrickst und gemogelt, ich kann euch sagen. Was meinst du denn, Schulte? Als Polizist weißt du doch auch Bescheid."

Aber Schulte hatte keine Lust, sich zu unterhalten, und steckte sich demonstrativ ein Stück Streuselkuchen in den Mund. Mit der Zeit wurde die Stimmung dann wieder besser. Es wurde geplaudert, gelacht und Kaffee geschlürft. Als alles vertilgt war, gingen die letzten aus dem Gemeinderaum.

„Gehen wir noch zu dir?", fragte Salzmann an Fritzmeier gewandt.

„Ja, los! Alle zu Fritzmeier!", verstärkte Bangemann die seiner Meinung nach gute Idee.

Aber Fritzmeier winkte ab. „Nee, Männer. Nich heute. Heute bleibt mein Laden dicht. Morgen könnter alle wiederkommen. Aber du, Bangemann, kriss ers wieder 'n Bier, wenne deine Rechnung von gestern Abend bezahlt hass. Auf Pump läuft bei mir nix, denk daran, du Dorfhäuptling!"

20

Endlich Ruhe!

Jupp Schulte ließ sich erschöpft in seinen speckigen Ledersessel fallen und schloss kurz die Augen. Sein alter Hund kam angeschlurft und leckte ihm die schlaff von der Sessellehne herabhängende Hand. Schulte rubbelte der treuen Seele liebevoll das mittlerweile grau gewordene Fell, dann faltete er beide Hände vor dem Bauch zusammen und hoffte auf ein kleines Nickerchen.

Es war wieder mal ein langer Tag gewesen. Durch die Rückkehr nach Detmold gab es zurzeit keine Routine für ihn.

Sein ganzes Arbeitsumfeld musste wieder neu aufgebaut werden, gleichzeitig erwartete man von ihm aber auch schon, sich voll in die Alltagsarbeit einzubringen. Zeit, sich in aller Ruhe einzurichten, hatte man dem frischgebackenen Herrn Polizeirat nicht gelassen. Dann war er zur Beerdigung gegangen, hatte im Regen gestanden, mit anschließendem Dorftratsch. Jetzt reichte es. Er wollte nur noch allein sein. Feierabend. Wochenende. In der Heimatzeitung stand, dass das Wetter morgen deutlich besser werden sollte. Wenn das keine guten Aussichten waren.

Schulte war gerade leicht eingenickt, als die Haustür laut knarrend aufsprang und sein Hund einmal kurz blaffte und sich dann hochquälte, um nachzuschauen, was los war. Restlos wach war Schulte in dem Augenblick, als sein Enkel an ihm hochkletterte und auf seinem Bauch herumhopste. Der Kleine mochte seinen Opa, das war offensichtlich. In der Regel beruhte dies auf Gegenseitigkeit, aber in diesem Moment hätte Schulte ihm am liebsten die Verwandtschaft gekündigt. Er lehnte sich jedoch nur resigniert zurück und ließ Linus hopsen.

Dann trat seine Tochter auf ihn zu. „Hier ist Post für dich", sagte sie und drückte ihm einen Packen Briefe in die

Hand, die gerade nicht damit beschäftigt war, seinen Enkel festzuhalten.

Schulte setzte sich aufrecht hin, klemmte sich den Jungen unter den linken Arm und schaute sich die Post an. Werbung, dachte er, immer diese elende Werbung. Entweder Werbung oder Rechnungen. Oder Briefe vom Finanzamt. Das konnte ihm alles gestohlen bleiben. Lustlos schaute sich Schulte die Umschläge an und drückte einen davon ungelesen dem Kleinen in die Hand, damit der ihn in aller Ruhe zerreißen konnte und abgelenkt war.

Während Linus lustvoll häckselte, fiel Schultes Blick auf einen Briefumschlag, der schon fast auffällig normal war. So hatte man früher Briefe geschrieben. In einem weißen Umschlag, die Adresse sorgfältig mit einem Füller mit königsblauer Tinte geschrieben und ausreichend frankiert. Wer schrieb denn heute noch solche Briefe? Schulte drehte den Brief hin und her. Einen Absender fand er nicht, was ihn noch neugieriger machte. Er legte den Brief auf seinen Schoß, fasste seinen Enkel und stellte ihn neben den Sessel. Dann ging Schulte zum Küchentisch, setzte sich und öffnete den Brief mit einem Brotmesser, während Linus an seinem Hosenbein herumzerrte und wieder auf den Schoß wollte. Ina rief ihn zu sich, damit ihr Vater in Ruhe lesen konnte.

Der Brief war auf schlichtem, weißem Briefpapier geschrieben, ohne Wasserzeichen oder äußere Aufdrucke. Er war komplett mit dem Füller in derselben, sehr altmodisch anmutenden Weise geschrieben wie die Handschrift auf dem Umschlag. Die Schrift wirkte wie aus vergangenen Zeiten. Schulte kamen längst vergessen geglaubte Bilder von seinem alten Schönschreibheft in den Sinn. Dann las er:

Sehr geehrter Herr Schulte,
ich wende mich an Sie, weil Sie der einzige Polizeibeamte sind, der in Heidental wohnt. Aber auch, weil ich von Ihnen persönlich sehr enttäuscht bin. Sie leben hier, aber Sie

*bekommen nichts davon mit, was in diesem Dorf passiert.
Erstaunt es Sie sehr, wenn ich Ihnen nun schreibe, dass in
Heidental, also direkt vor Ihren Augen, ein Mord passiert
ist? Von dem Sie nichts wissen, noch nicht einmal ahnen.
Es gibt hier einen Mörder, der Ihnen weit überlegen ist und
der in diesem Augenblick über Sie lacht. Wie dumm darf ein
Polizist heute eigentlich sein? Sie sind ein Versager und ge-
hören nicht in den Staatsdienst.*

*Mit verärgertem Gruß,
ein besorgter Bürger.*

Angewidert legte Schulte den Brief zur Seite. Solche
Wichtigtuer hatte er schon häufiger in den vielen Jahren seines Dienstes erlebt. Leute, die dunkle Andeutungen machten,
irre Verschwörungstheoretiker, aber auch Typen, die einfach
nur beleidigen wollten. Spinner jeder Art.

Aber hier war irgendetwas anders.

Schulte konnte nicht sagen, was ihn davon abhielt, diesen
Brief zusammenzuknüllen und in den Ofen zu werfen. Im
Gegenteil, er suchte in mehreren Schubläden seines Küchen-
schranks, bis er eine saubere Klarsichtfolie fand und sorgfältig den Brief samt Umschlag mit spitzen Fingern hinein-
legte.

Ina, durch den plötzlichen Ernst ihres Vaters aufmerksam
geworden, warf schnell einen Blick auf den Brief, während
er nach der Folie suchte. „Bekommst du häufiger so einen
Mist?", fragte sie besorgt.

Schulte war etwas verärgert über ihre Neugier, zeigte dies
aber nicht. „Nein! Nur sehr selten. Aber es kommt vor." Er
zögerte eine Weile. „Nur wird so ein Dreck normalerweise an
die Dienststelle geschickt und nicht in die Privatwohnung."

Ina überlegte. „Sagt dir das Ganze denn irgendwas? Was
könnte dieser Kerl damit gemeint haben?"

Schulte lachte trocken. „Woher willst du wissen, dass ein
Mann diesen Brief geschrieben hat?"

„Weil da steht: ein besorgter Bürger, nicht eine besorgte Bürgerin. Ganz einfach."

Schulte pfiff anerkennend durch die Zähne. „Gut kombiniert, Watson. Aber schau dir mal die Schrift an. Schreibt so ein Mann? Ist das nicht eher eine Frauenschrift? Oder sogar eine Kinderschrift?"

Beide dachten angestrengt nach. Dann brach Ina das Schweigen. „Du hast recht. Wahrscheinlich ein Kinderstreich. Mal gucken, was passiert, wenn ich den berühmten Kriminalbeamten Schulte auf Trab bringe, hat sich vielleicht ein frühreifer Bengel gedacht und freut sich schon darauf, dass nächste Woche Suchtrupps mit Spürhunden das Dorf durchkämmen. Nimm das nicht so ernst! Schließlich wird in Heidental zurzeit niemand vermisst. Es kann also keinen Mord gegeben haben!"

Doch Schulte blieb ernst und dachte sich seinen Teil. War es nicht gerade mal zwei Stunden her, dass er auf dem örtlichen Friedhof gestanden und einer Beerdigung zugesehen hatte?

21

Um zwei Uhr hatte Anton Fritzmeier seinen Hofladen abgeschlossen. So ganz genau wusste er gar nicht, wie die offiziellen Öffnungszeiten waren, was er durfte und was nicht. Da er aber davon ausging, dass dies in Heidental sowieso niemand überprüfen würde, war ihm das herzlich egal. Aber irgendwann musste auch mal Ruhe sein auf dem Hof. Fritzmeier hatte sich sowieso in den letzten Tagen über sich selbst gewundert. Eigentlich war er ja ein Eigenbrötler wie aus dem Bilderbuch. Wenn früher Tag für Tag Menschen auf seinen Hof gekommen wären, hätte er sein Jagdgewehr rausgeholt. Offenbar hatte sich eine Art Altersmilde bei ihm durchgesetzt, und er war in der Lage, die Situation zu genießen. Bis jetzt jedenfalls. Er war selbst gespannt, wie lange dies so bleiben würde.

Um drei Uhr kam Elvira Kaufmann aus Bad Salzuflen angereist. Mit ihr verband ihn seit seinem Kreta-Urlaub vor zwei Jahren eine lockere, wenn auch körperlose Verliebtheit. Sie hatte Kuchen mitgebracht, und die beiden Alten verbrachten einen gemütlichen Nachmittag in der milden Frühlingssonne. Sie würde am späten Abend wieder, wie immer, mit dem Taxi zurück nach Bad Salzuflen fahren. Das war zwar unsinnig teuer, aber sie hatte als ehemalige Lehrerin eine gute Rente, und Fritzmeier hatte seine Grundsätze. Einer davon war: keine Übernachtung! Er wollte keine eheähnlichen Verhältnisse mit allen damit verbundenen Abhängigkeiten. Sie war damit einverstanden, und eigentlich schlief sie auch am liebsten in ihrem eigenen Bett.

Optisch passten die beiden überhaupt nicht zusammen. Neben der sehr gepflegten, damenhaften Frau wirkte Anton Fritzmeier wie ein verhutzelter alter Waldschrat. Wenn die beiden zusammen durch Bad Salzuflen bummelten, Fritzmeier dann natürlich in seinem besten Sonntagnachmittagsausgehanzug, blieben viele Leute stehen, um sich dieses merkwürdige Paar in Ruhe anzuschauen. Was die beiden miteinander verband, vermochten sie selbst nicht zu sagen. Sie waren so grundverschieden wie Menschen dies nur sein können: Die gebildete Lehrerin und der derbe Bauer aus dem Lipperland, aber irgendwie hatten sie aneinander Gefallen gefunden, kamen gut miteinander aus und genossen es, in ihrem Alter noch eine solche Freundschaft erleben zu dürfen.

Um fünf Uhr schellte es an der Haustür.

Fritzmeier öffnete und stand vor einer Gruppe von fünf Männern. Es waren alles bekannte Gesichter, die üblichen Verdächtigen.

„Wat wollt ihr denn hier?", grantelte Fritzmeier die Besucher an.

Die fünf schienen daraufhin etwas verunsichert zu sein. Dann trat ein massiger Glatzkopf nach vorn, warf sich in die Brust und verkündete: „Du hast uns doch gestern eingeladen. Weißt du nicht mehr, nach der Beerdigung? Morgen könnt ihr alle kommen, hast du gesagt. So, und nun sind wir hier und hätten gerne ein Bier."

„Mein Laden is dicht, Bangemann. Samstagnachmittag. Ich bin doch kein Supermarkt, wat denkt ihr Kerle denn?"

Mittlerweile war Elvira Kaufmann dazugekommen. Die Männer grüßten höflich, Bangemann deutete sogar eine Verbeugung an. Sie legte besänftigend eine Hand auf Fritzmeiers Arm.

„Ach, lass die Herren doch ruhig ihr Bier trinken. Jetzt sind sie extra hierher gekommen, und sonst gibt es hier in Heidental ja auch nichts, wie ich gesehen habe."

Max Kaltenbecher, ehemaliger Wirt der Gaststätte *Zum wilden Jäger*, der bislang noch nichts gesagt hatte, wurde rot und entgegnete energisch: „Es hat hier bis vor Kurzem eine sehr gut geführte Gaststätte gegeben. Aber das haben die Heidentaler ja nicht zu würdigen gewusst. Das haben sie jetzt davon!"

„Komm, lass gut sein. Die Geschichte kennen wir doch schon!", warf Rainer Salzmann munter dazwischen.

Darauf sagte niemand mehr was, denn Fritzmeier zog einen großen Schlüsselbund aus der Hosentasche und schlurfte wortlos der durstigen Gruppe voran zu dem ehemaligen Stall, der jetzt als Hofladen diente. Elvira Kaufmann ließ die Männer ziehen und ging dann nachsichtig lächelnd zum Wohnhaus zurück. Jemand musste sich ja ums Abendessen kümmern. Nachdem Fritzmeier den Laden aufgeschlossen hatte, ließ er vier der Männer eintreten. Als Hans Bangemann eintreten wollte, stellte sich Fritzmeier in den Weg.

„Ers bezahlen! Sonst chibt's nix!"

Man konnte die Zornesader auf dem gewaltigen Glatzkopf pochen sehen, aber der Ortsvorsteher holte schweigend sein Portemonnaie heraus und legte rund zwanzig Euro in Fritzmeiers geöffnete Hand.

„Besonders gastfreundlich ist man ja hier nicht", brummte Bangemann.

Fritzmeier zog gleichgültig die Schultern hoch und schleppte einen Kasten Bier an. Er hatte keine Schanklizenz, daher kam nur Flaschenbier in Frage. Und auch das musste eigentlich als private Veranstaltung deklariert werden.

„Chlaubt bloss nich, das dat hier auf Dauer 'ne Art Kneipe wird, ihr Schluckspechte. Für den Anfang will ich ma nich so sein. Aber nich für immer."

Trotz dieser mahnenden Worte verteilte Fritzmeier nun die Flaschen. Es entspann sich ein munteres Geplauder über den Dorftratsch, die Beerdigung des Vortags, über Fußball und was bei fünf unterschiedlichen Männern so an Themen anfällt.

Dann stand plötzlich, wie aus dem Nichts aufgetaucht, der elegante Mann im Laden, der schon einmal in diesem illustren Kreise Runden gegeben und sich als Nils Nolte vorgestellt hatte. Und auch diesmal ließ er sich nicht lange lumpen, sondern rief begeistert: „Mensch, dass es so was noch gibt! So eine richtig gemütliche Männerrunde mit Bier. Wissen Sie was? Die nächsten beiden Runden gehen auf meine Kosten. Einverstanden?"

Was für eine Frage! Wer hätte da widersprechen sollen? Und da Nils Nolte sofort bar bezahlte, hatte auch Fritzmeier keine Einwände.

Nach einer halben Stunde bedankte sich Nolte bei den anderen für die nette Gesellschaft und verabschiedete sich.

„Merkwürdiger Kerl", meinte Salzmann, während Nolte in sein Auto stieg. „Kommt, gibt einen aus und verschwindet dann wieder. Ohne dass man sich für seine Runde revanchieren kann."

„Mir soll's recht sein", lachte ein weiterer Mann aus dem Dorf, der gerade dazugestoßen war, aber bislang noch nichts Nennenswertes zum Gespräch beigetragen hatte. „Von mir aus kann er jeden Abend kommen!"

„Das könnte euch so passen, ihr Suffköppe! Das iss hier keine Kneipe, wann kapiert ihr das endlich?"

Fritzmeier hatte den Kampf immer noch nicht aufgegeben. Aber kaum einer hörte ihm zu, es wurde bunt durcheinandergeplaudert. Dann orderte Bangemann eine neue Runde. Auf Rechnung, wie er sagte. Die hatte er allerdings ohne den Wirt gemacht.

„Nix da! Bar auffe Kralle oder es chibt nix! Das chilt auch und sogar chanz besonders für den Herrn Ortsvorsteher."

Bangemann sah sich nun, nach dieser erneuten Demütigung, seiner Würde beraubt und wurde puterrot. Er zeigte mit dem Finger auf Fritzmeier und schrie: „Sei vorsichtig, Anton! Gaaanz vorsichtig. So nicht. Nicht mit mir. Ich werde dir schon zeigen, wer hier im Dorf was zu sagen hat und wer nicht. Du wirst von mir hören!" Mit diesen Worten stiefelte er zornig aus dem Laden.

„Hoffentlich macht der dir jetzt keinen Ärger", befürchtete Kaltenbecher. „Bangemann kann ziemlich nachtragend sein."

„Ach!", Fritzmeier machte eine wegwerfende Handbe-
wegung. „Der will doch wiederchewählt werden. Ohne sein
kleines Amt is der doch nix. Kann mich doch ma den Puckel
runterrutschen, der Heini!"

Für die anderen gab Fritzmeier auf seine Kosten noch eine
Runde, dann mussten auch sie verschwinden. Es war Zeit für
ein gemütliches Abendessen zu zweit.

22

Jetzt war er schon mindestes zehn Mal am Fritzmeier'schen
Hof vorbeigefahren. Und jedes Mal stiegen irgendwelche
Leute aus Autos aus, um einzukaufen, oder sie beluden sie
mit den gerade gekauften Lebensmitteln.

Gott ist mit den Dummen, dachte Nolte. Dieser Fritzmeier
wusste ja gar nicht, was er da mit seinem Hofladen für einen
ungeschliffenen Diamanten besaß. Ein wunderschöner Laden, nicht protzig, aber dennoch großzügig eingerichtet. Das
Ganze auf einem wunderschönen Bauernhof, zu dem man
von Detmold aus hinspucken konnte. Super Verkehrsanbin-
dung, Parkplätze. Und das, was Fritzmeier nicht zu bieten
hatte, bekam man im nächsten Supermarkt. Der, wenn man
mit dem Auto fuhr, mal gerade fünf Minuten entfernt lag.

Dieser Standort war genau das, was er für sein Projekt
brauchte. Er musste nur den geeigneten Moment abpassen,
um diesen Fritzmeier mal alleine zu erwischen.

Der alte Mann brauchte mit Sicherheit Geld, das war klar.
Kein normaler Mensch, der ansatzweise achtzig Jahre alt war,
band sich in diesem Alter noch so ein Projekt ans Bein. Wenn
er es geschickt anfing, würde er den alten Bauern schon über
den Tisch ziehen können.

Nolte sah auf seinen edlen Chronometer. Es war gleich 19
Uhr. Jetzt waren die Kunden alle bedient. Doch Feierabend
war für den Alten noch lange nicht. Denn nun standen die

Heidentaler Schluckspechte an der Theke und hofften, dass sie der hübschen Ina heute Abend noch mal auf den Hintern gucken konnten.

Nolte entschloss sich, das Treffen mit Fritzmeier nicht mehr auf die lange Bank zu schieben. Also entschloss er sich, Fritzmeier abzupassen, wenn dessen Gäste den Heimweg angetreten hatten.

Also fuhr er mit seinem Porsche 928 ein Stück ins Dorf, stellte den Wagen dort ab und schlenderte einen Weg entlang, der zur hinteren Seite des Anwesens führte. Dann übte er sich in Geduld.

Um 21 Uhr war es dann endlich soweit. Zwei Männer, er glaubte, sie hatten die Namen Kaltenbecher und Salzmann, waren die vermeintlich letzten, die den Hofladen verließen. Er wartete noch zwei Minuten, dann waren die Männer außer Sicht. Nolte startete seinen Wagen und fuhr auf den Hof. Als er die Tür zum Laden öffnete, rief Fritzmeier energisch: „Feierabend!"

„Herr Fritzmeier, ich bin es, Nils Nolte, ich würde gerne mal unter vier Augen mit Ihnen sprechen", bat er devot um die Unterredung, die er schon seit Tagen vorbereitete hatte.

„Dachte ich mir doch, dass du irgendwann außen Loch kommst. Komm rein und mach die Tür zu."

Nolte tat, wie ihm geheißen.

„Also, wat willse?", fiel Fritzmeier gleich mit der Tür ins Haus. Für taktische Spielchen hatte er kein Verständnis und heute Abend auch keine Zeit mehr. Es war gleich neun Uhr: Also Zeit ins Bett zu gehen.

Nolte war von dieser frontalen Art einen Moment lang überrascht. Doch dann hatte er sich wieder im Griff. „Sie gehen aber ran wie Max an die Graupen", versuchte er zu scherzen.

Doch da kam er Fritzmeier gerade recht. „Hör zu, Junge, ich bin seit sechs Uhr heute Morgen auf den Beinen! Für meine Buchse wird et Zeit, dat se kalt am Bettpfosten hängt. Dat is die so chewöhnt. Entweder du komms jetzt ganz schnell inne Pötte oder du chehs."

Jetzt nur keinen Fehler machen, dachte Nolte. „Das heißt, ein Bier würden Sie nicht mehr mit mir trinken?"

„Nein!"

„Okay, ich würde Ihnen gerne ein Geschäft vorschlagen. Aber nicht so zwischen Tür und Angel. Sie verstehen, für gewisse Dinge muss man sich Zeit nehmen. Bitte sagen Sie mir einfach, wann ich Sie mal für eine halbe Stunde in aller Ruhe sprechen kann. Dann komme ich eben noch mal wieder."

Wollen doch mal sehen, ob dieser alte Grießgram nicht neugierig ist, dachte Nolte.

„Hör zu, Junge, entweder, du sachs jetzt wasse wills oder du siehs zu, datte Land chewinns. Aber dann komm mir nich mehr unter de Augen."

Jetzt ganz vorsichtig, sonst geht hier aber gewaltig was daneben, schoss es Nolte durch den Kopf. „Also gut, Herr Fritzmeier. Ich bin Projektmanager und Produktscout bei der Firma Foodcompany aus Vechta. Wir sind der größte Fleischproduzent in Deutschland. Unsere Hauptkunden sind die großen Supermarktketten. Seit einiger Zeit haben wir nun das Ziel, eine Premiummarke zu entwickeln. Das heißt in unserem Falle, wir kaufen Hofläden in für uns günstiger Lage auf, bauen sie nach unseren Vorstellungen um und vermarkten in diesen Läden unsere Premiumware. Ich habe die Aufgabe, den Markt Ostwestfalen zu erschließen. Eines meiner Wunschobjekte ist eben Ihr Hofladen. Ich würde Ihnen einen Preis bieten, von dem Sie bisher nur geträumt haben. So viel Geld, wie ich Ihnen für die Nutzung Ihres Hofes und den Verkauf ihres Ladens biete, können Sie in ihrem Leben durch Arbeit nicht mehr verdienen."

„Hör zu, mein Junge, auf diesem Hof hat die Fürstin Pauline als kleines Mädchen schon ein Butterbrot chegessen. Und seitdem is zu dem Fritzmeier'schen Anwesen noch einiges dazugekommen. Ein Bauer verkauft sein Land nich und auch keinen Hof. Verstehsse! Nich den kleinsten Hühnerstall. Für uns sind unser Chrund und unsere Stallungen unser Kapital. Selbst wenn der Pleitecheier bei mir oben aufen Dach drauf sitzen würde, dann ließe ich mir noch was einfallen, damit ich von meinem Anwesen nix hercheben müsste. Und chlaub mir, wenn ich anders handeln würde, dann käme mein Vatter wieder außen Loche raus und würde mir rechts und links wat umme Ohren hauen. So, und wenne selber von Bauernhof komms, wie de uns neulich beim Bier weiß machen wolltest, dann weiße dat auch. Also lass mich mit den Schiss in Ruhe. Die aus Vechta sollen einfach wat dafür tun, dat ihre Felder nich mehr so stinken. Dann könnten se ihre Hofläden in ihre eigene Region aufmachen und brauchten mit ihren Industrieschiss nich zu uns nach Lippe zu kommen. Schöne Höfe chibt et da in Südoldenburg nämlich chenuch. Stinkt nur ziemlich, die Chegend. Aber da kann man ja wat dran tun. So Bengel, und jetzt sieh zu, datte Land chewinns. Ich muss nämlich jetzt ins Bett rein. Aber wenne mal 'ne anständige Wurst haben wills oder zu 'ner christlicheren Zeit mit mir mal ein Bier trinken wills, dann kannse cherne wiederkommen. Also, chute Nacht."

So eine Abfuhr hatte Nolte noch nie bekommen. Das würde er nicht auf sich sitzen lassen. Doch zunächst war er so baff, dass er ohne ein weiteres Wort zu sagen vom Fritzmeier'schen Hofe schlich.

23

Was für ein komisches Gefühl, dachte Schulte, als er am Morgen die Detmolder Kreispolizeibehörde betrat. Gleich unten am Eingang begegnete ihm Volle, der dümmste Polizist Detmolds. Dieser hockte im Empfangsraum hinter einem Stapel Umlaufmappen. Als er Schulte sah, konnte er sich einen dummen, ja bösartigen Spruch nicht verkneifen: „Sieh an, der Blindenhund der neuen Chefin", sagte er zu einem pickeligen jungen Polizisten, der Nachtschicht gehabt hatte und gerade seine Sachen zum Feierabend zusammenpackte.

Dem jungen Mann war die Geschmacklosigkeit des viel älteren Kollegen spürbar peinlich. Er traute sich jedoch nicht, etwas zu sagen. Wahrscheinlich hatte er auch schon die Bösartigkeit Volles zu spüren bekommen. Aus lauter Verlegenheit grinste der Junge nur verlegen.

Für diesen Spruch haue ich dir zu gegebener Zeit noch eine in die Schnauze, dachte Schulte. Ging dann aber, als habe er Volles Bemerkung gar nicht gehört, in den Glaskasten, den Arbeitsplatz der beiden Polizisten. Dem jungen Mann gab er die Hand und stellte sich vor. Dann ging er auch zu Volle, um ihn zu begrüßen. Dabei stieß er wie zufällig, aber für alle Anwesenden offensichtlich, gegen den Stapel Umlaufmappen, die vor Volle lagen. Sie landeten im nächsten Moment, über den gesamten Raum verteilt, auf dem Fußboden.

„Wie ungeschickt von mir, Wachtmeister Volle. Tut mit wirklich leid."

Der junge Polizist hatte sich schon gebückt und wollte gerade damit beginnen, die Mappen einzusammeln. Doch Schulte fasste ihm an die Schulter. „Lass mal, Kollege, du hast dir schon die ganze Nacht um die Ohren gehauen. Du hast jetzt Feierabend. Der Kollege Volle macht das schon."

Dann zog er den jungen Mann mit sich aus dem Raum.

Etwas versöhnt mit der Welt machte er sich auf den Weg nach oben. Erpentrups Büro war ihm zugewiesen worden.

Da der, wie Schulte gehört hatte, bis auf Weiteres krankge-
schrieben war, war der frischgebackene Polizeirat sich nicht
sicher, ob er den Raum wirklich nutzen konnte. Doch auf
dem Türschild stand schon sein Name. Er warf einen Blick
in den Raum. Dieser sah wirklich leer aus. Doch er betrat
das Zimmer nicht, sondern ging weiter zu Hauptkommissar
Lohmanns Büro. Denn er wusste, dort gab es Kaffee.

Die Tür stand einen Spalt breit offen. Am Schreibtisch saß
ein übergewichtiger, glatzköpfiger Mann um die Sechzig.
Bekleidet mit einer ausgebeulten Stoffhose und einer Strick-
jacke. Er las in einer Fußballzeitung.

„Na, Jupp, den ersten Tag wieder in Detmold und gleich
fällst du wieder in alte Gewohnheiten zurück und willst bei
mir Kaffee schnorren? Aber du bist früh dran. Als du vor drei
Jahren nach Bielefeld gegangen bist, warst du morgens immer der Letzte, und heute bist du bald so früh da wie ich."

Schulte nahm sich eine Tasse und schenkte sich ein.

„Na ja, Bernhard, ich kann auch nicht mehr so gut schlafen wie früher. Aber heute Morgen bin ich eigentlich gar
nicht zum Schnorren gekommen. Ich wollte nur wissen, ob
Erpentrup seine Klamotten schon ausgeräumt hat?"

„Hat er, hat er! Trotz Krankheit! Das ganze Wochenende hat er gerödelt. Selbst seine Frau musste mithelfen. Die
Möglichkeit, in seinen Unterlagen zu schnüffeln, wollte er
dir wohl nicht geben. Da ist kein Blatt mehr in irgendeinem
Schrank. Das Büro vom alten Müller steht jetzt voller Kisten. Aber ich glaube, auspacken wird Erpentrup die in näch-
ster Zeit nicht. Der wird erst mal 'ne Zeit ausfallen. Ach
übrigens, Jupp, du musst einen Antrittsbesuch beim Landrat
machen. Das gehört sich als Polizeirat so."

Schulte schnaufte. „Ich wusste doch, dass die Sache mit
dem Polizeirat einen Haken hat. Für Landräte bin ich nicht
gebaut."

Schulte sah auf die Uhr. „Okay, Bernhard, sag den Leuten,
um neun Uhr Besprechung bei mir."

Lohmann nickte und vertiefte sich wieder in seine Zeitung.

Um Punkt neun Uhr hatte sich Schultes neues Team in dem ehemaligen Zimmer von Erpentrup versammelt. Maren Köster, die aussah, als habe sie gerade eine schwere Krankheit hinter sich gebracht und sei immer noch nicht ganz davon genesen. Hauptkommissar Axel Braunert, auch schon etwas in die Jahre gekommen, aber immer noch der schönste Kommissar aus Nordrhein-Westfalen. Alle Frauenherzen, die ihm zuflogen, trafen ihr Ziel nicht, da Axel Braunert, wie gemunkelt wurde, seit längerer Zeit einen festen Freund hatte. Und zu guter Letzt Oliver Hartel, der Jungspund der Truppe, der als „U-Boot von Erpentrup" von allen mehr oder weniger gehasst wurde.

Es gab natürlich keinen Kaffee, und als Braunert danach fragte, antwortete Schulte lakonisch: „Hat Lohmann euch nicht gesagt, dass ihr euch vorher bei ihm mit Kaffee versorgen sollt?"

„Du hast wohl einen Vogel, Jupp! Bei mir kriegt keiner Kaffee, und ab jetzt nicht einmal du!"

„Ja, Leute, ihr wisst, ich bin kein Freund von langen Reden. Hier aber ein paar Infos für alle: Margarete Bülow wird in der nächsten Zeit nur sporadisch anwesend sein, da sie das ZDG noch abwickelt. Solange bin ich euer Ansprechpartner. Wem das nicht passt, kann sich auch direkt an Margarete wenden. Die Telefonnummer ist bekannt. Dann würde ich gerne mit euch noch einmal über eine inhaltliche Angelegenheit sprechen. Letztes Wochenende, wahrscheinlich in der Nacht von Samstag auf Sonntag, ist in Heidental ein Mann ums Leben gekommen. Wahrscheinlich ein Unfall."

„Es war ein Unfall", fiel ihm Hartel ins Wort.

„Kannst gleich was dazu sagen, Kollege!", ergriff Schulte unmissverständlich wieder das Wort.

„Also, ich sage noch einmal, wahrscheinlich ein Unfall", fuhr Schulte fort. „Jedenfalls nach Aktenlage. Der Tote ist weder obduziert worden, noch hat die Spurensicherung ihren Job machen können. Renate Burghausen ist leider gar nicht gerufen worden. Okay, das Kind ist in den Brunnen gefallen. Aber ab sofort wird hier jede Leiche, bei der nicht eindeutig klar ist, dass keine Fremdeinwirkung stattgefunden hat, obduziert. Und wenn wir der Staatsanwaltschaft die Tür eintreten müssen. Ich will einen sauberen Abschluss. Mal eben einen Totenschein auf Herz-Kreislauf-Versagen reicht mir nicht. So, Hartel, du wolltest, glaube ich, noch was sagen."

Der winkte ab. „Kein Bedarf. In diesem Team habe ich sowieso nichts zu melden", sage er resigniert.

„Oh doch, Hartel, in diesem Team hast du sehr wohl was zu melden. Und noch etwas, von dir wird, wie von allen anderen, erwartet, dass du mitspielst und alles gibst. Wenn ich mit einer Angelegenheit nicht einverstanden bin, bekommst du von mir oder jemand anderem eine Rückmeldung. Dann wird einem der Mund abgeputzt, und dann geht es weiter. Im Übrigen erwarte ich das gleiche Verhalten auch von dir. Hier darf jeder alles sagen, aber es sollte um die Sache gehen. Gilt übrigens auch für alle anderen."

Im Raum konnte man eine Stecknadel fallen hören, so ruhig war es geworden.

Dann brach Lohmann das Schweigen. „Scheint ja doch, als würdest du hin und wieder etwas längere Reden halten."

Schulte ging auf diesen Einwand nicht ein, sondern fuhr mit seinem Ansinnen fort. „Ich wäre vielleicht nicht mehr auf den toten Diekjobst zu sprechen gekommen. Aber es ist ein Ereignis eingetreten, das den Todesfall um einen neuen Aspekt erweitert."

Schulte verteilte eine Kopie des anonymen Briefes. Als ihn alle gelesen hatten, sagte er: „Ich habe ihn an einen Graphologen weitergegeben, an eine Polizeipsychologin und an die Spurensicherung. Nimm es mir nicht übel, Hartel. Aber ich habe die Kollegin Burghausen gebeten, sich den Fundort der Leiche noch einmal unauffällig anzusehen. Und zwar so, dass kein Einwohner Heidentals davon etwas mitbekommt. Ich will keine unnötige Aufregung. Fotos habe ich ihr auch schon zukommen lassen."

„Fotos?", fragte Hartel. „Es gibt keine Fotos!"

„Es gibt keine guten Fotos, aber ich war ja vor dir am Fundort und habe ein paar mit meinem Handy gemacht. Das war mir eingefallen, als ich mir heute Morgen die Akte noch mal durchgesehen habe. Ich hab die dann gleich an Renate Burghausen weitergegeben."

Es wurde noch geraume Zeit über den anonymen Brief diskutiert, dann beendete Schulte die Sitzung und bat Maren Köster noch um ein kurzes Gespräch.

„Na, Maren, wie geht es dir?"

Sie zuckte mit den Schultern. „Wie soll es mir schon gehen? Beschissen. Es geht mir doch näher, als ich dachte. In dem Moment, als Michael mir von der anderen Frau erzählt hat, war ich erst mal nur wütend. Das hast du ja gemerkt. Aber dann kamen Trauer und Schmerz. Am Wochenende hätte es mich fast zerrissen, so weh hat es getan."

Schulte nickte und Maren Köster begann zu weinen. „Ich weiß nicht, was man in so einer Situation macht, Maren. Ich hatte schon jahrelang keine wirkliche Beziehung mehr. Aber wenn du mit mir reden willst oder ein paar Tage für dich sein willst, auf mich kannst du zählen."

„Danke, Schulte, aber ich glaube, ich komme zum Dienst. Wenn ich alleine zu Hause wäre, würde ich, glaube ich, verrückt."

24

Anton Fritzmeier saß zusammen mit Rainer Salzmann und Max Kaltenbecher in der warmen Spätnachmittagssonne vor dem Fritzmeier'schen Hofladen. Die drei Männer prosteten sich mit einer Flasche Bier zu. Der Laden hatte zwar noch geöffnet, aber an diesem Nachmittag war es ruhig zugegangen, und seit einer Stunde war kein Kunde mehr erschienen. Fritzmeier war darüber gar nicht böse. So wie jetzt, das war auszuhalten. Mit einer Flasche Bier in der Sonne sitzen und plaudern.

Als die beiden Besucher gerade gehen wollten, brauste ein alter, schmutziger Daimler auf den Hof. Ein großer, kräftiger Mann, durch seine Arbeitskleidung unverkennbar ein Bauer, stieg aus und kam auf die Männer zu.

Der Besucher schien etwas erregt zu sein, setzte sich aber zu ihnen an den langen, hölzernen Biertisch und ließ sich eine Flasche geben. „Ihr werdet es nicht glauben", das letzte Wort ging beinahe unter, weil der Mann sich an dem hochschäumenden Bier verschluckt hatte, „eben war so'n Kerl bei mir. Der wollte mir meinen Hof abkaufen. Stellt euch das mal vor! Meinen Hof!"

„Ach!", staunte Fritzmeier.

Der andere Bauer, ein Mann um die Fünfzig, schaute ihn irritiert an. „Was heißt hier ‚Ach'? Glaubst du mir nich?"

Fritzmeier schmunzelte. „Frittelm, dir chlaube ich alles, watte sachs. Aber erzähl doch ma, wie sah der Mann denn aus?"

Der Bauer, er hieß Friedhelm Holle, war aus dem Nachbardorf und betrieb dort auf seinem Hof ebenfalls einen kleinen Hofladen, allerdings nur für seine eigenen Fleischprodukte, gab eine Beschreibung ab, die Fritzmeier bekannt vorkam.

„Hab ich's mir doch chedacht. Wieder dieser Nils Nolte. Wer auch sonst?"

„Woher kennst du den Namen?", fragte Holle erstaunt den fröhlich dreinschauenden Fritzmeier.

„Weil ich 'n schlauen Fuchs bin, wat denksse denn?", grinste der selbstzufrieden. „Aber mal in Ernst: Bei mir war der Kerl auch. Cherade hab ich den beiden hier von diesen unsittlichen Anchebot erzählt. Und davon, dat ich Nein chesagt habe. Aber chetz erzähl du doch mal, wat der Kerl von dir wollte!"

Holle berichtete.

„Und?", fragte Fritzmeier aufgeregt. „Wat hasse ihm chesagt?"

„Na, ich habe natürlich abgelehnt. Was auch sonst? Ist ja schön und gut, so 'ne Summe Geld. Aber ich bin fünfzig und kriege nicht mehr so einfach 'ne Arbeit. Außerdem habe ich drei Kinder und 'ne Frau. Was meinst du, wie lange wir von dem Geld leben können? Und dann? Dann haben wir nichts. Ich will doch nicht mit Sechzig in Hakedahl in einer Sozialwohnung leben."

„Haben Sie richtig gemacht, Herr Holle", bestätigte ihm Salzmann, der Holle an diesem Tag zum ersten Mal sah. „Hätte ich an Ihrer Stelle genauso gemacht."

Kaltenbecher schwieg. Aber Holle hatte offenbar noch nicht alles erzählt. Er druckste etwas herum. „Da wäre noch was. Aber das sollten wir beiden vielleicht besser unter vier Augen besprechen, Anton. Können wir nicht vielleicht …"

„Ach was!", entgegnete ihm Fritzmeier. „Die beiden chenießen mein volles Vertrauen. Du kanns hier alles frei vonne Leber wech erzählen."

„Ist ja nur, weil dieser Nolte … also zum Schluss, als ich schon Nein gesagt hatte, meinte er, er hätte auch dir so ein Angebot gemacht. Und du hättest großes Interesse gezeigt. Er würde zwar lieber meinen Hof kaufen als deinen, aber wenn ich nicht morgen Abend um acht Uhr zusage, dann macht er das Geschäft mit dir. Jetzt bin ich natürlich so 'n bisschen durcheinander, kannste du dir ja denken. Wenn sogar Fritzmeier verkaufen will, hab ich mir gedacht, dann sollte ich da auch noch mal drüber nachdenken."

Nun wurde Fritzmeier sichtbar wütend. „Dieser Sauhund!", schimpfte er. „Spielt hier einen chegen den anderen aus. Was hatter chesagt? Er kommt morgen Abend wieder? Weisse wat? Dann nehmen wir uns den Kerl mal chemeinsam zur Brust. Ich komme bei dir vorbei!"

25

Zwei Arbeitstage hatte Jupp Schulte nun bereits in Detmold hinter sich gebracht. Beide Tage waren mehr ein gegenseitiges Beschnüffeln gewesen. Alle waren neugierig, wie Schulte, der vor ein paar Jahren als Kollege von Detmold nach Bielefeld gegangen war, nun als Chef auftreten würde. Schulte hatte versucht, einen Spagat aus Kooperation und einer klaren Linie zu finden. Dabei hatte er, wie er hoffte, einige Duftmarken setzen können. Mit den Leuten würde er schon klar kommen, seine größere Sorge bestand darin, sich nicht wieder einmal, wie anfangs in Bielefeld, in diese rein administrative Chefrolle drängen zu lassen, nicht den ganzen Tag in Besprechungen herumzulungern. Schulte brauchte die aktive Teilnahme an den Ermittlungen, dass wollte und würde er sich nicht nehmen lassen.

Als er zu Hause sein Auto geparkt hatte, schaute er in Richtung Hofladen, vor dem drei Männer, darunter die ihm gut bekannten Herren Salzmann und Kaltenbecher, sich gerade von Anton Fritzmeier verabschiedeten. Er sah, dass Fritzmeier ihn zu sich heranwinkte und schlurfte, etwas lustlos, in dessen Richtung.

„Jupp! Dat musse dir ma anhörn! Los, Frittelm, erzähl ma eben!"

Schulte erfuhr alles über die beiden Kaufangebote Noltes, konnte aber überhaupt nicht verstehen, warum die beiden Bauern sich dabei so erregten. Da seine Gedanken sowieso ganz woanders waren, widmete er den Berichten auch nicht viel Aufmerksamkeit. Er hörte nur noch, fast schon mit halbem Ohr, wie Fritzmeier voller Kampfgeist rief: „Morgen Abend, da kricht er wat zu hören! Der Schweinepuckel! Den packen wir uns!"

Schulte verabschiedete noch Salzmann und Kaltenbecher, die mittlerweile fast zum Hof gehörten wie der alte Trecker, und ging müde zu der alten Leibzucht, in der er seit Jahren

85

wohnte. Doch dann entschied er sich, erst einmal zur Wohnung seiner Tochter, die direkt nebenan gelegen war, zu gehen, weil vor deren Wohnungstür der Briefkasten hing. Hier angekommen, gab es das übliche Ritual. Hund und Enkel wetteiferten darum, zuerst von Schulte begrüßt zu werden. Er versuchte, beiden gerecht zu werden und gleichzeitig noch eine freie Hand zu finden, um die Post aus dem Briefkasten zu zerren.

Dann hätte er vor Schreck beinah seinen Enkel fallen lassen, denn einer der Briefe kam ihm sehr bekannt vor. Wieder der weiße, unbedruckte Umschlag, beschriftet mit königsblauer Tinte in altmodischer Manier. Kein Absender.

Schulte legte den Packen Post auf den Küchentisch und zwang sich zur Geduld. Erst drückte er seinen Enkel in die Arme seiner Mutter, die ihrem Sohn gefolgt war, dann fütterte er den Hund, kramte in seiner Küche herum und förderte dabei ein paar dünne Latex-Einweghandschuhe zutage. Die zog er über und legte eine Klarsichtfolie bereit. Dann schlitzte er mit dem Brotmesser vorsichtig den Umschlag auf und zog den Brief heraus. Das gleiche Schriftbild, der Text war deutlich aggressiver.

Sehr geehrter Herr Schulte,

Sie hatten Zeit genug, auf meinen ersten Brief zu reagieren. Sie haben nichts begriffen, und Sie haben gar nichts getan. Wenn es einen zweiten Toten in diesem sauberen Heidental gibt, ist Ihre Dummheit und Trägheit daran schuld. Meine Geduld mit Ihnen ist nun zu Ende. Die Zeit für schöne Worte ist vorbei. Sie sind ein hoffnungsloser Versager, und das werde ich deutlich machen.

Der besorgte Mitbürger

Schulte steckte den Brief schweigend in die Klarsichthülle. Was ging hier vor? Wut und Neugier hielten sich die Waage. Wut, weil er hier ganz persönlich angegriffen wurde, und Neugier, weil vielleicht in diesen Briefen doch mehr steckte als nur der Wille, ihn zu beleidigen. Was wollte dieser merkwürdige Schreiber erreichen? Dass sich Schulte ärgerte? Oder wollte er, dass sich Schulte in eine ganz bestimmte Richtung bewegte? Wurde hier vielleicht sogar ein Mord angekündigt, oder war Schulte schon völlig überdreht und sah nur noch Gespenster? Immerhin wurde von einem zweiten Toten im Ort gesprochen, für dessen Tod die angebliche Unfähigkeit Schultes verantwortlich gemacht wurde. Wodurch sollte das Versagen Schultes deutlich gemacht werden? Durch den zweiten Mord? Gab es denn überhaupt einen ersten? Es gab in den letzten Monaten in Heidental nur einen Todesfall – das war der Unfall von Hubert Diekjobst. Es gab zurzeit keinen Grund, hier einen Mord zu unterstellen. Das hatte Hartel, der den Fall aufgenommen hatte, am Morgen ja deutlich gemacht. Also wurde bislang auch kein Mörder gesucht. Wusste der Briefeschreiber mehr als die Polizei? Wollte er die Aufmerksamkeit der Polizei auf den Mörder lenken? Aber warum dann so sybillinisch, so verdreht, so anmaßend beleidigend? Warum nicht im Klartext?

Schulte brummte der Kopf. Morgen früh würde er durchsetzen, den Todesfall Diekjobsts unter dem möglichen Aspekt Fremdeinwirkung nach allen Regeln der Polizeiarbeit durchzuarbeiten. Wenn Hartel herumzicken sollte, dann würde er eben die Sache einem anderen übertragen. Oder sie selber übernehmen.

26

Die Morgensonne schien durchs Fenster, und der Kaffee war noch nicht ganz fertig, da betrat Schulte das Büro von Bernhard Lohmann. Der hätte fast vor Schreck seine Tasse fallen lassen, da er um diese Zeit noch mit niemandem rechnete.

„Also, weißt du, Jupp, als du morgens noch ständig als Letzter ins Büro kamst, warst du weitaus sympathischer. Du störst meine morgendliche Ruhe und das nervt mich."

„Jeder hat das Recht, früh aufzustehen, Bernhard."

Schulte nahm sich ungefragt eine Tasse Kaffee und setzte sich auf den Besucherstuhl seines Kollegen.

„Wie, willst du dir jetzt auch noch bei mir deinen Kaffee reinziehen? Du hast schließlich seit vier Tagen das größte Büro von uns allen. Du kannst dir deine geschnorrten Getränke auch dort zu Gemüte führen und musst mich nicht bei meiner Zeitungslektüre stören. Oder ist dein Zimmer schon wieder so unordentlich, dass du dich mittlerweile schon nirgends mehr hinsetzen kannst?"

Lohmann hätte sich nicht träumen lassen, dass er jemals so mit einem Chef reden würde. Aber Schulte kannte er seit fünfzehn Jahren und hatte schon so manchen Fall gemeinsam mit ihm gelöst. Früher war ihm die chaotische, ungehobelte Art des Kollegen ab und zu ziemlich auf die Nerven gegangen. Doch entweder hatte Schulte sich geändert, oder Lohmann hatte sich, auf seine alten Tage, an den Anarchisten, wie er seinen Kollegen manchmal nannte, gewöhnt.

„Bleib locker, Bernhard, ich möchte, dass du mit deinen Kolleginnen und Kollegen um neun Uhr zu mir kommst, um mir zu sagen, wie aufgeräumt es bei mir ist. Du weißt doch, so ein Polizeirat, der hat nichts zu tun. Also kann er auch nichts in Unordnung bringen."

„Ich glaube eher, dass du noch genügend freie Schränke hast, in die du alles reinmüllen kannst."

Darauf ging Schulte jetzt nicht ein. „Ach ja, Bernhard, wenn ihr kommt, bring doch bitte Kaffee mit."

„Ich scheiß dir was, Schulte! Ich scheiß dir was! Kauf dir selber eine Kaffeemaschine."

Warum eigentlich nicht, dachte Schulte. Er erinnerte sich an einen Osnabrücker Kollegen, der einen Jura-Kaffeevollautomaten im Schrank stehen hatte. Warum sollte er nicht auch einmal Snob sein? Genau das würde er heute machen. Schulte würde sich so ein edles Gerät kaufen. Man gönnt sich ja sonst nichts, dachte er.

„Mal Spaß bei Seite, Jupp. Was ist denn los? Warum sollen wir denn schon wieder bei dir auflaufen? Gibt es die neueste Volksrede von dir?"

„Muss dir ja wohl gefallen haben, die kleine Ansprache. Nee, ich habe gestern Abend einen weiteren Brief bekommen."

Schulte reichte Lohmann eine Kopie. Der las sie und pfiff durch die Zähne. „Du hast recht, Jupp, das sollten wir nicht auf die leichte Schulter nehmen", stimmte er ihm zu.

„Frau Burghausen kommt auch und will uns ihre Einschätzung mitteilen. Bernhard, wir sehen uns. Sag den anderen Bescheid."

Schulte schenkte sich noch eine Tasse Kaffee ein und verschwand, ehe Lohmann protestieren konnte.

Renate Burghausen kam mit Beamer und Laptop. Schulte war verwundert über so viel Technik. Doch als sie ihm ihr Vorgehen erklärte, leuchtete es ihm sofort ein, und er half ihr beim Aufbau der Gerätschaften.

„Sie wollten doch, dass die Menschen in Heidental so wenig wie möglich von unseren Ermittlungen mitbekommen, Schulte. Ich frage mich, warum Sie das alles so weit wie möglich im Geheimen halten wollen. Fast verdeckte Ermittlungen, die Sie da betreiben. Die Presse hat auch noch keinen Wind bekommen. Nicht einmal Rodehutskors, der alte Fuchs, scheint etwas zu wissen. Jedenfalls bin ich Ihrem Wunsch nachgekommen und habe eine schöne Präsentation für Sie und Ihre Kollegen gemacht."

„Tja", sagte Schulte beiläufig. „Ich glaube, Rodehutskors sind vorübergehend ein paar Informationskanäle weggebrochen, und meine Strategie erkläre ich Ihnen, wenn sie steht. Sie werden es nicht glauben, Frau Burghausen, auch so ein grober Klotz wie ich handelt manchmal nach Gefühl."

Die Frau von der Spurensicherung wollte dem Polizeirat gerade eine passende Antwort geben, da klopfte es und ohne das „Herein" abzuwarten, kam Schultes Team in den Raum. Lohmann zuerst, dann Braunert mit Maren Köster und am Schluss ein schlechtgelaunter Hartel. Der glaubte nämlich, dass Schulte ihn für die Illoyalität der letzten Jahre abstrafen würde.

Kaum hatten alle ihren Platz eingenommen, da begann Frau Burghausen mit der Präsentation. Als Erstes zeigte sie ein relativ schlechtes Foto auf dem ein Rollstuhl, fast von einem Busch verdeckt, zu sehen war und in einem Abstand von zirka zehn Metern lag eine Art Bündel, bedeckt mit einer rotkarierten Decke.

Bevor Frau Burghausen ihre Überlegungen erläuterte, sagte sie:

„Schlechtes Foto, Herr Schulte. Kaufen Sie sich einmal eine vernünftige Kamera!" Dann begann die Frau von der Spurensicherung mit der Erläuterung ihrer Überlegungen: „Wie Sie sehen, liegen das Bündel, unter dem sich, wie Sie alle wissen, die Leiche befindet, und der Elektrorollstuhl, der dem Toten zur Fortbewegung diente, sehr weit auseinander. Wenn wir die Annahme tätigen, dass der Mann mit dem Rollstuhl die Böschung herabgefahren ist, dann müssen wir davon ausgehen, dass er:

a) noch lebte, als er die Böschung herunterfuhr, und er

b) den Sturz überlebt hat.

Denn er ist, nachdem er in den Graben gefallen war, noch diese zehn Meter gekrochen oder gerobbt. Hat erst dann aufgegeben und sich, um auszuharren, bis man ihn findet, an dieser Stelle hingelegt und sich mit der Decke zugedeckt.

Diese These wird zum einen dadurch erhärtet, dass es zwischen Rollstuhl und Körper eine Schleifspur gab."

Eine nächste Aufnahme wurde an die Wand projiziert.

„Zum anderen dadurch: Sehen Sie sich die Körperhaltung an, in der er gestorben ist. Sie ist embryonal. Ich interpre-

90

tiere diese Position so, dass er sie entweder eingenommen hat, weil er starke Schmerzen hatte oder sehr fror."

Wieder erschien ein Foto. Diesmal nicht mit Schultes Handy gemacht.

„Wenn Sie genau hinsehen, erkennen Sie Reifenspuren. Die plötzlich in einem Winkel von fast neunzig Grad abknicken und dann in die Richtung des Grabens führen. Entweder hat der Rollstuhlfahrer die Richtung absichtlich gewechselt, wozu ich Ihnen keine Erklärung liefern kann, oder es hat jemand nachgeholfen. Für diese These sprechen diese Spuren." Frau Burghausen deutete mit einem Laserpointer auf zwei Stellen, an denen die Grasnarbe auffällig stark verletzt war. „Es gab eine Menge Fußspuren, die alle nicht zugeordnet werden konnten. Diese Druckstellen, die eindeutig von Absätzen stammen, sind an einer Position, die eingenommen werden musste, um, wenn man hinter dem Rollstuhl stand, diesen mit Gewalt zu einer Richtungsänderung zu zwingen. Dafür spricht auch die Tiefe der Druckstellen. Sie sind entstanden, weil jemand einen festen Stand brauchte, um etwas Schweres zu bewegen. Wenn Sie mich fragen, spricht vieles dafür, dass der Tote durch Fremdeinwirkung den Abhang hinunterrollte."

Es ging ein Raunen durch die Runde.

„Kommen wir nun zum nächsten Punkt", fuhr Frau Burghausen fort. „Die Person, die eventuell den Tod des Rollstuhlfahrers Diekjobst zu verantworten hat, und die Briefschreiberin, sind auf keinen Fall identisch. Sie haben richtig gehört: Briefschreiberin! Aus den Erkenntnissen, die ich Ihnen anhand des Schriftbildes liefern kann, geht hervor, dass es sich bei der Verfasserin um eine Frau handelt, die zwischen fünfundsiebzig und fünfundachtzig Jahren alt ist. Wir haben darüber hinaus Hautpartikel an dem ersten Brief gefunden, die von einer weiblichen Person stammen, die zirka achtzig Jahre alt ist. Diejenige Person, die den Rollstuhlfahrer über die Grabenkante gezwungen hat, muss, wenn es denn so war, über erheblich mehr Kraft verfügt haben, als sie einer Achtzigjährigen normalerweise zur Verfügung steht. Wie Sie bereits wissen, hat Herr Schulte gestern Abend einen zweiten Brief bekommen. Dieser Brief ist natürlich in unsere technischen Untersuchungen noch nicht mit eingeflossen. Sobald wir etwas Neues haben, melde ich mich."

Schulte bedankte sich bei Frau Burghausen. Jetzt wurde in der Runde der zweite Brief bewertet. Man kam einhellig zu der Meinung, dass die anonymen Schreiben, spätestens ab jetzt, unbedingt ernst genommen werden mussten, und Schulte erklärte, er wolle noch am selben Tag zur Staatsanwaltschaft, um diese einzuschalten. Als die Sitzung endete, wurden die Kollegen von Schulte, auch gegenüber der Presse, zu absolutem Stillschweigen verpflichtet.

27

So, das musste jetzt sein. Schulte war wie alle Beutelipper: sparsamer als die, die schon auf einen über Generationen reichenden lippischen Stammbaum zurückblicken konnten. Schulte war mit dem Kauf eines Kaffeevollautomaten völlig überfordert. Doch seine Tochter Lena besaß so ein edles Küchengerät. Schulte wusste, dass sie freitags spätestens um vierzehn Uhr aus der Schule zurück war. Ohne sich vorher anzukündigen, fuhr er zu ihr und passte sie direkt vor der Haustür ab.

„Wo brennt es denn?", fragte sie, als sie den hektischen Schulte sah.

„Lena, du musst mir helfen, ich habe mich dazu entschlossen, mir so einen Kaffeeautomaten, wie du ihn hast, zu kaufen. Für mein Büro. Ich hab natürlich keine Ahnung. Da dachte ich, du könntest mich doch beraten. Hast du Zeit und kommst mit?"

„Klar, komme ich mit, so ein Ereignis lasse ich mir doch nicht entgehen!"

Eine halbe Stunde später standen Vater und Tochter in einem Supermarkt für Elektrogeräte und wurden von der Auswahl an Kaffeeautomaten geradezu erschlagen. Schulte ganz nebenbei auch noch vom Preis.

„1.150 Euro! Die haben doch einen Vogel!", fluchte Schulte. „Komm Lena, wir gehen. Irgendwo hört auch meine Verschwendungssucht auf."

Der Verkäufer befürchtete zu Recht, dass ihm gerade ein Geschäft durch die Lappen ging, da fiel ihm etwas ein. „Warten Sie doch mal, wir hatten vor Kurzem einen Kunden, der hat seine Maschine zur Reparatur gebracht. Als er sie wieder abholen wollte, war sie nicht mehr aufzufinden. Da haben wir ihm einen guten Preis gemacht und er kaufte sich einen neuen Automaten. Kaum war der Mann mit der Maschine aus dem Haus, da rief der Vertragstechniker an. Es wäre al-

les ein Missgeschick, die Maschine habe sich wieder ange-
funden, er würde sie sofort vorbeibringen. Leider zu spät!
Ja, und jetzt steht sie bei uns im Lager. Wenn Sie die haben
wollen? Ein Modell von vor zwei Jahren, wird nicht mehr
gebaut. Topp in Schuss, generalüberholt und zwei Jahre Ga-
rantie. Ich lasse Sie Ihnen für 350."

Lena sagte: „Ja"

Schulte: „300!"

Der Verkäufer verzog sein Gesicht. „300 ist ein bisschen
wenig für die Maschine in dem Zustand."

Schulte zuckte mit den Schultern.

„Da bin ich Lipper! Komm Lena, wir gehen!"

Er fasste seine Tochter an den Arm und zog sie mit sich.
Da hörte er hinter sich das erwartete Seufzen.

„Na gut, 300."

„Und eine Packung Kaffee", setzte Schulte sofort nach.

„Dann ist aber Feierabend, Sie Halsabschneider", grinste
der Verkäufer.

Kurze Zeit später verließ ein zufriedener Schulte mit seiner neuen, gebrauchten Kaffeemaschine, aber original ver-
packt, den Elektromarkt.

„Also, weißt du, das war ja schon peinlich!", meckerte
Lena.

„Wieso?", grinste Schulte. „Von den fünfzig Euro, die
ich gespart habe, gehen wir jetzt essen! Wir fahren nur noch
schnell in mein Büro und nehmen das Ding in Betrieb. Damit
ich dann Montag mal ein bisschen angeben kann."

Seine Tochter hakte sich grinsend bei ihm ein. „Bei dir im
Büro war ich noch nie."

28

Die Abendsonne schien in den Wintergarten, der nachträglich, aber mit sehr viel Fingerspitzengefühl und Sensibilität, an das alte Bauernhaus angefügt worden war. Die Inneneinrichtung des sonnigen Platzes zeugte von Geschmack. Ein curryfarbenes Ledersofa stand als Solitär vor einem Kamin, dessen Kassette man sowohl vom Wohnzimmer des Hauses wie auch von der Wintergartenseite aus befeuern konnte.

Jetzt wurde das Möbel von der Abendsonne beschienen. In solchen Momenten war es einer der schönsten Plätze im ganzen Haus. Dieser Meinung war jedenfalls Nils Nolte, der sich die *Heimatzeitung* geschnappt hatte und es sich genau auf diesem Platz gemütlich machte. Nolte hatte kaum den ersten Artikel gelesen, da betrat ein Mann, der eine ungemeine Präsenz ausstrahlte, das Zimmer.

Nolte schaute ihn überrascht an und sprang vom Sofa auf. „Vater, mit dir hätte ich jetzt gar nicht gerechnet! Was machst du denn hier? Bist du allein gekommen, oder ist Maria auch da?"

„Du weißt doch, Junge, wenn ich die Wahl zwischen Südoldenburg und Lippe habe, dann bin ich lieber hier. Aber lassen wir die Sentimentalitäten, Maria hat mich gebracht. Sie ist gleich nach oben gegangen. Hatte Kopfschmerzen und wollte sich hinlegen. Sie will aber heute Abend noch zurückfahren, weil sie morgen ein Golfturnier in Vechta hat. Ich habe aber noch ein paar Termine, und morgen wollte ich mich mit dem Vorstand des TuS Bega treffen. Die spielen ja jedes Jahr gegen einen Bundesligisten der ersten oder zweiten Liga. In diesem Jahr soll, glaube ich, der SC Paderborn kommen. So etwas kostet Geld. Der Vorstand des Fußballvereins hat aber noch nicht genügend Sponsoren. Ich habe mir überlegt, dass wir mit unserer Premiummarke, in Verbindung mit unserem Konzept *Omas Hofladen* hier vielleicht ganz gut reinpassen würden. Die Truppe, die gegen den

Bundesligisten spielt, könnte Trikotwerbung für den Hofladen machen und wir könnten Stände aufbauen, die unsere Produkte anbieten. Wenn das alles so klappt, wie ich mir das vorstelle, dann würde Foodcompany wohl ein paar tausend Euro locker machen. Ich glaube, eine aggressive Werbung kann in unserem Falle gar nicht schaden. Wie weit bist du denn mit dem Ankauf der Hofläden?"

„Das ist schwieriger, als ich dachte. Grundsätzlich verkaufen die Bauern, wenn es eben geht, nicht. Würden wir ja auch nicht machen. Habe ich im Vorfeld aber nicht genug bedacht. Die Landwirte, die bereit sind, mit uns ins Geschäft zu kommen, haben keine Höfe, sondern halbe Ruinen. Mit den Bruchbuden kannste nicht mehr viel anfangen, oder du musst unheimlich viel Geld in die Hand nehmen. Ich hab schon mal überlegt, ob wir nicht exponierte Grundstücke in den geeigneten Orten kaufen und dann selber Hofläden bauen. Unserer Corporate Identity würde das sicher entgegenkommen. Weil wir einfach einen höheren Wiedererkennungswert hätten und ein höheres Maß an Einheitlichkeit."

„Habe ich auch schon drüber nachgedacht", entgegnete der Alte. „Was dagegen spricht, ist die Tatsache, dass wir dann noch die gesamte Konkurrenz der bestehenden Hofläden an der Backe hätten. Wenn wir uns aber in schon bestehende Läden einkaufen, würden wir zwei Fliegen mit einer Klappe schlagen."

Nils Nolte sah auf die Uhr. „Entschuldige, Vater, ich hab noch einen Termin. In Heidental. Dieser alte Fritzmeier, das ist ein harter Brocken. Der verkauft auf keinen Fall. Den müssen wir dann eben im zweiten Schritt fertig machen. Im Moment kann der sich in seinem Laden vor Kunden nicht retten. Da muss mal 'ne tote Ratte in der Kühlung gefunden werden, oder wir müssen uns einige andere nette Schweinereien ausdenken. Aber jetzt knöpfe ich mir erst mal den Holle vor."

29

Irgendwie hatte Jupp Schulte bereits damit gerechnet, und er betrachtete den Briefumschlag, der zwischen seiner anderen Post lag, bereits wie einen zwar nicht angenehmen, aber lange erwarteten Gast.

Die beiden ersten Briefe waren mittlerweile nicht nur graphologisch und psychologisch untersucht worden – das Ergebnis stand noch aus. Schulte hatte außerdem auch den Polizeiapparat in Bewegung gesetzt, um den Weg der Briefe nachzuvollziehen. Es war festgestellt worden, wer der Hersteller des Briefpapiers und der Umschläge war und an welche Verkaufsstellen beides geliefert wurde. Dann hatte man begonnen, die Läden in der näheren Umgebung abzuklappern und zu befragen. Eine unglaublich mühselige Kleinarbeit, die wenig Erfolg versprechend war. Aber so lief Polizeiarbeit nun mal.

Schulte überlegte kurz und rief dann seine Kollegin von der Spurensicherung, Renate Burghausen, an. Sie hatte ihm bereits am Vortag leichte Vorwürfe gemacht, dass er die beiden ersten Briefe spurensicherungstechnisch nicht fachgerecht behandelt habe. Das wollte er sich nicht noch einmal sagen lassen. Sollte sie doch den Brief öffnen und erkennungsdienstlich behandeln. Er bot ihr an, umgehend zurück in die Kreispolizeibehörde an der Bielefelder Straße zu fahren und ihr den Brief zu bringen.

Aber sie antwortete: „Wissen Sie was? Sie haben mir doch gestern so begeistert von diesem Hofladen erzählt. Passen Sie auf, Schulte. Ich komme jetzt sofort bei Ihnen vorbei, nehme diesen Brief mit und kaufe ganz nebenbei ein bisschen ein. Bis gleich!"

Er wollte ihr noch sagen, dass der Laden bereits geschlossen sei, aber da hatte sie schon aufgelegt.

Schulte blieben noch ein paar Minuten, den Hund zu füttern und das Nötigste in seiner Küche aufzuräumen. Es war ihm gar nicht recht, wenn seine Kollegin das Chaos seiner Singlewohnung sehen würde. Seinen Privatbereich hatte Schulte bislang immer gern abgeschottet. Außer für Maren Köster und Axel Braunert, aber auch für die nur punktuell, war Schultes Privatleben für seine Kollegen ein unerforschtes Territorium. Wenn sich der Besuch dieser relativ neuen, noch nicht richtig einschätzbaren Kollegin schon nicht mehr vermeiden lassen würde, dann sollte deren Eindruck wenigstens nicht allzu übel ausfallen.

Eine halbe Stunde später fuhr ein älterer Geländewagen auf den Hof und ließ eine erstaunliche Person mit einem weißen Koffer aussteigen. Renate Burghausen war ein Berg von einer Frau, groß und mächtig, mit maskulin wirkenden Gesichtszügen. Weder ihre Kleidung noch ihre Art sich zu bewegen, hatten irgendetwas Frauliches. Der einzige einigermaßen sichere Hinweis auf ihr Geschlecht war eine enorme Oberweite, deren Wirkung indes von den breiten Schultern wieder relativiert wurde.

Renate Burghausen wusste um ihr Erscheinungsbild, und sie konnte damit umgehen. Als am Anfang ihrer Zusammenarbeit mit Schulte einmal durch eine Indiskretion herauskam, dass Schulte sie als ein „westfälisches Kaltblut" bezeichnet hatte, gab es keinen Ärger. Sie konnte über so was lachen und mit gleicher Münze zurückzahlen. Das hatte Schulte beeindruckt.

Beeindruckend war auch der Händedruck, mit dem sie ihn begrüßte. Schulte musste sich zusammennehmen, um nicht aufzuschreien. Dann trat sie in seine Küche, schaute sich kurz um und meinte: „Für 'ne Junggesellenbude ganz nett!"

Schulte wusste nicht, was er davon halten sollte, fragte auch lieber nicht nach, sondern zeigte ihr den Briefumschlag, der auf dem Küchentisch lag. Sie legte ihren Koffer, der in ihren Händen wie eine zarte Damenhandtasche wirkte, ebenfalls auf den Tisch, öffnete ihn und nahm eine Folie sowie eine Art Skalpell und eine Pinzette heraus. Dann fotografierte sie den Umschlag, bevor sie ihn vorsichtig öffnete und den Brief herauszog und entfaltete. Wieder ein Foto, diesmal von dem Brief.

Dann erst winkte sie Schulte zu sich heran und ließ ihn lesen. Die Optik war wie immer, nur der Tonfall hatte sich noch einmal verschärft.

Schulte, du Schlafmütze,

du bist einfach unglaublich! Du hast immer noch nichts unternommen. Noch immer gibt es in deiner unmittelbaren Umgebung einen Mörder, der frei herumläuft und über dich lacht. Glaubst du tatsächlich, meine Anregungen einfach so ignorieren zu können? Das ist purer Selbstbetrug, und die Wirklichkeit wird dich schneller einholen, als du glaubst. Bereits in den nächsten Tagen wird etwas passieren, was deine komplette Inkompetenz beweist. Da du offenbar völlig unfähig bist, macht es auch keinen Sinn, dir weitere Hinweise zu geben. Rechne einfach mit dem Schlimmsten, dann liegst du ausnahmsweise einmal richtig.

Dein besorgter Mitbürger

Schulte zuckte mit den Achseln, wirkte ganz zufrieden und meinte nur: „Er beißt an! Sehr schön!"

Sie staunte und konnte beim besten Willen nicht verstehen, was an diesem Brief schön sein sollte.

Schulte sah ihr diese Frage an und versuchte zu erklären: „Ich glaube dem Schreiber dieser Zeilen, dass tatsächlich hier in der Gegend ein Mord geschehen ist, von dem wir noch keine Kenntnis haben. Es könnte der Unfall von Hubert Diekjobst sein, wie Sie selbst gesagt haben. Aber auch was anderes. Und ich glaube, dass der Schreiber dieser Zeilen der Mörder ist. Nun ist aber ein Mord nicht irgendwas. Nichts, was du mal so nebenbei erledigst und dann zur Tagesordnung übergehst. Ein Mord beendet nicht nur das Leben des Opfers, es verändert auch das Leben des Täters radikal. Darüber wissen wir aus der Psychologie eine ganze Menge und man kann …"

„Wenn du nicht einer von diesen völlig verkommen Auftragskillern der Mafia bist", warf Burghausen ein.

Schulte nickte. „Richtig! Aber davon gehe ich hier nicht aus. Das würde nicht passen. Dies ist einer von der Sorte, denen der Mord, den sie begangen haben, ob geplant oder ungeplant, auf der Seele liegt, sie nicht mehr loslässt, und der sie krank macht. Gleichzeitig ist er aber auch etwas Epochales, Einzigartiges, was sie von normalen Mitmenschen abhebt, aus der Masse der Durchschnittsmenschen heraushebt. Er macht sie zu etwas Besonderem. Die moralische Bewertung lasse ich mal außen vor. Das alles zusammen löst einen unwiderstehlichen Zwang aus, sich irgendwie mitzuteilen."

„Ganz platt ausgedrückt heißt das: Was nützt es mir, was ganz Besonderes zu sein, wenn es keiner merkt?"

Schulte nickte. „Im Wesentlichen ist es das, ja. Zumindest in unserem Fall scheint es mir so zu sein. Da hat einer etwas getan, was für ihn alles verändert. Alles! Und um ihn herum läuft das Leben so weiter, als sei nichts geschehen. Das hältst du nicht aus. Das macht dich irre."

Renate Burghausen dachte nach. „Also hat die Person diese Briefe geschrieben, damit die Öffentlichkeit bemerkt, dass es ihn, den ganz Besonderen, gibt. Er lenkt bewusst die Aufmerksamkeit auf sich. Unglaublich!"

„Ja, und es nervt ihn ungemein, dass dieser blöde Schulte darauf nicht reagiert. Deshalb hatte ich Sie ja gebeten, die Untersuchungen so durchzuführen, dass es keiner mitbekommt. Auch alle anderen Ermittlungen wurden so gehandhabt. Ich wollte ihn provozieren. Wollte mehr aus ihm herauskitzeln. Ich schwöre Ihnen, bei dieser Andeutung bleibt es nicht. Da kommt noch ein Brief. Und der wird hoffentlich wesentlich deutlicher. Aber vorher wartet eine Menge praktischer Arbeit auf mich. Unangenehme Arbeit vor allem."

30

Was für ein Abend, so war Nils Nolte noch nie an der Hecke langgezogen worden. Er konnte jetzt nicht einfach den Fernseher anschalten und den Freitagabend ausklingen lassen. Nolte brauchte Bewegung. Für solche Fälle hatte er seinen Lieblingsweg. Einen Feldweg, eigentlich nur ein Ackerweg. Im Dorf wurde er auch Promilleweg genannt. Denn hier fuhr nachts höchstens mal ein Bauer lang, der in irgendeinem Nachbardorf, zum Beispiel beim *Dalborner Jäger*, zu viel getrunken hatte. Nach einer kurzen Strecke durchs Feld führte der Weg durch den Wald Richtung Blomenstein.

Kaum hatte Nils Nolte, jetzt mit einer dunklen Wachsjacke bekleidet, den Hof betreten, da kam er wieder ins Grübeln. Er ließ den Abend noch einmal Revue passieren.

Als er gegen acht Uhr die gute Stube des Landwirtes Holle betrat, war nicht nur dieser dort anwesend, sondern auch sein Berufskollege Anton Fritzmeier. Dieser Anblick alleine hatte ausgereicht, um ihm das erste Mal die Sprache zu verschlagen.

Hatte er einen Fehler gemacht, dass jetzt beide Bauern hier saßen und so verhindern konnten, dass er sie gegeneinander ausspielte? Nolte setzte auf Rückzug. Er war höflich zu Holle und auch zu Fritzmeier. Er machte Smalltalk. Sollten die doch den ersten Aufschlag machen. Das taten sie auch, und zwar nicht der Hausherr Holle, sondern der Gast Fritzmeier.

„So Junge, dann sach doch mal, wat du uns zu bieten hass!"

Erst wollte Nolte auf die Aufforderung einsteigen. Er hatte schon das erste Wort auf den Lippen. Doch dann besann er sich. „Ihnen gemeinsam wollte ich eigentlich überhaupt kein Angebot machen", gab Nolte dem alten Bauern zur Antwort. „Sondern jedem Einzelnen von Ihnen. Wenn Sie dann damit auf den Marktplatz gehen, ist das Ihre Sache. Mein Stil ist das nicht. Ich bin mehr ein Freund der Diskretion."

Die beiden Bauern waren natürlich auch nicht blöd, dachte Nolte. Er war zwar nicht in Ihre Falle getappt, aber die hatten natürlich sofort gemerkt, dass das Geschäft für beide Seiten kaputt war. Und sie wussten, dass er vorhatte, sie gegeneinander auszuspielen.

So ging es denn auch ganz schnell. Holle stand auf, ging zur Garderobe, nahm Noltes Jacke vom Haken und sagte ihm, er habe noch genau eine Minute Zeit, sein Anwesen zu verlassen, sonst würde er ihn mit der Schrotflinte vom Hof jagen.

Diese Aussage konnte man in Zukunft vielleicht noch mal verwenden, dachte Nolte. Es gab viele Möglichkeiten, den beiden Bauern die Hölle heiß zu machen.

Doch in diesem Moment sah Nils Nolte ein anderes Problem auf sich zukommen. Am nächsten Morgen würde er mit seinem übermächtigen Vater am Frühstückstisch sitzen.

Er hörte ihn schon fragen: „Na Junge, hast du den alten Holle rumgekriegt?"

Hörte ihn anschließend dozieren, wie er damals, als junger Mann, Landwirtschaftsmeister und nix Höheres, seinen studierten Geschäftspartnern gezeigt hatte, wo der Bartel den Most holt. Und zu guter Letzt würde er schwadronieren, dass es ein Fehler gewesen sei, seinen Sohn Nils damals nach der Scheidung bei der Mutter gelassen zu haben. Die hätte ihn verzärtelt. Er sei kein Mann, er sei ein Weichei.

Nils Nolte graute vor dem morgendlichen Frühstück. Er hätte damals, nach seinem Studium, nicht in die Firma, in der sein Vater Prokurist war, einsteigen sollen. Er hatte die Möglichkeit gehabt, einen Job an der Hochschule zu bekommen, doch sein alter Herr hatte gesagt: „Willst du so ein vergeistigter Professor werden? Komm zu uns! Foodcompany ist ein junges, aufsteigendes Unternehmen. Bei uns kannst du in zehn Jahren locker eine Million machen."

Klar, für jemand anderes wäre das vielleicht möglich gewesen. Doch Nils Nolte kam aus der Rolle des Sohnes und der, der Handlanger des alten Herrn zu sein, nicht heraus. Er musste ihn fahren, wenn er irgendwo mit Geschäftspartnern saufen wollte. Nolte Junior hatte den Alten sogar schon einmal total besoffen im Puff abgeholt.

Im gewöhnlichen Alltag jedoch war er Teammitglied in den Projekten, die sein Vater entwickelte. An eine selbstständige Arbeitsweise war gar nicht zu denken. Auch hier zwang ihm der Alte seine Methoden auf. Doch die Praktiken des Vaters waren nicht seine. Ja, er lehnt sie sogar ab. Sie hatten meist etwas mit Korruption und Gewalt zu tun.

„Wir Noltes lassen uns nicht von so ein paar alten lippischen Bauern am Nasenring durchs Dorf ziehen. Geh zu den Alten hin, setz ihnen die Pistole auf die Brust, schmeiß ihnen die Scheiben ein oder mach sonst etwas! Nur zeig ihnen, wer hier Chef an Bord ist. Und komm mir nicht wieder nach Hause und erzähl mir, warum es nicht geklappt hat. Das will ich auf keinen Fall hören. Wenn du der Sache nicht gewachsen bist, dann kümmere ich mich selber drum. Aber dann brauchst du nicht wiederzukommen."

Darauf hin würde Nils Nolte sich wünschen, seinem Vater zu sagen:

„Das ist eine gute Idee, Vater, mach deine Drecksarbeit alleine. Ich gehe."

Schöner Traum! Nils Nolte lachte verbittert. Da plötzlich wurde er von einem heranpreschenden Motorengeräusch aus seinen Gedanken gerissen. Er sah auf. Zwei Scheinwerfer bewegten sich in viel zu hoher Geschwindigkeit auf ihn zu. In letzter Sekunde konnte er noch hinter eine riesige Eiche hechten, sonst wäre er von dem Fahrzeug schlicht und ergreifend überrollt worden.

Der Landrover Defender stoppte nach fünfzig Metern. Der Fahrer, der sich als Noltes Vater entpuppte, ließ das Seitenfenster herunter und brüllte lallend:

103

„Bist du denn total verrückt, hier mitten in der Nacht herumzurennen. Und dann noch mit diesen dunklen Klamotten. Ich hätte dich beinahe niedergemangelt!"

Versoffener Sack, dachte Nils Nolte, als der Geländewagen sich wieder in Bewegung gesetzt hatte, und rieb sich seinen schmerzenden Arm.

31

Nils Nolte hatte kein gutes Gefühl, als er am frühen Samstagnachmittag mit seinem Porsche 928 auf den Fritzmeier'schen Hof fuhr. Genau genommen hatte Fritzmeier ihn beim letzten Mal rausgeworfen und ihm deutlich gemacht, dass er nicht zu den gern gesehenen Kunden des Hofladens gehörte. Aber sein Vater hatte einen solchen Druck auf ihn ausgeübt, dass er sich nicht mehr nach Neigung, sondern nur noch nach Notwendigkeit richten konnte. In der Welt seines Vaters war kein Platz für Verlierer.

Nolte hatte keine konkrete Idee, was er eigentlich bei Fritzmeier erreichen wollte. Er wusste nur, dass er um jeden Preis den Kontakt halten musste. Also erst einmal reinschauen, wer weiß, welche Möglichkeiten sich ergeben. Unterwegs im Auto hatte er sich mancherlei durch den Kopf gehen lassen. Dieser Fritzmeier war ihm deutlich zu erfolgreich. Selbst wenn Nolte es fertigbringen würde, in Heidental einen anderen Bauern zu überreden, dann stand Fritzmeier immer noch als ernstzunehmender Konkurrent im Wege. Also musste Fritzmeiers Hofladen weg! Irgendwie!

Es war kurz vor zwei und Ina Schulte hatte schon alles saubergemacht, um den Hofladen zu schließen und ins Wochenende zu gehen. Fritzmeier hatte Jupp Schulte gebeten, ihn zum Baumarkt zu fahren. Ina war allein auf dem Hof und ganz dankbar, dass kein Betrieb mehr im Laden war. Ihr

Sohn spielte auf dem Hofplatz, und sie musste immer ein Auge auf ihn haben. Nun schaute sie etwas verärgert drein, als tatsächlich noch ein Auto vorfuhr. Und dann auch noch so eine Angeberkiste! Den Fahrer kannte sie, der war ja schon einige Male dagewesen. Ina wusste, dass dieser Mann bei ihrem Chef nicht gut angesehen war, hatte aber keine Ahnung, warum das so war. Ein gutaussehender Mann, das konnte sie nicht bestreiten. Aber nicht ihr Typ. Viel zu geleckt!

Nolte sah das offenbar ganz anders, denn er stolzierte wie ein Pfau in den Laden und grüßte: „Einen wunderschönen guten Tag wünsche ich!"

Als sie darauf nur einsilbig antwortete, führte er die Unterhaltung einfach allein weiter. Er gratulierte ihr zu dem schönen Laden, zu der großartigen Qualität und versäumte auch nicht darauf hinzuweisen, dass dieses gelungene Gesamtbild nur noch getoppt würde von der Schönheit der Verkäuferin. Ina verdrehte die Augen und fragte ihn nach seinen Wünschen. Er druckste etwas herum, schaute sich, scheinbar interessiert, die Auslagen an.

„Haben Sie auch Fleisch im Angebot?", fragte er. „Ich kann hier gar keines entdecken."

Ina schmunzelte. „Haben wir schon. Aber das können wir ja nicht hier vorn lagern. Wäre ja viel zu warm. Nein, wir haben nebenan noch einen kleinen Kühlraum. Der ist vollgepackt mit den unterschiedlichsten Fleischsorten. Sagen Sie mir nur, was Sie möchten, wir haben Auswahl genug".

Er lächelte dankbar, winkte aber ab

„Ist ja ein ganz schöner Investitionsbedarf, wenn man einen solchen Laden aufmacht, oder? Da denkt man ja gar nicht dran, so als Laie."

„Stimmt! Allein das Fleisch im Kühlraum ist richtig was wert. Von allen anderen Sachen ganz abgesehen."

Dann, als sei es ihm plötzlich eingefallen, sagte er ganz nebenbei: „Ist Ihr Chef eigentlich im Haus? Der Herr Fritzmeier?"

„Nein! Der kommt auch erst am späten Nachmittag wieder. Kann ich was ausrichten?"

Nolte zeigte sich enttäuscht. „Schade! Ich hätte ihn nur gern mal gesprochen. Geschäftlich. Aber dann komme ich besser am Montag noch mal vorbei. Was meinen Sie?"

Ina meinte gar nichts, denn in diesem Augenblick konnten die beiden vom Hof lautes Kindergeschrei hören.

„Entschuldigen Sie mich bitte, aber ich muss mal kurz raus!", rief Ina alarmiert und rannte aus dem Laden.

„Kein Problem!", rief er hinterher. „Lassen Sie sich nur Zeit!"

Und das meinte er wörtlich. Denn er hatte gerade eine Eingebung gehabt und die Chance, für kurze Zeit allein im Laden zu sein, war ein Geschenk des Himmels.

Kaum war Ina verschwunden, da drückte er sich durch die Tür, die den Kassenbereich mit dem dahinter liegenden Raum verband. Irgendwo musste doch hier … und da hatte er auch schon gefunden, was er suchte. Ein großer, weißer Sicherungskasten hing an der Wand. Nolte öffnete ihn und schaute sich die kleinen Beschriftungen an den einzelnen Sicherungen an. Schnell fand er den Schalter mit der Beschriftung Kühlraum. Er klickte ihn aus und zog sich schnell wieder in den Verkaufsraum zurück. Keine Sekunde zu früh, denn Ina kam gerade mit dem schluchzenden Kind auf dem Arm zurück.

„Tut mir leid", entschuldigte sie sich. „Aber ich habe im Augenblick niemanden zum Aufpassen und bin deswegen immer ein bisschen auf dem Sprung."

Nolte lächelte sie verständnisvoll an. „Überhaupt kein Problem. Machen Sie sich um mich keine Sorgen. Aber wie können wir denn diesem jungen Mann das Leben wieder schöner machen?" Er schaute sich den Teil der Auslagen an, in dem die süßen Sachen lagen. Dann fischte er eine Tüte mit Apfelringen heraus, die mit weißer Schokolade überzogen waren. Das Produkt eines hiesigen Landwirts. „Magst

106

du das?", fragte er Linus und hielt ihm die Tüte vor die Schniefnase.

Linus zog den Rotz hoch und nickte heftig.

„Bitte schön!" Nolte öffnete die Tüte und gab sie dem Jungen. Dann zückte er sein Portemonnaie und bezahlte. „Also dann bis Montag! Und ein schönes Wochenende", rief er Ina zu und verließ den Laden.

Nachdem sie alles abgeschlossen hatte, dachte sie noch: Na ja, so'n Schnösel ist das ja gar nicht.

Während Ina und Linus zu ihrer Wohnung hinübergingen, um sich auf das Wochenende vorzubereiten, lachte sich Nils Nolte ins Fäustchen. Spätestens Montag würde die große Menge Fleisch aufgetaut und damit unverkäuflich sein. Und er, Nils Nolte, wusste genau, was dann zu tun war ...

32

Das hatte er prima hinbekommen. Anton Fritzmeier war zufrieden mit sich. Bereits nachdem Nils Nolte am Montag bei ihm gewesen war, hatte Fritzmeier seinem Mieter Jupp Schulte von dem Besuch und dem Angebot erzählt. Schulte hatte versprochen, sich über die Firma schlau zu machen. Es hatte allerdings eine Weile gedauert, bis Schulte am nächsten Tag herausgefunden hatte, dass hinter dem rätselhaften Namen Futt Kumpani, den Fritzmeier aus dem Gedächtnis auf einem Zettel notiert hatte, die Firma *Foodcompany* aus Vechta steckte. Auch wenn Schulte nicht viel Zeit hatte opfern können, war doch dabei herausgekommen, dass diese Firma manchmal mit recht ruppigen Methoden arbeitete. Nichts Illegales. Aber die Firma war nicht zimperlich, wenn es um die Erreichung ihrer Ziele ging. Und so hatte Schulte es als nötig erachtet, Fritzmeier darauf hinzuweisen, dass seine schroffe Ablehnung des Angebotes unter Umständen noch nicht das Ende der Geschichte sein könnte.

„Die lassen so schnell nicht locker", hatte Schulte den Bauern gewarnt. „Wenn die deinen Hof wirklich wollen, dann werden sie noch mal nachfassen. Wie verhältst du dich denn, wenn sie dir beim nächsten Mal ein noch besseres Angebot machen?"

Für Schulte war diese Frage von großer persönlicher Bedeutung. Denn er selbst sowie seine Tochter und sein Enkel lebten auf dem Hof. Wenn Fritzmeier verkaufen würde, wäre für die Familie Schulte die Idylle verloren.

„Mach dir keine Sorge, Jupp! Solange ich lebe, wird hier nix verkauft! Ich hab für mich chenug Cheld. Was ich will, iss noch 'n bissken Spass am Leben und 'n bissken Trubel um mich herum. Soll ich im Altersheim sitzen und Däumchen drehen? Mit dem chanzen Cheld unterm Kopfkissen?"

Fritzmeier wusste, dass er seinen kleinen Laden dichtmachen konnte, wenn hier im Ort so ein schicker großer Laden mit ähnlichen Produkten, aber bestimmt billiger, aufmachen würde. Dann würde es wieder still um ihn.

Mit Ina als Verkäuferin hatte er außerdem einen Glücksgriff getan, denn sie machte nicht nur ihren Job erstaunlich solide, sie zog auch Käufer in den Laden, die noch nie zuvor in ihrem Leben in einem Hofladen gewesen waren und das auch nie als reizvolle Alternative zum Supermarkt gesehen hatten.

Fritzmeier hatte sein breitestes Lächeln aufgesetzt, als er an diesem sonnigen Sonntagmittag, Arm in Arm mit Elvira Kaufmann, einen Rundgang über den Hof machte.

„Lass uns jetzt schon mal ein Stück Fleisch aus dem Laden holen", mahnte die alte Dame. „Dann ist es rechtzeitig zum Abendessen aufgetaut."

Fritzmeier zog das gewaltige Schlüsselbund aus der Hosentasche und schloss den Hofladen auf.

Irgendwie war es erstaunlich leise im Laden, aber das fiel ihm nicht auf. Erst als er in den Kühlraum kam, vermisste er das gleichförmige Brummen des Kühlaggregats. Die Kontrollleuchte war auch dunkel. Was war denn hier los? Es dauerte etwas, bis Fritzmeier begriff, was das hier für ihn bedeutete. Hektisch befühlte er die eingeschweißten Fleischstücke. Sie waren an den Rändern bereits weich. Unbrauchbar, schoss es ihm durch den Kopf. Er stürzte mit hochrotem Kopf aus dem Laden heraus und rief laut Elvira Kaufmann zu:

„Kann alles wegschmeißen! Das chanze Fleisch is hinüber! Ich chehe Pleite!"

Seine Freundin wollte Näheres wissen, aber er stammelte nur noch konsterniert: „Hass du 'ne Ahnung, wie viel Cheld da drinsteckt? Ich hab vorchestern ers 'ne chroße Lieferung von Heinemeiers Hans chekriegt. Hab auch chleich bar bezahl, ich Idiot. Und chetz iss dat chanze Zeug verchammelt. Dat kann ich doch nich mehr verkaufen! Soll das alles Schulten Jupp sein Hund fressen?"

Sie legte ihm tröstend die Hand auf die Schulter. „Ach Anton. Das tut mir leid. Aber, wie konnte das denn passieren?"

Daran hatte Fritzmeier noch gar nicht gedacht. Es hatte keinen Kurzschluss gegeben, auch keinen allgemeinen Stromausfall.

Also hatte irgendjemand die Kühlung ausgestellt. Und das konnte nur Ina gewesen sein. Sie hatte den Laden wochenenddicht gemacht.

Fritzmeier stöhnte, als er Elvira seine Mutmaßung mitteilte.

„Aber das hat sie doch auf gar keinen Fall absichtlich gemacht", warf sich Elvira sofort für die junge Frau ins Zeug. Fritzmeier lachte freudlos.

„Nee! Aber sie ist noch schusseliger als ihr Vatter! Immer mitte Chedanken woanders! War wohl doch keine so chute Idee, sie als Verkäuferin zu nehmen. Watt mache ich denn chetz mit dem chanzen Zeug? Kann dat doch nich alles selber futtern."

109

33

So hatte er die Dinge noch nie betrachtet. Aber das heutige Gespräch mit dem fremden Mann hatte ihm die Augen geöffnet. Ein feiner Mensch war das, dieser Herr um die Sechzig, der an diesem Tag einen langen Weg zurückgelegt hatte, nur um mit ihm zu sprechen. Dieser Mann strahlte alles aus, was er selbst gern ausgestrahlt hätte. Macht, Weltläufigkeit, Eleganz, einen scharfen Verstand und einen eisenharten Willen. Der wusste, was Sache war! Der hatte verstanden. Und dieser Mann war es, der ihm heute deutlich gemacht hatte, was für ein Mensch dieser Jupp Schulte war. Dass sich hinter dessen lockerer Lebemannfassade ein übler Intrigant verbarg, dessen Bösartigkeit nur noch durch seine komplette Inkompetenz übertroffen wurde. Und dieser Totalversager war gerade erst befördert worden, hatte der Besucher ihm berichtet. Schulte hatte die Lorbeeren geerntet, die andere verdient hatten. Unfassbar! Wenn er sich überlegte, dass seine eigene Arbeit trotz seiner überdurchschnittlichen Qualifikation noch niemals ausreichend gewürdigt worden war, nicht von Kollegen und erst recht nicht von Vorgesetzten. Eine Schande! Und schlecht bezahlt wurde er auch noch. Und dagegen Schulte, der von seiner Chefin wie ein Zuckerpüppchen behandelt wurde. Wahrscheinlich schlief Schulte mit ihr, anders konnte er sich das nicht erklären.

Und dann sein Vermieter, dieser unglaubliche Anton Fritzmeier! Von dem keiner so richtig wusste, wie alt der eigentlich war. Und wovon lebte der eigentlich? Denn dessen erbärmlicher Hof war doch schon vor Jahrzehnten so heruntergekommen, dass er unmöglich mehr als das Nötigste zum Leben abgeworfen haben konnte. Auch von Fritzmeier hatte der Besucher eine Menge Interessantes zu berichten gewusst. Davon, dass Fritzmeier in jüngeren Jahren häufiger mit der Polizei zu tun gehabt haben sollte. Auch davon, dass Fritzmeier mit Vorliebe üble Nachrede über die Leute seines

Dorfes verbreiten würde. Gerade die, die annahmen, zu seinen Freunden zu zählen, seien am stärksten betroffen. Aber sie ahnten nichts davon. Zur Zeit würde sich Fritzmeier gerade an eine ehrbare alte Frau aus Bad Salzuflen heranmachen, auf deren gute Rente er es abgesehen hatte.

Er hatte den fremden Mann, der ihm stark imponierte, gefragt, woher er das alles wisse, warum er ihm das alles erzähle. Schließlich war er ja nicht leichtgläubig. Aber der Fremde hatte nur wissend geschmunzelt und ihm erklärt, dass er seine Quellen habe. Er habe ihm dies alles erzählt, weil er ihn für einen der wenigen klugen Köpfe im Dorf hielt. Zum Schluss hatte der Mann ihm, unter dem Siegel der Verschwiegenheit, erklärt, dass er wichtige finanzielle Interessen im Dorf habe und hatte ihm ein fettes Honorar angeboten, wenn er zu einer vertrauensvollen Zusammenarbeit bereit sei. Ein Angebot, das er einfach nicht ablehnen konnte und welches nahezu deckungsgleich auf seine eigene Sicht der Dinge passte.

34

Zehn Minuten hatte Fritzmeiers Schockstarre angehalten, dann setzte sich der alte Kampfgeist wieder durch.

„Ich hab 'ne Idee!", rief er, schon wieder wesentlich munterer, Elvira Kaufmann zu. „Ich kann dat Fleisch zwar nicht mehr in Laden verkaufen, aber vielleicht anders. Ich hab da schon so meine Chedanken. Aber ers muss ich mit dat Mädchen reden. So chet's ja nich!"

Er ging strammen Schrittes zur Wohnung von Ina und klingelte.

Ina, die froh war, dass Linus mal ein Mittagsschläfchen machte und sich auf eine Stunde Ruhe gefreut hatte, öffnete barfuß und leicht verärgert die Tür.

„Komma mit!", rief Fritzmeier wütend. „Ich will dir was zeigen!"

Mit diesen Worten drehte er sich um und machte ein paar Schritte Richtung Hofladen. Es schien ihm ganz selbstverständlich, dass die junge Frau ihm wie ein treuer Hund folgte. Elvira Kaufmann stand einen Meter entfernt und schüttelte verständnislos den Kopf. Aber Ina rührte sich nicht vom Fleck.

Als Fritzmeier das bemerkte, kehrte er wieder um und bluffte sie ruppig an: „Brauchsse 'ne Extraeinladung, oder was? Jetz komm schon!"

Jetzt standen auch bei Ina die Nackenhaare hoch.

„Ich komme sofort mit, wenn du mir Zeit lässt, mir Schuhe anzuziehen und wenn du mir eine vernünftige Erklärung gibst, warum du in diesem Ton mit mir sprichst."

Fritzmeier starrte sie verblüfft an. Er schnappte nach Luft. Aber er sah auch, dass Elvira Kaufmann ihm mit einem Achselzucken zu verstehen gab, dass ihm wohl nichts anderes übrigblieb, als anständig mit Ina zu sprechen.

„Du biss ja noch schlimmer als dein Vatter!", brummte er resigniert.

„Un dat iss schon 'n Querkopp, wie er im Buche steht. Also chut, einer muss ja vernünftig bleiben. Ich will es noch ma auffe sanfte Tour versuchen." Er holte tief Luft und berichtete, was vorgefallen war. Ina war tatsächlich erschrocken. Sie nahm sich aber sofort zusammen und sagte trotzig: „Verstanden! Aber was habe ich dabei verbrochen, dass du mich so anmachst?"

„Anmachst? Wat heißt anmachst? Ausgemacht hasses. Den Strom. Wer hat denn chestern den Laden abcheschlossen? Ich? Nee, Mäken, dat wars du. Und jetz zieh dir Schuhe an und kuck dir den Schlamassel an, den du chemacht hass."

„Moment!", Jupp Schulte, der gerade ein Mittagsschläfchen gemacht hatte, war von der lautstarken Auseinandersetzung aufgewacht und auf den Hof gekommen. Er hatte die letzten Sätze Fritzmeiers mitbekommen. „Woher willst du so sicher wissen, dass Ina die Kühlung ausgeschaltet hat. Warum sollte sie das tun? Das macht doch keinen Sinn."

Fritzmeier wurde nun noch verwirrter. Waren denn plötzlich alle gegen ihn? Hatte er denn nicht recht, wenn er von der Schuldigen Rechenschaft für ihr Verhalten forderte? „Ich sach ja nich, dasse dat absichtlich chemacht hat. Aber chemacht haben musse dat, wer denn sonst? Sie war als Letzte im Laden!"

Aber Ina reichte es jetzt. Sie zog sich Schuhe an und kam auf den Hof.

„Ich will jetzt sehen, was los ist! Am besten kommen alle mit!", rief sie. Nur Elvira Kaufmann ahnte, dass hinter dem kecken Tonfall eine tief verletzte Seele steckte.

Im Laden stellten sie gemeinsam den Schaden fest.

Dann nahm Schulte, der seine Tochter aus der Angelegenheit rausholen wollte, die Sache in die Hand.

„Ina, überleg bitte mal, wie die letzten Minuten bis zum Ladenschluss abgelaufen sind. Was genau hast du gemacht?"

Ina bemühte sich, trotz ihrer Erregung, sich zu konzentrieren. „Ich war im Laden, und Linus spielte auf dem Hof. Ach ja, ein Kunde war noch da. Wir haben uns gerade unterhalten, als Linus draußen schrie. Ich habe mich bei dem Kunden entschuldigt und bin rausgelaufen. Als ich mit Linus wieder reinkam, hat der Kunde ihm was Süßes geschenkt. Fand ich total süß!"

Fritzmeier schüttelte den Kopf. Für ihn war diese Befragung pure Zeitverschwendung.

Aber Schulte machte weiter.

„Wie lange warst du raus aus dem Laden?"

Ina überlegte. „Na ja, ich habe nicht auf die Uhr geschaut. Aber ein paar Minuten werden es schon gewesen sein. Warum?"

Schulte schaute Fritzmeier an und fragte dann weiter: „Kanntest du den Kunden?"

„Nein, nicht mit Namen. Aber gesehen hatte ich ihn schon mal. So um die Vierzig, schwarze, mit viel Gel nach hinten gekämmte Haare, sehr elegant. Und netter, als ich im ersten Moment dachte. Ach ja, eigentlich wollte er gar nichts kaufen, sondern mit Anton sprechen, fällt mir gerade ein."

Jetzt war auch Fritzmeier alarmiert. „Was hasse denn mit ihm chesprochen?"

„Nur, dass du nicht da wärst. Er sagte, er würde am Montag wiederkommen und dass er was Geschäftliches mit dir besprechen wollte. Mehr war nicht."

Fritzmeier schlug sich mit der flachen Hand vor die Stirn. „Nolte!"

Der alte Bauer atmete tief durch und sagte leise: „Happ ich woll 'n Fehler chemacht. Dat tut mir leid, Ina. Aber da soll auch noch einer dranlang kucken. Ich steich da chetz auch nich mehr durch. Aber den Kerl pack ich mir, Jupp! Dat kannse chlauben."

„Vorsicht!", mahnte Schulte. „Du weißt ja, dass diese Leute nicht einfach sind. Außerdem hast du keine Beweise. Wir müssten schon Fingerabdrücke von diesem Nolte auf dem Sicherungsschalter finden. Aber das können wir ja durchaus versuchen. Ina, ich erkläre dir gleich alles in Ruhe, versprochen", warf er dazwischen, als er sah, wie seine Tochter wieder ungeduldig zu werden drohte. „Rührt das Ding bitte nicht an, ich lasse morgen früh einen unserer Leute kommen. So, und was machen wir jetzt?", fragte er, um das Thema abzuschließen.

„Jetzt machen wir Remmidemmi!", rief Fritzmeier zum Erstaunen aller anderen laut aus. „Heute Abend gibt es die chrößte Chrillparty, die Heidental je chesehen hat. Bevor ich dat chanze Fleisch wechschmeiße, pack ich es lieber auf den Chrill und lade dat chanze Dorf ein."

Schulte staunte. Was besaß dieser Greis doch für eine erstaunliche Vitalität. Eben noch am Boden zerstört und nun schon wieder voller Tatendrang.

„Jeder chibt zehn Euro, dafür kanner dann so viel futtern wie reinpasst. Chetränke chehen natürlich extra. Ich muss nur 'nen richtig chroßen Chrill auftreiben und dat chanze Dorf einladen. Iss ja noch Zeit chenug, bis es dunkel wird. Helft ihr mir mit?"

Nun stand für Fritzmeier nur noch die Zusage von Ina aus. Er schaute sie erkennbar unsicher an. Das schien bei ihr das Eis zu brechen. Sie nahm den alten Mann, der einen halben Kopf kleiner war als sie, in den Arm und sagte: „Ist schon in Ordnung! Die Idee mit der Grillparty finde ich klasse. Ich sage auch noch ein paar Leuten Bescheid. Eine All-you-can-eat-Party hat es hier in Heidental wahrscheinlich noch nie gegeben."

Fritzmeier war sprachlos. „Wat für 'ne Party? Kommt mir bloss nich mit irgendso 'n Schweinkram an, ihr jungen Leute. Dat iss hier ein ordentlichen Hof!"

35

Drei Grills hatte Fritzmeier aufgetrieben, auf denen er, Salzmann und Schulte versuchten, die Holzkohle zum Glühen zu bringen. Auf Tabletts und anderen Gefäßen türmten sich Berge von Grillfleisch und Würstchen.

Der sonst so gelassene Fritzmeier war aufgeregt wie selten. „Kerl, Kerl, Kerl, hoffentlich kommen bald ein paar Leute, sonst bin ich aber im Arsch. Wenn ich dat chanze Fleisch wechschmeißen muss, kann ich meinen Laden zumachen."

„Nun reg dich mal nicht auf, Anton. Aus dem Fleisch, das wir nicht loswerden, machen wir anschließend eine ordentliche Gulaschsuppe. Die kannst du dann über die Woche und abends beim Feierabendbier portionsweise verkaufen", entgegnete ihm Schulte. Fritzmeier ließ seinen Blick wieder schweifen. Es war immer noch kein Mensch in Sicht. Vielleicht hatte Hans Bangemann es ja doch geschafft, die Dorfbewohner davon abzubringen, zu dem Grillfest zu kommen. Max Kaltenbecher hatte dem alten Bauern schon zugetragen, dass der Ortsvorsteher wieder gegen Fritzmeier gestänkert hatte.

Da fuhr ein blauer VW Sharan auf den Hof. Fritzmeier war wie elektrisiert.

„Wer is dat denn? Schon wieder son Städter, der hier kluchscheißen will?"

Doch dann stieg erst Detlef Dierkes aus: Es folgten seine Kinder Lisa und Julius und zu guter Letzt seine Frau Lisa Aka.

Fritzmeier hatte ständig die Hofeinfahrt im Auge. Immer mehr Leute kamen und aßen Würstchen, Fleisch, Kraut- und Kartoffelsalat.

Die Gespräche drehten sich um den üblichen Dorfklatsch. Zwei Mitvierziger prahlten mit ihren Leistungen beim Hermannslauf, der heute, wie jedes Jahr am letzten Sonntag im April, stattgefunden hatte. Aber schon nach kurzer Zeit mochte ihnen niemand mehr zuhören.

Nach einer halben Stunde wurde Fritzmeier schon wieder nervös.

„Verdammt noch mal, Jupp, die Leute essen und trinken als wenn sie seit Tagen nix mehr chehabt hätten. Wenn dat so weiter cheht, muss ich noch mal los und Nachschub holen."

„Um die Auflösung der Versorgungsengpässe kannst du dich kümmern, wenn ich die Grillzange aus der Hand gelegt habe. Mir reicht es hier langsam. Ich will auch noch ein bisschen mit ein paar Leute reden."

Fritzmeier sah sich um. Sein Blick blieb auf Kaltenbecher haften.

„Max, kannse den Polizisten hier mal ablösen? Kriss auch ein Bier für umsonst."

Für ein kostenloses Bier tat Kaltenbecher schon das eine oder andere. Außerdem konnte er so der Fuchtel seiner Frau entgehen, die scharf darauf achtete, dass ihr Mann nicht über die Maßen trank.

Erlöst von der lästigen Aufgabe schlenderte Schulte über den Hof. Da lief ihm Rodehutskors über den Weg.

Der steuerte gleich auf Schulte zu, in der Hoffnung ein paar Polizeiinterna zu erfahren.

„Wüsste nichts", stellte sich Schulte dumm. „Das heißt, wenn Sie auf der Suche nach einer guten Story sind, da hätte ich vielleicht was für Sie."

Rodehutskors war sofort hellwach. Und Schulte erklärte ihm den Anlass für das Grillfest, das Herumschlawinern von Nolte, berichtete von Foodcompany und deren Alternativprojekt zu Fritzmeiers Hofladen.

„Und Sie sind wirklich der Meinung, die sehen in Fritzmeier einen unliebsamen Konkurrenten, den sie auf so schäbige Art und Weise aus dem Wege räumen wollen, um dann ihren Hofladen hier aufzumachen?"

Schulte zuckte mit den Schultern. „Beweisen kann man denen noch nichts, aber ich habe mal bei uns im Polizeicomputer nachgesehen. Es liegen schon ein paar Anzeigen gegen Foodcompany von Bauern vor, die das Gefühl hatten, unliebsame Mitbewerber zu sein und nun auf dubiose Art aus dem Wege geräumt werden sollten. Man konnte dem Unternehmen bis jetzt nichts nachweisen. Aber wenn Sie mich fragen, Herr Rodehutskors, das Ganze stinkt zum Himmel, aber gewaltig."

Der alte Journalist kramte ein Zigarrenetui aus der Jackentasche und zündete sich umständlich eine Zigarre an.

„Könnte was dran sein, könnte was dran sein, Herr Schulte. Bei mir juckt es auch schon so komisch in der Nase. Meist ein untrügliches Zeichen. Kümmere ich mich gleich morgen mal drum. Danke für den Tipp."

„Immer gerne", sagte Schulte. Und dachte, dass ihm der alte Fuchs dann wenigstens in Sachen „anonymer Brief" nicht in die Quere kam.

36

Lohmann war noch zehn Minuten früher da als sonst. Heute würde er seine Zeitung in Ruhe gelesen bekommen, ohne dass Schulte ihn störte.

Doch kaum hatte er die Tür zu seinem Zimmer aufgestoßen, da klingelte sein Telefon. Lohmann sputete sich, den Hörer abzunehmen. Es war Schulte, der ihm mitteilen wollte, dass er etwas später käme. Er sei gestern bei Fritzmeier auf einem spontanen Grillfest gewesen und ein bisschen unter die Räder gekommen. Schulte äußerte die Bitte, dass sich sein Team auch heute um neun Uhr in seinem Zimmer zu einer Besprechung einfinden sollte. Die Spurensicherung und die Chefin Margarete Bülow würden ebenfalls mit von der Partie sein.

Lohmann war beruhigt. Schulte war eben doch immer noch der Alte. An einem vollen Glas Bier konnte er einfach nicht vorübergehen.

„Ja ja, Chef, geht klar", antwortete Lohmann lakonisch. „Und ich bringe den Kaffee mit." „Nee, lass mal, Bernhard, ich habe mir dein Gequengel von wegen Kaffeeschnorren lange genug angehört. Mir brauchst du keinen Kaffee mehr zu kochen. Bis um neun."

Schulte hatte aufgelegt und Lohmann starrte den Hörer an, als würde ihm der frisch gebackene Polizeirat gleich daraus entgegenspringen.

Jetzt hatte Schulte den Bogen überspannt. Genau eine Tasse Kaffee würde sich Lohmann kochen und dann das Pulver und die Maschine wegschließen. Sollte der Blödmann von Schulte doch sehen, wo der was herbekam.

Einige Kilometer entfernt dachte Schulte ebenfalls über die Aktion Morgenkaffee nach.

Er malte sich Lohmanns verblüfftes Gesicht in den buntesten Farben aus, wenn er seinen Kaffeevollautomaten präsentieren würde.

Eine halbe Stunde später holte Schulte seine Kollegin Margarete Bülow vom Bahnhof ab. Die beiden schätzten und mochten sich. Bei der Kreispolizeibehörde angekommen, hakte die blinde Polizistin sich wie selbstverständlich bei Schulte ein. Für Außenstehende sahen sie aus wie ein altes Ehepaar. So machten sie sich auf den Weg zu Schultes Büro.

Hier angekommen, brachte Schulte die Polizeidirektorin auf den neuesten Stand hinsichtlich der anonymen Briefe und erläuterte ihr seine Strategie.

Nach und nach kamen die Kollegen in Schultes Büro. Alle wurden von der Polizeidirektorin begrüßt. Sie kannte die Ankömmlinge aus Begegnungen der vergangenen Jahre alle schon so gut, dass sie jede einzelne Person an der Art wie sich ihr Gang anhörte, am Geruch oder sonst wie erkannte und somit jede mit dem richtigen Namen ansprach. Diese Fähigkeit beeindruckte die anwesenden Detmolder Polizisten jedes Mal aufs Neue.

Sie empfanden es als Wertschätzung. Selbst Hartel musste nach jeder Begegnung mit Margarete Bülow immer wieder mit sich selbst hart ins Gericht gehen und sich aufs Neue einhämmern: Ich mag sie nicht! Sie wartet nur auf eine Schwäche von mir. Ich mag sie nicht …

Zuletzt kam Lohmann in den Raum. Er hatte als Einziger eine Tasse mit frischem, dampfendem Kaffee in der Hand. Als Hartel ihn fragte: „Und wo bleiben wir?", gab sich Lohmann noch immer etwas beleidigt: „Bedank dich bei unserem Polizeirat. Als ich ihm heute Morgen anbot, Kaffee zu kochen, sagte er – und das musst du dir mal reintun! – er sei meine ständige Quengelei über sein Kaffeeschnorren leid. In Zukunft würde sich der Herr Schulte selber um seinen Kaffee kümmern."

Alle starrten Schulte an. War der total verrückt geworden, eine so verlässliche Kaffee-Quelle wie Lohmann versiegen zu lassen?!

119

Schulte ging zu Lohmann, klopfte ihm auf die Schulter und meinte: „Für den Rest deiner Tage darfst du bei mir schnorren."

Dann ging er an einen Schrank und öffnete ihn. Zum Vorschein kam der neue Kaffeevollautomat.

Alle waren sprachlos. Nur Lohmann konnte sich ein: „Gehirnwäsche, dem haben sie was ins Bier getan", nicht verkneifen.

Schulte verteilte den dritten anonymen Brief. Dann erörterte er seine Theorie.

„Bei dem Initiator beziehungsweise der Initiatorin der anonymen Briefe handelt es sich womöglich wirklich um das Schreiben eines Mörder oder eines Geistesgestörten, der vielleicht schon seit Langem im Verborgenen tötet. Gehen wir von einem psychopathischen Täter aus, drängt sich das folgende Profil auf: Langsam macht dem Mörder sowohl das Nichtentdecken der Straftaten ein Problem, wie auch die Tatsache, sich nicht mitteilen zu können. Er fühlt sich nicht ernst genommen, als Mörder nicht wertgeschätzt – so pervers das klingen mag. Er investiert jede Menge Energie in die Ausführung des Tötungsaktes. Und dies nimmt dann niemand zu Kenntnis. Die aus der Sicht des Mörders schmerzlich empfundene Nichtbeachtung treibt an, ein weiteres Tötungsdelikt zu begehen. Eine Zeitlang empfand er sich vielleicht als genial, dann hatte er die Hoffnung, endlich wahrgenommen zu werden. Und jetzt ist er an einem Punkt, wo er nur noch verärgert ist. Die Tatsache, dass wir nicht wie aufgescheuchte Hühner durch Heidental laufen, empfindet der Briefschreiber als persönliche Missachtung. Er wird mit jedem Brief wütender und macht daher hoffentlich bald einen gravierenden Fehler."

Jetzt meldete sich Hartel zu Wort. Wie immer, wenn er das tat, verdrehte mindestens Maren Köster die Augen. Für sie war ihr Kollege nichts als ein Wichtigtuer. „Mit anderen Worten, Sie verlangen von uns die Suche nach einem Mörder, von dem wir noch nicht einmal wissen, ob und wenn ja, wen er umgebracht hat?"

„Genau", sagte Schulte und Maren Köster entgegnete: „Wenn du deine Arbeit mal wieder weniger schlampig erledigt hättest, wären wir vielleicht schon einen großen Schritt weiter."

Margarete Bülow ging augenblicklich dazwischen: „Das ist genau die Art, in der wir in Zukunft nicht mehr auf Dienstbesprechungen miteinander diskutieren werden!"

Maren Köster errötete ganz gegen ihre sonstige Art verlegen. Alle anderen schwiegen betreten.

„Okay, kommen wir wieder zum Fall", übernahm Schulte wieder die Gesprächsführung. „Im Grunde hat Hartel die Sache auf den Punkt gebracht. Ich muss zugeben, ich habe auch noch nicht nach einem Mörder gesucht, bevor ich wusste, dass jemand umgebracht wurde. Ich bin aber bereit, nach jedem Strohhalm zu greifen. Einer dieser Halme ist der Tod von Diekjobst. Ich bin dafür, wir exhumieren die Leiche. Bevor du auf die Palme gehst, Hartel, keine verspätete Kritik an deiner Arbeit. Durch die Briefe hat der Tod des alten Mannes eine neue Bedeutung bekommen. Wenn es von eurer Seite keinen Widerspruch gibt, sollte Margarete sich an die Staatsanwaltschaft wenden und das Okay einholen." An Renate Burghausen gewandt, fuhr er fort: „Wir tarnen uns als Gärtnertruppe und fangen morgen früh an, so zeitig wie möglich. Niemand darf von der Aktion etwas mitbekommen."

„Sonst noch Fragen?", meinte Schulte.

Lohmann meldete sich. Er wollte wissen, ob die Kollegen von der Polizeipsychologie schon eine Analyse der Briefe durchgeführt hatten.

„Da haben wir noch keine Rückmeldung. Ich würde aber sagen, dass du da mal ein bisschen Druck machst, Bernhard." Lohmann nickte.

„Okay, dann weise ich euch alle noch einmal darauf hin, dass die ganze Angelegenheit ‚top secret' abläuft. Wenn die

Presse auch nur das kleinste bisschen von der Angelegenheit erfährt, ist unser Täter gewarnt beziehungsweise hat die
Aufmerksamkeit bekommen, die er sich wünscht. Ich will,
dass ihr mit niemandem, aber auch wirklich mit niemandem
über den Fall redet. Auch nicht mit irgendeinem Kollegen.
Ist das klar?"

Alle nickten und brummelten Zustimmung. Schulte hätte zufrieden sein können. Wären da nur nicht diese unan-
genehmen Gedanken. Wenn der Mörder von Diekjobst nun
die öffentliche Beachtung dadurch zu erlangen suchen sollte,
dass er einen weiteren Mord beging, weil er sich durch das
Verhalten der Polizei dazu provoziert fühlte, wäre dann die
Polizei, insbesondere Schulte, mitschuldig? War ein Fahn-
dungserfolg dieses Risiko wert? Schulte spürte, wie ihm übel
wurde.

37

Selbst der notorische Frühaufsteher Anton Fritzmeier hatte an diesem Montagmorgen etwas länger geschlafen. Es war
am Vorabend doch recht spät geworden, und als Veranstalter
hatte er natürlich zu denen gehört, die bis zum Schluss geblieben waren.

Elvira Kaufmann hatte tatsächlich kurz vor Mitternacht
noch ein Taxi nach Bad Salzuflen genommen, und Fritzmeier saß jetzt allein mit seinem Brummschädel am Frühstückstisch. Bekleidet mit seiner groben, braunen Cordho-
se, er nannte diese Dinger immer noch Manchesterhose, die
Hosenträger über einem langärmligen, weißen Unterhemd.
Die Füße steckten in hellbraunen Puschen. So richtig gesell-
schaftsfähig war er mit diesem Outfit nicht. Aber er war ja
auch allein im Haus.

Das Frühstück bestand aus einer großen Tasse Milchkaf-
fee, in die er etwas trocken gewordenes Brot stippte und die

weich gewordene Masse in den Mund steckte. Das war nicht nur unschlagbar preisgünstig, das war vor allem hilfreich, wenn man so früh morgens noch keine Lust hatte, sein Gebiss einzusetzen. Fritzmeier schmatzte hingebungsvoll, als es an seiner Haustür klingelte.

Stöhnend stand er auf und ging schlurfend zur Tür. Vor ihm standen zwei unauffällig gekleidete Männer mit Aktentaschen. Einer der beiden fragte:

„Herr Fritzmeier persönlich?"

Fritzmeier drehte demonstrativ den Kopf ins Innere des Hauses und fragte dann genervt zurück: „Können Se hier sonst noch einen sehen? Natürlich bin es persönlich. Und wer seid ihr beiden?"

Die zwei schauten sich irritiert an. Dann stellten sie sich vor. „Wir kommen von Detmolder Ordnungsamt und haben einem Hinweis nachzugehen. Würde Sie bitte so freundlich sein und uns ihren Hofladen zeigen?"

„Ihr Jungs habt doch sicher 'nen Ausweis oder so was, stimmt's? Den will ich ers mal sehen."

Die Männer kramten ihre Ordnungsamtausweise heraus und zeigten sie ihm.

Fritzmeier schaute nur kurz drauf und meinte dann:

„Ich muss ers ma meine Brille holen. So kann ich dat nicht lesen."

Langsam schlurfte er zurück ins Haus. Es dauerte mehrere Minuten, bis die mittlerweile ungeduldig gewordenen Beamten ihn wiedersahen. Fritzmeier hielt die Kaffeetasse in der Hand.

„Wird ja sons kalt", erklärte er. Jetzt schaute Fritzmeier sich die Ausweise so gründlich an, als wolle er die Daten darauf auswendig lernen. „Könnten echt sein, die Ausweise", damit gab er sie den beiden Männern zurück. „Dann will ich ma nich so sein."

Die beiden schluckten ihren aufkommenden Ärger runter und sagten nichts, als Fritzmeier ihnen, noch immer so unvollständig bekleidet wie während des Frühstücks, zum Hofladen vorausging.

„Hatten Sie eine Party, Herr Fritzmeier?", fragte der Sprecher der beiden Beamten.

„Jau!" Keine Silbe mehr als nötig.

Es sah noch wüst aus auf dem geräumigen Hofplatz. In der Nacht hatte niemand mehr Lust zum Aufräumen gehabt.

Fritzmeier schloss den Laden auf und ließ die beiden Ordnungsamtsleute eintreten.

„So!", sagte er. „Dat iss mein Laden. Dann gucken Se sich ma um."

Doch an dem Laden an sich schienen die beiden wenig Interesse zu haben.

„Würden Sie uns bitte mal Ihren Kühlraum zeigen?"

„Ach!" Nun dämmerten Fritzmeier die Zusammenhänge. Die kurz hochquellende Wut bekam er aber sofort in den Griff. Er führte die beiden in den Kühlraum, der zwar nicht kalt, aber bis auf das letzte Kotelett ausgeräumt war.

Die beiden waren erstaunt.

„Wo haben Sie denn Ihre Fleischvorräte, Herr Fritzmeier? Sie verkaufen doch auch Frischfleisch, nicht war?"

„Jau", verkündete Fritzmeier.

„Wenn ich chrade was da habe. Aber ich habe chrade nix da. Alles ausverkauft. Die Leute reißen mir dat Zeuch nur so ausse Hände. Aber wenn Se was chanz Bestimmtes suchen, brauchen se es nur sagen. Ich besorge ihnen, wat Se wollen. Alles aus chuter lippischer Herstellung! Und charnich teuer."

Die Männer schüttelten eilig die Köpfe. „Schon gut!" Der aktivere der beiden winkte ab. „Danke, dass wir uns einen Eindruck verschaffen durften. Uns wurde ein Hinweis gegeben, dass in Ihrem Hofladen Frischfleisch unvorschriftsmäßig gelagert und in den Verkauf gelangen würde. Der Verdacht ist hiermit hinfällig. Wir bedanken uns für die Zusammenarbeit."

Fritzmeier blieb noch eine Weile auf dem Hofplatz stehen und beobachtete, wie die Beamten in ihr Auto stiegen und losfuhren. Dann brummte er: „So, so! Hat dieser Sauhund mich auch noch beim Amt ancheschwärzt? Watter woll als Nächstes macht?"

38

Gleich am Montagnachmittag begann Rodehutskors, sich um die Foodcompany zu kümmern.

Er rief einen ehemaligen Kollegen an, der nun bei einer Tageszeitung in Vechta arbeitete, und bat ihn um Informationen über die Firma Foodcompany. Ohne ihm Näheres zu erzählen.

„Also, Hermann, so aus dem Stehgreif kann ich nur sagen, dass die Firma Foodcompany mehrheitlich im Besitz eines Mannes namens Max Schneider ist und ihren Sitz hier in Vechta hat. Sie betreibt Landwirtschaft, aber nicht wie du dir das vielleicht vorstellst, sondern im industriellen Maßstab. Riesig! Sie produzieren und verarbeiten selbst. Den Laden kennt hier jeder. Foodcompany ist hier in der Gegend ein bedeutender Arbeitgeber und hat eigentlich einen ganz guten Ruf. Mir ist nichts Negatives über die Firma oder über Schneider selbst bekannt. Was willst du denn genau wissen?"

Das wusste Rodehutskors selbst nicht. Er berichtete, was er von dem Versuch dieser Firma wusste, und fragte dann: „Ist dir im Zusammenhang mit dieser Firma ein Mann namens Nolte bekannt?"

„Nolte? Nein, keine Ahnung. Aber ich kann mich ja mal schlau machen. Wenn ich was weiß, melde ich mich. Wie geht's denn Else eigentlich? Noch immer fit?"

Darauf gab Rodehutskors nur eine sehr vage Auskunft, bedankte sich für die Zusammenarbeit und legte auf.

39

Es war bitterkalt, als Jupp Schulte um halb vier morgens seine Wohnung auf dem Fritzmeier'schen Hof verließ. Tagsüber war es in den letzten Wochen schon sehr angenehm warm gewesen, aber es kühlte nachts noch immer spürbar ab.

Außerdem hatte Schulte noch nichts gefrühstückt. Und das aus gutem Grund. Denn die Aufgabe, die ihm jetzt bevorstand, war zwar wichtig, schlug ihm aber stets auf den Magen.

Für vier Uhr morgens war, nachdem die Staatsanwaltschaft laut § 87 Abs. 4 Satz 1 StPO zugestimmt hatte, die Exhumierung der Leiche von Hubert Diekjobst angesetzt. Der Zeitpunkt war aus gutem Grund so früh gewählt worden. Schulte wollte auf jeden Fall vermeiden, dass ein Dorfbewohner etwas davon mitbekam. Es war noch dunkel genug, und man konnte davon ausgehen, dass zu dieser Uhrzeit alle Heidentaler in ihren Betten lagen und von schöneren Ereignissen träumten als die, die ohne ihr Wissen ganz in ihrer Nähe stattfanden.

Schulte ging direkt von der Wohnung zum Friedhof. Er musste nur kurz warten, bis ein dunkler Audi A6 und ein VW-Bus, mit der Werbung einer Gärtnerei auf den Seiten, in diskretem Abstand zum Friedhof parkten. Aus dem Audi stieg der Staatsanwalt aus, knöpfte sich seinen Mantel zu und kam zu Schulte, den er leise begrüßte. Aus dem Kleinbus konnte Schulte die massige Figur Renate Burghausens aussteigen sehen, zusammen mit drei Männern. Alle in Zivil. Die Männer entluden einige Gerätschaften aus dem Fahrzeug und schleppten sie zum Friedhof. Dann tauchte noch ein Polizeikleinbus auf, der aber nur zwei Polizisten ausspuckte und dann wieder wegfuhr. Auch diese beiden Beamten waren in Zivil und sollten „Schmiere stehen". Dafür sorgen, dass nicht doch, gegen jede Erwartung, ein Heidentaler mit Schlafstörungen auf seiner nächtlichen Wanderung durchs Dorf sich dem Friedhof näherte.

Dann konnte es losgehen. Während die Beobachter der Aktion, Schulte, der Staatsanwalt und Renate Burghausen, fröstelnd neben dem noch frischen Grab von Hubert Diekjobst standen, öffneten die drei Männer vom Sicherungsdienst das Grab. Schulte wurde ganz seltsam zumute. Es war gerade mal elf Tage her, dass er hier gestanden und zugeschaut hatte, wie der Sarg, den die Männer nun heraushievten, in die Erde versenkt und zugeschüttet worden war. Wie unwirklich das nun alles wirkte. Als der Sarg oben war, gab der Staatsanwalt den Männern ein Zeichen, ihn zu öffnen. Nur zur Sicherheit, dass man nicht den Falschen herausgeholt hatte. Schulte war nicht nur als Polizist hier, er war auch der einzige, der Hubert Diekjobst lebend gekannt hatte. Er nickte wortlos, nachdem er einen kurzen Blick auf die Leiche geworfen hatte. Dann trugen die Männer, unterstützt nun auch von den beiden Streifenpolizisten, den nun wieder geschlossenen Sarg in das angebliche Gärtnereiauto. Als der verstaut war, kamen sie mit einer ähnlich großen, aber leeren Holzkiste zurück, versenkten diese anstelle des Sarges und schaufelten das Grab wieder zu.

Schulte staunte, wie gut die Leute das hinbekamen. Renate Burghausen war Perfektionistin. Sie hatte hier noch was anzufügen und da noch etwas wegzunehmen. Durch die leere Holzkiste passte die ausgehobene Menge Erde exakt. Am Ende musste man schon sehr genau hinschauen, um zu erkennen, was vorgefallen war. Aber wer würde schon neugierig sein?

Als alles fertig war, rief Schulte per Handy den Polizeikleinbus wieder herbei, nahm die beiden Uniformierten und auch die drei Männer von der Spurensicherung auf und brauste davon.

Renate Burghausen setzte sich ans Steuer des Sargtransporters. Ihr Job war getan. Sie würde den Toten auf direktem

Wege zur Obduktion bringen. Alles Weitere war nun Sache des Pathologen. Nur Schulte konnte auch diesen Kelch nicht an sich vorübergehen lassen. Er würde als Leiter der Ermittlung dabei sein müssen.

Wäre er doch nur, wie als Jugendlicher geplant, Sportlehrer geworden. Dann läge er jetzt noch lecker im Bett, würde den Vormittag über ein paar Schüler am Reck demütigen und nach dem Mittagsschlaf Tennis spielen. Irgendwie hatte er alles falsch angepackt.

40

Schulte hatte es sich gerade mit einem Kaffee an seinem Schreibtisch gemütlich gemacht, da kam Lohmann mit seiner Tasse in das Büro des Polizeirates.

„Na, Bernhard, Kaffee schnorren?"

„Sehr witzig. Also, ich habe die Ergebnisse der Pathologie."

„Erzähl!"

Lohmann zog sich einen Stuhl heran und ordnete umständlich seine Zettel.

„Also", begann er. „Hubert Diekjobst ist an einer Überdosis Insulin gestorben. Und das, obwohl der Mann mit Sicherheit kein Diabetiker war."

„Das heißt, jetzt haben wir den Nachweis, dass er ermordet worden ist?", fragte Schulte, der nun wie elektrisiert war.

Lohmann nickte.

„Mit ziemlicher Sicherheit! Die Stelle, an der man ihm das Insulin injiziert hat, war sein Nackenbereich. Das spricht dafür, dass der Täter hinter ihm gestanden hat. Für einen alten Mann wäre es fast unmöglich, sich selbst an dieser Stelle die Injektion zu setzen. Wenn es Selbstmord gewesen wäre, hätte er sich mit Sicherheit ein Körperteil ausgesucht, das er einfacher erreichen konnte. Zum Beispiel den Bauch oder

Unterarm. Außerdem hätte er mit Sicherheit einen anderen Ort zum Sterben gewählt."

„Wie wirkt denn eine Überdosis Insulin?"

„Durch eine Überdosis Insulin wird der Mensch relativ schnell in eine Urteils- und Handlungsunfähigkeit durch eine Hypoglykämie gebracht. Das bedeutet, dass das Hirn nicht mehr leistungsfähig ist. Dieser Prozess dauert je nach Menge und Insulintyp zwischen einer halben Stunde und vier Stunden. Da das Hirn nicht mehr funktionsfähig ist, wird der Körper auf ‚Standby' geschaltet."

„Hypoglykämie, was ist das genau, Bernhard?"

„In der Medizin bezeichnet man mit Hypoglykämie einen zu niedrigen Blutzuckerspiegel, das heißt, der Mensch hat einen zu geringen Glucoseanteil im Blut. Allgemein als Unterzuckerung bekannt. Oft geht diese mit Symptomen verminderter Hirnleistung, Krampfanfällen oder verstärkter Adrenalinausschüttung einher. Bei einer Unterzuckerung sinkt der Zuckergehalt im Zwischenzellwasser so weit, dass die Zellen deshalb nicht korrekt funktionieren."

Schulte zeigte anerkennend mit dem Daumen nach oben.

„Eines ist jedenfalls klar", fuhr Lohmann mit seinem kleinen Vortrag fort. „Wenn meine Recherchen stimmen, ist Hubert Diekjobst eindeutig keines schmerzlosen Todes gestorben. Durch eine Überdosis Insulin kommt es bei jedem Menschen zu unterschiedlichen Symptomen: Schwindelanfälle, Zittern, Sehstörungen, Schwitzen, Unwohlsein, Herzrasen, gestörtes Temperaturempfinden, also extremes Kälte- oder Hitzegefühl, teilweise innerhalb von Minuten schwankend, Muskelzuckungen, Heißhunger, Leibschmerzen. Der Zeitraum, in welchem die ersten Symptome eintreten, richtet sich nach dem jeweils verwendeten Insulin. Die Pathologie geht davon aus, dass in diesem Fall Insulinanaloga, ein schnell wirksames Insulin, verwendet wurde. Somit dürften in Diekjobsts Fall die ersten Symptome nach zirka zwanzig bis sechzig Minuten aufgetreten sein. Die

129

Symptome werden sich dann bis zur Ohnmacht verstärkt haben. Im pathologischen Bericht geht man davon aus, dass die Ohnmacht frühestens nach neunzig Minuten eingetreten ist. Bis dahin dürfte Diekjobst eine schreckliche Zeit durchgemacht haben."

Schulte saß da und rieb sich sein Gesicht mit beiden Händen. „In Heidental ist ein Mord geschehen. Direkt vor unseren Augen. Und wenn der Täter es nicht ausdrücklich darauf angelegt hätte, wäre es keinem aufgefallen. Jetzt haben wir also die erste Leiche zu dem Mörder. Wenn meine Theorie stimmt, und der pathologische Bericht weist auf jeden Fall nicht in eine andere Richtung, dann sind in Heidental, beziehungsweise in der Umgebung des Mörders, schon einige Leute umgebracht worden. Die, trotz moderner Medizin, alle als natürlich verstorben durchgegangen sind. Ich gehe mittlerweile so weit, dass der Tötungsort von Diekjobst vom Täter von vornherein unter dem Aspekt ausgewählt wurde: Jetzt müssen die doch endlich mal was merken! Was meinst du, Bernhard? Was ist für die weitere Vorgehensweise in diesem Fall die richtige Strategie? Hängen wir den Mord jetzt an die große Glocke und werfen unseren ganzen Apparat ins Rennen oder ermitteln wir weiter im Verborgenen?"

Lohmann dachte mehrere Minuten nach, ohne ein Wort zu sagen. Auch Schulte schwieg. Dann, nach einer gefühlten Ewigkeit des Schweigens, meinte der alte Kommissar: „Wenn wir mit dem Mord an die Öffentlichkeit gehen, hat der Täter die Aufmerksamkeit, die ihm bislang fehlte. Er kann sich gelassen zurückziehen, bis es ihn wieder gelüstet zu töten. Ermitteln wir weiter im Verborgenen, glaubt der Täter, wir nähmen die Briefe nicht ernst. Wir zwingen ihn also weiter zum Handeln. Was schlimmstenfalls bedeuten würde: Vor unserer Nase wird ein weiterer Mensch umgebracht und wir können nichts dagegen tun.

„Schlimmer noch", brummte Schulte bedrückt. „Wir wären sogar mitschuldig. Das sind alles keine schönen Aus-

130

sichten. Das Einzige, was wir dabei entscheiden können, ist unsere weitere Vorgehensweise. Ansonsten können wir nur hoffen, dass unser Täter weiter versucht, uns zu provozieren und irgendwann einen gravierenden Fehler macht. Bevor er erneut zuschlägt."

41

Es war ein komisches Gefühl, zu wissen, dass sich in seiner unmittelbaren Umgebung vielleicht ein Mörder aufhielt. Schulte überlegte, wer wohl das nächste Opfer sein könnte. Irgendjemand aus dem Dorf oder ein Mensch aus seinem unmittelbaren Umfeld?

Der Polizeirat hatte Fritzmeier versprochen, die Sabotage seiner Kühlanlage anzuzeigen. Doch jetzt, nachdem ihm Lohmann den Bericht der Pathologie vorgelegt und ihm so die letzte Klarheit gegeben hatte, dass die anonymen Briefe garantiert keine Dummejungenstreiche waren, drehten sich Schultes Gedanken ständig um den möglichen Mörder, und die Kühlanlagensabotage drohte in Vergessenheit zu geraten.

Diese Handlungsweise machte wahrscheinlich einen guten Polizisten aus. Ab einem bestimmten Zeitpunkt gab es nichts anderes mehr für Schulte, als den Fall aufzuklären. Er hatte einmal mit seinem Paderborner Kollegen Potthast darüber gesprochen. Der hatte an seiner Person ähnliche Beobachtungen gemacht.

„Kenne ich", hatte Potthast gesagt. „Jedes Mal, wenn ich bei einem Fall in einer solchen Phase bin, will sich meine Frau Mechthild von mir scheiden lassen. Ich finde dann die Butter im Kühlschrank nicht, übersehe sie einfach. Ich beachte meine Frau und meines Söhne, so sagen die, in keiner Weise und verfüge nicht mehr über die rudimentärsten Höflichkeitsformen. All meine Energie und meine Gedanken kreisen um den Fall. Wenn das Verbrechen dann irgendwann aufgeklärt ist und wir den Mörder gefasst haben, habe ich oft das Gefühl, der Täter sei ein alter Bekannter von mir, so sehr habe ich mich mit ihm beschäftigt."

Genau in dieser Phase befand sich Schulte gerade. Er war bereit, in eine Trance zu gehen, in der er seinen Focus ganz auf die möglichen Handlungsweisen des Mörders richtete. Da war so eine Anzeige, wie Fritzmeier sie von ihm verlangte, einfach lästig.

Doch wenn er die jetzt nicht machen würde, hätte er heute Abend Stress mit dem alten Bauern. Also schrieb er sie und brachte sie anschließend gleich zu dem zuständigen Kollegen.

Dann setzte er sich wieder hinter seinen Schreibtisch, zog die untere Schublade heraus, legte die Füße drauf und ließ den Fall Hubert Diekjobst noch einmal an sich vorüberziehen. Wie war er überhaupt darauf aufmerksam geworden, dass Diekjobst nicht durch einen tragischen Unfall ums Leben gekommen war? Genau, die anonymen Briefe. Schulte kramte deren Kopien hervor und las sie sich mehrfach durch. Dann formulierte er die Sätze mit seinen Worten um, um die Bedeutung genau zu erfassen und zu verinnerlichen. Mehr und mehr wurde ihm klar, dass er von dem Schreiber oder der Schreiberin für alles Übel der Welt und für die Arbeitsweise der gesamten Polizei verantwortlich gemacht wurde. Er war für den Mörder der Inbegriff menschlicher und polizeilicher Unfähigkeit.

Machte ihn der Täter möglicherweise sogar dafür verantwortlich, dass bei Fritzmeier die Kühlung ausgefallen war? Hatte der Mörder vielleicht selber die Sicherung ausgeschaltet? Um Schulte zu beweisen: Ihr seid nicht mal dazu in der Lage, einen kleinen Saboteur zu fangen, geschweige denn, einen handfesten Mörder.

Der Polizeirat verwarf diese Theorie wieder. Er hatte es mit einem Psychopaten zu tun, nicht mit jemandem, der sich an elektrischen Schaltern vergriff, um Fleisch verderben zu lassen.

Schulte versuchte sich noch einmal auf eine andere Weise dem Fall zu nähern. Er nahm sich ein Blatt Papier und schrieb auf, was ihm zu dem Mörder einfiel:

1) Diekjobst musste den Mörder aller Wahrscheinlichkeit nach gekannt haben.

2) Der Mörder muss mindestens medizinische Grundkenntnisse besitzen und die Möglichkeit haben, an Insulin zu kommen.

3) Wie kommt man an Insulin?
   a. Man ist selber Diabetiker.
   b. Man entwendet es einem Diabetiker.
   c. Man arbeitet in einer Einrichtung, in der Diabetiker betreut werden.
   d. Man arbeitet in einer Apotheke oder einem Krankenhaus.

4) Die Wahrscheinlichkeit, dass der Mörder schon mal getötet hat, ist sehr hoch, denn sonst wäre seine Frustration nicht so ausgeprägt.

5) Der Mörder hat mittlerweile ein zwanghaftes Bedürfnis der Polizei zu zeigen, dass er „besser" ist als sie.

6) Eventuell gibt es jemanden, der für den Mörder die Briefe schreibt.

7) Der Mörder kommt aus Heidental oder hält sich regelmäßig dort auf.

8) Schulte ist aus der Sicht des Mörders der Inbegriff polizeilicher Unfähigkeit.

Was war zu tun?

Es musste herausgefunden werden:

1) Wer aus Heidental arbeitet in einer medizinischen Einrichtung?

2) Wer im Dorf hat eine medizinische Ausbildung genossen?

Diese beiden Fleißaufgaben mussten so diskret wie möglich gelöst werden. Schulte entschied, dass sich Braunert und Hartel ihrer anzunehmen hatten.

Blieb noch der letzte Punkt, nämlich das Verhältnis des Mörders zu Schulte. Was würde der Mann tun, um sich weiter Gehör zu verschaffen? Blieb zu guter Letzt die Frage, ob es richtig war, wie er diesen Fall anging – oder machte er einen großen Fehler?

42

Auch die Schreibarbeiten mussten erledigt werden. Im Allgemeinen war diese Tätigkeit für Nils Nolte eine Routine, die er so nebenbei erledigte. Doch seit Tagen wollte ihm die Arbeit nicht mehr von der Hand gehen. Er dachte immer wieder an Anton Fritzmeier. Die Tatsache, dass er dem alten Bauern die Kühlkammer abgeschaltet hatte, damit sein Fleisch verdarb, konnte er einfach nicht vergessen. Nolte kam sich schäbig vor. Das waren doch Mafiamethoden! Und wer hatte ihn dazu gebracht, so zu handeln? Sein Vater! Klar, der wollte aus ihm einen knallharten Geschäftsmann machen.

Nils Nolte lachte verbittert. Die Tugenden, über die nach Ansicht seines Vaters ein knallharter Manager verfügen musste, waren in Wirklichkeit kriminelle Methoden.

„Nicht mit mir!", sagte der junge Mann zu sich selbst. Wenn sein alter Herr ein solches Handeln für die geeignete Methode hielte, sollte er sich die Finger gefälligst selber schmutzig machen. Aber sich dies klarzumachen, war das eine. Diesem übermächtigen Vater dies auch ins Gesicht zu sagen, das andere.

Allein der Vorsatz, die jahrzehntelange Dominanz dieses Mannes zu durchbrechen, löste bei ihm bereits ein unangenehmes Rumpeln im Magen aus.

Geräusche rissen Nils Nolte aus seinen Gedanken. Er sah aus dem Fenster. Ein gelber Lieferwagen mit der Aufschrift DHL stoppte vor der Haustür. Ein Mann stieg aus. In der Hand hielt er einen Stapel Briefe. Im Gegensatz zu sonst, verstaut er diese heute nicht in dem dafür vorgesehenen Postkasten, sondern er betätigte den Knopf der Türklingel. Verwundert ging Nils Nolte zum Hauseingang. Nachdem er die Tür geöffnet hatte, hielt ihm der Postbote eine amtliche Zustellung unter die Nase. Erstaunt nahm Nolte sie entgegen. Sie war an ihn adressiert. War er zu schnell gefahren? Ohne den Mann von der Post weiter zu beachten, riss er den Brief auf. In der Hand hielt er eine Vorladung zur Polizei. Dem weiteren Text konnte er entnehmen, dass er beschuldigt wurde, die Kühlanlage auf dem Fritzmeier'schen Hof ausgeschaltet zu haben. Zu diesem Sabotageakt wollte ihn die Detmolder Polizei befragen. Wütend zerknüddelte Nolte den Brief und warf ihn achtlos in den Flur.

Der Postmann beobachtete die Szene belustigt und zog anschließend die Tür diskret hinter sich zu.

„Ich habe es immer gewusst!", schrie Nolte in das leere Haus. „Der Alte macht mich noch zum Kriminellen. Aber damit ist jetzt Schluss."

Wütend griff er sich den Autoschlüssel und machte sich auf den Weg zum Büro seines Vaters. Er nahm sich vor, die Sache so schnell wie möglich hinter sich zu bringen, bevor der Verstand, und damit die Angst vor dem Alten, Oberhand gewinnen konnte.

Dort angelangt lief er grußlos an einigen Kollegen vorbei. Er stürmte ins Vorzimmer und beachtete die Sekretärin seines Vaters mit keinem Blick. Er stürmte an ihr vorbei und riss die Tür zu dem Zimmer auf, in dem er seinen Erzeuger vermutete. Der Mann hinter dem Schreibtisch sah ihn konsterniert an. Bevor er etwas sagen konnte, legte Nolte los. „Jetzt ist Schluss! Heute habe ich eine Vorladung zur Polizei bekommen! Und warum? Nur weil ich deiner Aufforderung,

Mafiamethoden anzuwenden, nachgekommen bin. Ich habe die Schnauze voll, die Drecksarbeit für dich zumachen. Du kannst dir einen anderen Dummen suchen. Ich mache in deinem Laden jedenfalls nicht mehr mit."

Jetzt fand der Mann hinter dem Schreibtisch die Sprache wieder. „So redest du nicht mit mir, du Rotzlöffel! Du verlässt jetzt auf der Stelle mein Büro und heute Abend kommst du zu mir und entschuldige dich! Ist das klar! Und jetzt raus!"

„Einen Teufel werde ich tun. Mich bei dir entschuldigen, dass ich nicht lache! Du kannst froh sein, wenn ich nicht zur Polizei gehe und deine schmierigen Machenschaften aufdecken lasse. Der Einzige, bei dem ich mich entschuldigen werde, das ist der Bauer Anton Fritzmeier! Auf keinen Fall bei dir! Ach, noch was. Ich kündige! Und zwar fristlos! Mit deinen schmierigen Machenschaften möchte ich nichts mehr zu tun haben."

Nils Nolte drehte sich um, verließ das Büro, knallte die Tür mit aller Kraft zu und fühlte sich plötzlich, als sei ihm eine zentnerschwere Last von den Schultern gefallen.

„Das war nötig!", sagte er der sprachlosen Sekretärin, die die ganze Auseinandersetzung fassungslos verfolgt hatte.

43

Hermann Rodehutskors warf den Scheibenwischer an, als es kurz hinter Leopoldstal zu regnen anfing. Seine Frau hatte mit ihrer Wetterprognose also recht behalten, als sie ihn gestern genötigt hatte, den Rasen zu mähen, dachte er verbittert. Diesen Triumph würde sie ihm noch wochenlang unter die Nase halten, immer wenn er es wagen sollte, eine Aussage von ihr anzuzweifeln. Manchmal machte ihn das unglaublich müde.

Nachdem er gestern mit seinem ehemaligen Kollegen gesprochen hatte, waren einige Stunden vergangen, bis dieser ihn am frühen Abend zurückgerufen hatte.

„Tut mir leid, Hermann, dass ich mich jetzt erst melde, aber du weißt ja, wie es manchmal zugeht. Also, es gibt in dieser Firma einen Nolte. Und das ist nicht irgendwer, sondern der Prokurist. Ist schon über sechzig. Gilt als harter Hund. Er wohnt aber nur mit Zweitwohnsitz hier in Vechta. Seinen ersten Wohnsitz hat er irgendwo bei euch in der Gegend. Und er hat einen Sohn, der auch in der Firma ist. So um die Vierzig muss der sein. Ganz anderer Typ als der Vater, gilt bei Foodcompany als Weichei, welches nur durch die Protektion des Vaters noch nicht rausgeflogen ist. Mehr konnte ich bei den Noltes nicht rausfinden. Bin schließlich nicht von der Polizei. Aber ich habe gehört, dass es von diesen Hofläden schon ein paar gibt. Einen haben sie ganz frisch in der Nähe von Paderborn aufgemacht. Fahr doch mal hin."

Genau das wollte Rodehutskors nun machen. Der Laden lag etwas nördlich von Neuenbeken. Ein guter Standort, dachte Rodehutskors, als er angekommen war. Direkt vor der Toren einer großen Stadt, aber in ländlicher Umgebung auf einem wunderschönen Bauernhof. Rundherum waren große Weiden, auf denen Kühe und Pferde grasten. Auf dem Hofgelände standen beeindruckende alte Eichen, der Hof selber war blitzsauber gepflastert. Hier sah man keinen Misthaufen, überhaupt keine Anzeichen von landwirtschaftlicher Arbeit. Die Szenerie wirkte ein bisschen wie eine Filmkulisse. Selbst der Regen tat dem keinen Abbruch. Vor dem Hof stand ein überlebensgroßes, buntes Abbild einer alten Frau mit Kittelschürze und einem Einkaufskörbchen am Arm, die dem Besucher einladend zulächelte. Daneben war ein ebenso buntes Holzschild mit der Aufschrift *Omas Hofladen* angebracht. Rodehutskors schloss sein Auto ab, zog den Kopf ein und lief schnellen Schrittes zur Ladentür. Das Innere verstärkte den Eindruck von Sauberkeit und wirkte geradezu elegant. Er bisher nur ein Mal in seinem Leben in einem Hofladen gewesen. Bei Fritzmeier. Doch hier war alles ganz anders. Hier roch es nicht nach Bauernhof, sondern nach parfümierten Seifen, hier stand die Ware nicht auf derben Holzgestellen, sondern auf chicen Edelholzregalen. Hier hingen keine handgeschriebenen Sonderangebotszettel an der Wand. Hier konnten die Preise von Edelstahl-Displays abgelesen werden. Die beiden freundlich lächelnden, jungen Verkäuferinnen waren ebenso wenig in der Nähe eines Misthaufens vorstellbar wie der Papst auf der Reeperbahn. Immerhin standen zwei ebenfalls lächelnde Plastikkühe im Laden. Rodehutskors nahm sich einen der aus Weiden geflochtenen Einkaufskörbe und gab sich den Anschein eines ganz normalen Kunden. Außer ihm war noch ein älteres, wohlhabend wirkendes Pärchen im Laden.

Am besten fing er dort an, wo er sich gut auskannte, dachte Rodehutskors. Also bei den Spirituosen. Er wunderte sich, was da alles stand. Obstbrände aus Süddeutschland mochten ja noch angehen. Wie das allerdings mit einem hiesigen Bauernhof in Verbindung gebracht werden konnte, leuchtete ihm nicht ein. Aber wieso standen hier Weine aus Übersee? Verwirrt schaute er weiter. In den Regalen lagen mehr angeblich typische italienische Lebensmittel als heimische.

Da endlich fand er ein Regal, gekrönt mit einem Holzschild *Oma empfiehlt*, in dem angeblich heimische Produkte angeboten wurden. Dort lagen hauptsächlich Würste. Im Darm und in Dosen. Alle hatten ein Etikett mit dem Logo *Omas beste Mettwurst* oder ähnlichem Wortlaut. Ganz klein fand Rodehutskors dann den Produktionsort. Eine Kleinstadt im Südoldenburgischen. Er runzelte die Stirn. Es erschloss sich ihm nicht, was das Ganze mit einem Hofladen zu tun haben sollte. Oder mit Regionalität.

Um nicht unangenehm aufzufallen, packte er eine Salami, eine Dose Leberwurst, eine Dose gekochtes Mett und einen abgepackten Kochschinken in seinen Einkaufskorb. Auf dem Weg zur Kasse blieb er noch vor einem Kühlregal stehen, in dem italienische Antipasti feilgeboten wurden. Warum nicht, dachte er und legte eine Packung Garnelen zu den schon gekauften Waren.

Draußen stellte er fest, dass der Regen etwas nachgelassen hatte. Rodehutskors lenkte seinen VW Passat gen Heimat.

44

Je mehr Schulte über den Fall nachdachte, umso nervöser wurde er.

Da schien ein Gewitter aufzuziehen, dessen Ausmaße er noch längst nicht abschätzen konnte. Er brauchte ein Feedback. Wie geplant rief er Margarete Bülow an und berichtete ihr von den Ergebnissen der Obduktion. Sie hörte sich seine Schilderung an.

„Jupp, ich denke, das Ganze ist so komplex, das sollten wir nicht am Telefon besprechen. Ich komme heute Mittag nach Detmold. Dann gehen wir den Fall durch und besprechen ihn auch im Team. Es wäre nett, wenn du mich vom Bahnhof abholst."

Was Schulte denn auch tat. Um kurz nach eins saßen er und die Polizeidirektorin in seinem Büro und erörterten den Fall. Um 14 Uhr kamen die Kollegen dazu.

Hartel war ziemlich kleinlaut, als er hörte, dass sich der Mordverdacht an Diekjobst bewahrheitet hatte. Natürlich rechnete er mit einem hämischen Tadel. Doch für Schulte schien die Angelegenheit erledigt zu sein. Er verlor kein Wort über Hartels Fehleinschätzung. Nachdem alle auf dem neusten Stand waren, überlegten sie das weitere Vorgehen.

Als das klar war, ergriff Margarete Bülow das Wort. „Wie wir gemeinsam herausgearbeitet haben, ist auch Jupp Schultes Umfeld in gewisser Weise gefährdet. Wir haben uns dazu entschlossen, weiterhin verdeckt zu ermitteln, um den Täter zu provozieren. Also müssen wir die Gefährdung für Jupps Angehörige natürlich so gering wie möglich halten. Ich bin der Meinung, dass wir ihnen einen möglichst unauffälligen Personenschutz zukommen lassen. Mit meinem Kollegen in Paderborn habe ich schon gesprochen. Der stellt mir Hauptkommissar von Grotenburg zur Verfügung. Er wird Schultes Tochter Ina bewachen. In Heidental führen wir ihn einfach als ihren neuen Freund ein."

Schulte verzog, gar nicht begeistert, sein Gesicht. Heute Abend würde es Ärger geben. Denn in den letzten Jahren war seine Tochter Lena schon einmal zu Ina nach Greifswald geschickt worden, um sie vor einer möglichen Bedrohung zu schützen. Jetzt wurde schon wieder gravierend in das Privatleben seiner Töchter eingegriffen, nur weil sie einen Polizisten zum Vater hatten.

Die Polizeidirektorin fuhr fort: „Maren, dich würde ich bitten, dass du dich um Lena Wiesental kümmerst. Ihr beiden habt ja schon ein bisschen Erfahrung miteinander. Kann ich dir das zumuten?"

Auch Maren Köster war einverstanden. Mit Fritzmeier musste Schulte ebenfalls reden. Das wäre der schwerste Brocken. Wenn er es überhaupt schaffen würde, Fritzmeier dazu zu bringen, Personenschutz anzunehmen, dann würde der Polizist, dem diese Aufgabe zuteil wurde, spätestens drei Stunden nachdem er die Überwachung angetreten hat-

140

te, Gemüsekisten für den alten Bauern durch die Gegend schleppen.

Zuerst fuhr Schulte zu seiner Tochter Lena. Die war zwar nicht begeistert. Da sie Maren Köster jedoch kannte und mochte, war es keine so große Überwindung für sie, dem möglichen Personenschutz zu zustimmen.

Als Nächstes suchte er das Gespräch mit Ina. Die war schon ein härterer Brocken. Erst wollte sie gar nicht, aber dann, als ihr klar wurde, dass sie schließlich auch für ihr Söhnchen Linus Verantwortung zu übernehmen hatte, willigte sie ein. Denn schließlich gehörte der Kleine auch zum Schulte-Clan. Und keiner konnte ihr garantieren, dass das Kind außen vor blieb.

„Aber wehe der Typ nervt, dann schmeiß ich ihn achtkantig raus."

So, jetzt kommt der härteste Brocken, dachte Schulte, als er über den Hof zu Fritzmeier ging. Der war im Hofladen schwer beschäftigt.

„Fass mal an, Jupp, heute kommen die Blauen Tonnen aus Hiddesen zum Schlachtefest. Da muss alles tipptopp sein."

„Die Blauen Tonnen aus Hiddesen, was ist das denn für 'ne Truppe?"

„Ach, dat Meiste sind Leute auße Feuerwehr. Nennen sich Senioren. Die Meisten sind aber noch nich so alt, meist so zwischen sechzich und siebzich. Ein paar kurante Frauen sind auch dabei. Aber sach mal, du bis doch nich hierher chekommen, um mir bein Aufbauen zu helfen. Wat willsse denn?"

Schulte erzählt ihm den Grund seines Kommens.

„Dat is doch der chrößte Quatsch, den ich je chehört habe. Seit ich in Stehen pissen kann, hat auf mich keiner mehr aufchepasst und dat soll auch so bleiben."

„Anton, sei doch vernünftig, dann fahr doch wenigstens ein paar Tage zu deiner Freundin Elvira nach Bad Salzuflen."

141

„Wat soll denn der Quatsch Jupp, und wer kümmert sich denn dann um meinen Hof? Nee, lass mal! Ich bleibe hier und wenn hier jemand meint, dat ich abtreten soll und unser Herrgott is auch der Meinung, dann in Gottes Namen. So, und chetz verteil hier mal die Teller auf den Tisch. Aber ordentlich!"

45

Hermann Rodehutskors wollte auf dem Rückweg von Neuenbeken noch einen Freund in Holzhausen-Externsteine besuchen und nahm deshalb nicht den üblichen Weg über die Gauseköte, sondern den über die B 1 nach Horn. Das Wetter war kurzzeitig trocken gewesen, als er in Neuenbeken losfuhr. Es regnete leicht, als er durch Schlangen fuhr, und es gab einen Wolkenbruch, als er Kohlstädt passierte.

Seine Scheibenwischer schafften es kaum noch, die Wassermassen zu bewältigen. Es wurde noch heftiger. Er beschloss, auf den nächstbesten Parkplatz zu fahren und den Regen abzuwarten.

So kam es, dass Hermann Rodehutskors am frühen Nachmittag sein Auto auf dem Parkplatz Bärental, zwischen Kohlstädt und Horn gelegen, parkte.

Minutenlang sah Rodehutskors nichts als Regenwasser, das so dicht wie ein Vorhang an seiner Windschutzscheibe herunterlief und immer wieder aufs Neue durch den Wolkenbruch genährt wurde. Dann war der Regen weg. So plötzlich, wie der heftige Schauer gekommen war, so plötzlich ließ er nach. Rodehutskors schaltete seine Zündung ein und betätigte den Scheibenwischer, um endlich wieder etwas erkennen zu können. Erstaunt blickte er sich auf dem Parkplatz um. Darauf standen fünf kleinere Wohnmobile, manche davon waren recht klapprig. Waren die alle während des Schauers auf den Parkplatz gekommen? Aber wieso hatten die alle ein lippisches Kennzeichen? Zufälle gibt's, dachte Rodehutskors und schaltete die Zündung wieder aus, um die Gelegenheit zu nutzen, sich kurz die Beine zu vertreten und seine Blase zu entleeren.

Zu seinem noch größeren Erstaunen sah er an den Windschutzscheiben aller Wohnmobile kleine rote Lampen glühen. In einigen hing auch ein großes, rotes Herz aus Pappe. Langsam begriff er, in welcher Umgebung er gelandet war. Sollte das hier wirklich …? Sowieso schon etwas verunsichert, zuckte Hermann Rodehutskors zusammen, als eine rauchige Frauenstimme beinah direkt neben ihm fragte: „Na, Süßer? Willst du mich besuchen?"

Rodehutskors staunte die Frau an, die vor einem dieser Wohnmobile stand und eine Zigarette rauchte. Die Frau war sehr merkwürdig gekleidet. Als sei sie gerade erst aus dem Bett gekommen. Er brachte kein Wort heraus.

Aber die Frau fand dies offenbar nicht ungewöhnlich und plapperte routiniert weiter: „Handbefriedigung 'n Fuffi, Verkehr mit kostet 'n Hunni. Ohne gibt's bei mir nicht. Französisch gegenseitig oder spanisch nur mit Aufpreis. Also, was hätte der Herr denn gerne?"

Rodehutskors hatte kein Wort verstanden. Er hatte bestenfalls eine sehr grobe Vorstellung vom, was ihm hier offeriert wurde. Langsam wurde ihm schwindelig. Mittlerweile waren aus den anderen Wohnmobilen ebenfalls Frauen ausgestiegen. Auch sie waren nur mit Unterwäsche bekleidet. Jung waren sie auch nicht mehr. Irgendwie passten die Frauen gut zu ihren Wohnmobilen, dachte Rodehutskors. Alle sahen so aus, als müssten sie dringend zum TÜV. Plötzlich sah er sich eng umzingelt von fünf rauchenden Frauen, die ihn erwartungsvoll anschauten.

Als er weiterhin stumm blieb, fragte eine von ihnen etwas ungeduldig: „Was suchst du denn, Süßer? Blond, braun oder schwarzhaarig? Es ist alles da. Du musst dich nur entscheiden."

So langsam dämmerte Rodehutskors, dass die Damen tatsächlich eine Entscheidung von ihm erwarteten. Für sie schien es überhaupt keinen Zweifel daran zu geben, dass er ausschließlich zu diesem Zwecke auf den Parkplatz gekommen war. Mit normalen Parkern rechnete hier anscheinend niemand mehr. Irgendwie machte ihn das ärgerlich.

„Eigentlich suche ich nur einen Baum, um meine Blase zu entleeren. Und dann werde ich mich wieder in mein Auto setzen und wegfahren. Tut mir leid, meine Damen."

Die Frauen zogen heftiger an ihren Zigaretten. Eine der älteren meinte: „Das wäre doch schade. Jetzt, wo du schon mal hier bist. Du bist im Moment unser einziger Kunde. Weißt du was, bei mir ist heute alles im Sonderangebot. Was meinst du?"

Ihre Kolleginnen schauten sie erst böse an, dann begannen sie damit, sie zu beschimpfen.

Sie schimpfte ebenso laut zurück und schon war Rodehutskors nicht mehr der Mittelpunkt der Szene, sondern schaute verblüfft auf das Knäuel keifender Frauen in Unterwäsche. Schnell wollte er die Gelegenheit nutzen, um zu verschwinden. Die Blase mochte noch so drücken, sie musste warten. Dann aber sah er, wie ein schwarzer Porsche auf den Parkplatz kam und neben seinem Passat stoppte. Ein bulliger, unangenehm wirkender Mann im dunklen Anzug stieg aus und kam zu ihnen. Sofort verstummte der Streit der Damen.

„Was ist hier los?", fragte der Mann mit betont gelangweilter Stimme. „Kann dieser Herr sich nicht entscheiden?"

Als die Frauen ihn aufgeklärt hatten, dass der ältere, kleine, dicke Mann sich überhaupt nicht interessiert gezeigt hatte, wandte er sich Rodehutskors zu. „Wenn Sie nicht die Dienste der Damen in Anspruch nehmen wollen, warum stehen Sie dann hier auf dem Parkplatz?"

Rodehutskors blieb vor Empörung fast die Luft weg. Was glaubte dieser Gorilla eigentlich?

„Warum? Weil das hier ein öffentlicher Parkplatz ist, soweit ich weiß. Von Steuergeldern gebaut. Ich muss keinem erklären, warum ich hier parke. Aber warum dürfen diese Frauen hier stehen? Das ist doch kein Gewerbegebiet, oder?"

Der Zuhälter schien zwischen dem Impuls, Rodehutskors die Faust aufs Doppelkinn zu hämmern und der Vorsicht einem Mann gegenüber, der so selbstbewusst auftrat, zu schwanken.

„Die Damen stehen hier auch nur zufällig. Auch für sie ist es ein öffentlicher Parkplatz. Haben Sie was dagegen?", fragte er drohend.

Aber Rodehutskors ließ sich nicht auf diese tückische Frage ein. Überhaupt hatte er wenig Lust, sich mit dem Mann anzulegen. Er machte das lieber auf seine Art.

„Überhaupt nicht!", grinste er fröhlich. „Im Gegenteil! Ich denke, wir werden gute Kollegen sein und gute Geschäfte zusammen machen!"

Nun war es an dem Zuhälter, verwirrt auszusehen. Er stammelte leicht, als er fragte: „Wieso Kollegen? Was soll das heißen?"

Rodehutskors war die Unschuld in Person, als er, die Türklinke seines Passats schon in der Hand, sagte: „Da hier offenbar jeder ein Gewerbe betreiben kann, habe ich mir gedacht, dass ich hier eine Imbissbude aufmache. Bei all den Männern, die hier parken, läuft das mit Sicherheit sehr gut. Die Damen bekommen natürlich die Bratwurst für den halben Preis. Versteht sich, unter Kollegen, oder?"

Noch bevor der Schrank von einem Mann sich entschieden hatte, ob er das glauben sollte oder nicht, saß Rodehutskors bereits hinter dem Lenkrad und hatte das Auto gestartet. Er kurbelte das Seitenfenster runter und rief fröhlich hinaus: „Ach ja, im Winter mache ich dann auch noch einen Glühweinstand hier auf. Ohne alles kostet einen Euro, mit Schuss einsfuffzig. Schönen Tag noch, die Damen!"

145

46

Es war kurz vor fünf. Schulte saß seit Sunden an seinem Schreibtisch. Eigentlich wollte er einigen Schreibkram erledigen, der jetzt, wo er Polizeirat war, zu seinem Aufgabenbereich gehörte. Er war jedoch nicht so recht weitergekommen, weil seine Gedanken sich immer wieder um die Persönlichkeitsstruktur des Mörders rankten. Mit was für einem Menschen hatte er es hier zu tun? War er oder sie eitel? In sich selbst verliebt? Hatte er oder sie mehr Verletzungen erlebt, als verträglich war? … Schulte hatte den Eindruck, dass in der Persönlichkeit dieses Menschen von all dem etwas wiederzufinden war.

Ein Schatten, der auf sein Gesicht fiel, ließ den Polizisten zusammenfahren und holte ihn aus seinen Gedanken. Maren Köster stand vor ihm. Er hatte sie nicht kommen gehören, so sehr war er in das Nachdenken über den Täter vertieft.

Schulte hatte den Eindruck, dass es ihr weiterhin nicht gut ging, was ja auch kein Wunder war. Aber die Lethargie, die er in den letzten Tagen an ihr bemerkt zu haben glaubte, schien verschwunden zu sein. Er hatte das Gefühl, dass er heute einer Frau gegenüberstand, die nicht unbedingt einen zufriedenen Eindruck machte, die aber Kraft und Kampfeswillen vermittelte. Maren hatte, so empfand Schulte, ihrem augenblicklichen Leid etwas entgegengesetzt. Und zwar ihre alten Stärken, die er an ihr so mochte, mit denen er jedoch nie eine Umgehensweise gefunden hatte.

Bis jetzt jedenfalls.

Die Polizistin wedelte mit einer Aktenmappe. „Jupp, das psychologische Gutachten ist da."

Schulte stand auf, bot seiner Kollegin einen Platz am Besprechungstisch an und fragte, ob sie etwas trinken wolle. Das Glas Wasser, um das sie bat, stellte er auf den Tisch und einen frischen Kaffee für sich. „Hast du schon gelesen, was die Psychologen dazu meinen?", fragte er.

Sie nickte. „Im Großen und Ganzen kommen sie zu ähnlichen Einschätzungen wie wir. Es lohnt sich dennoch, sich die Sachen zu Gemüte zu führen. An vielen Stellen haben die Polizeipsychologen einen weiteren Blickwinkel als wir. Ich kriege den Fall einfach nicht aus dem Kopf. Ich glaube, ich muss mal was ganz anderes machen."

Schulte sah auf die Uhr.

„Wie wäre es, wenn wir gemeinsam einen Happen essen gehen?"

„Tut mir leid, Jupp. Heute Abend habe ich schon was vor. Aber wie wäre es denn morgen mit einem kleinen Erster-Mai-Spaziergang? Dann komme ich wenigstens mal raus und grübele nicht den ganzen Tag."

Schulte war einverstanden. Auch wenn er sich an seine letzte Wanderung schon nicht mehr erinnern konnte.

47

Die Sonne begann schon zu sinken, als Schultes Volvo auf den Fritzmeier'schen Hof rollte. Dort spielte seine Tochter Lena mit ihrem Neffen. Schulte stieg aus und humpelte zu den beiden.

„Na, hat Ina doch noch jemanden gefunden, der Kindermädchen spielt?"

„Das mache ich doch gerne. Ich hatte eh nichts vor", entgegnete seine Tochter. „Aber was ist mit dir? Hattest du einen Unfall?"

„Nee, ich bin gewandert. Habe lauter Blasen."

Er hatte einen wunderbaren Tag mit seiner Kollegin im Lemgoer Stadtwald verbracht. Sie hatten sich überraschend gut verstanden, waren allerdings nach Schultes Empfinden ein paar Kilometer zu viel gelaufen.

Lena sah auf Schultes Füße. „Bist du etwa mit den Schuhen unterwegs gewesen?"

147

Schulte zuckte mit den Schultern. „Hab ja keine anderen."

„Kein Wunder, dass du dann hier rumhumpelst wie ein Achtzigjähriger."

„Apropos Achtzigjähriger, ich gehe mal zu Fritzmeier. Mal sehen, was der so macht", wollte sich Schulte einem weiteren Gespräch entziehen. Doch bei dem waren alle Türen verschlossen. Wo war der alte Mann?

Schulte ging zum Hofladen. Auch da war niemand zu finden. Seltsam. Hatte Ina heute Morgen um zehn Uhr nicht gesagt, dass Fritzmeier schon seit einigen Stunden mit dem Trecker unterwegs war? Schulte ging hastig zum Schuppen, in dem der Bauer seinen alten Fendt untergestellt hatte. Der Abstellort war leer.

Fritzmeier war seit über zehn Stunden mit dem Trecker unterwegs? Das konnte nicht sein. Hastig humpelte Schulte zu seinem Auto. Er fuhr sämtliche Feldwege von Heidental ab. Nirgendwo eine Spur von dem alten Bauern. Schulte rief bei der Detmolder Kreispolizeibehörde an. Volle meldete sich. Ach du Scheiße, dachte Schulte, ausgerechnet dieser Vollidiot hat Dienst.

„Hier Schulte. Sag mal, Volle, hat es heute Unfälle gegeben, an denen ein Trecker beteiligt war?"

„Nee, nicht, das ich wüsste", entgegnete Volle lahm.

„Ist irgendwo in Detmold ein alter Mann mit einem Trecker aufgegriffen worden oder sonst wo?"

„Nee, glaube nicht", kam Volles einschläfernde Antwort.

„Was heißt, glaube nicht?"

„Na ja, da war irgend so ein Vorfall in Bad Salzuflen. Habe ich mir aber nicht gemerkt."

Schulte wurde fast wahnsinnig. „Volle, du kannst froh sein, dass ich nicht im Büro bin! Ich sage dir, du würdest was erleben."

„Weißt du was, Schulte, deine Mobberei geht mir ziemlich auf die Nerven. Morgen früh bin ich beim Personalrat, da kannst du Gift drauf nehmen!", entgegnete ein ziemlich wütender Volle.

Der Polizeirat wusste, dass Volle zwar der dümmste Polizist Detmolds war, aber wenn es darum ging, jemanden in die Pfanne zu hauen, brachte der Wachtmeister eine Kreativität auf, die man bei ihm nicht vermutete. Da war Vorsicht geboten.

„Das mach mal, Volle! Aber vorher sieh zu, dass du alle Fehler, die du in letzter Zeit gemacht hast, ausbügelst. Morgen früh werde ich mir mal genau ansehen, was du so treibt. Ich hoffe für dich, dass du weißt, wie man die Spiele, die du auf deinem Dienst-PC hast, und die Zugriffsprotokolle fürs Internet gelöscht bekommst. Wenn du das nämlich nicht schaffst, kannst du beim Personalrat auch gleich mal nachfragen, was es diesbezüglich für Dienstvereinbarungen gibt. Und erkundige dich, was passiert, wenn du dir während der Dienstzeit Pornos ansiehst."

Plötzlich hörte Schulte ein lautes Scheppern.

„Was ist denn bei dir los, Volle, eine Schlägerei?", fragte er.

„Ich weiß auch nicht, was passiert ist. Irgendwie ist gerade der PC vom Tisch gefallen."

Schulte konnte es nicht fassen. Volle war wirklich der dämlichste Mensch, dem er je begegnet war. „Das rettet deinen Arsch auch nicht, Volle. Damit hast du dich nur noch tiefer in die Scheiße geritten."

Schulte legte auf und wählte anschließend gleich die Nummer von Elvira Kaufmann.

„Ach, Herr Schulte, sie sind es. Gut, dass Sie anrufen, stellen Sie sich vor. Anton ist heute Morgen mit dem Trecker zu mir nach Bad Salzuflen gefahren. War so schönes Wetter, hat er gesagt. Da könnt ich doch mal ein bisschen durch die Gegend fahren, mir Lippe ansehen und dann bei Elvira Kaffee trinken. Ist ja eine nette Idee. Was der Gute aber nicht bedacht hatte, war die Tatsache, dass so ein Traktor Baujahr

1950 nicht für irgendwelche Langstreckenfahrten ausgelegt
ist. Na, jedenfalls ist er bis Schötmar gekommen und dann
war Schluss. Seine Hände waren taub und sein Rücken muss
ihm höllisch weh getan haben. Er sagt, er habe einen Hexen-
schuss, dieser unvernünftige Kerl. Und stellen Sie sich vor,
was macht der Mann? Der fährt seinen Traktor, der seit über
dreißig Jahren über kein TÜV-Gelände mehr gefahren ist,
auf das alte *Hoffmann's-Stärke*-Gelände und stellt sein Gefährt da ab. Anschließend schleppt er sich wieder zur Straße.
Hält ein Polizeifahrzeug an und bittet die Beamten, Sie anzurufen. Die haben Sie natürlich nicht erreicht. Dann muss
er den Beamten wohl erzählt haben, auf die Polizei sei auch
kein Verlass mehr und was er denn jetzt machen solle und
so weiter. Sie kennen ihn ja. Na, lange Rede, kurzer Sinn,
dieser alte Fuchs hat Ihre Kollegen dazu gebracht, ihn zu
mir nach Hause zu fahren." Sie lachte kurz auf. „Jetzt liegt
der alte Schwerenöter seit ein paar Stunden bei mir auf dem
Sofa und jammert, weil ihm der Rücken schmerzt und er
nach Heidental zurück will. Ist aber zu geizig, sich ein Taxi
zu nehmen. Also liegt er mir seit geraumer Zeit in den Ohren
und versucht mich zu überreden, Sie anzurufen und Sie zu
bitten, ihn abholen. Er sei in Gefahr, behauptet er und brauche Personenschutz, den nur Sie ihm geben könnten."

Nach dieser Geschichte von Elvira Kaufmann hatte
Schulte eine Idee. „Natürlich hole ich den alten Geizkragen
ab. Aber die Situation sollten wir ausnutzen. Stellen Sie ihn
vor die Wahl! Sie sagen ihm, ich hole ihn nur ab wegen des
Personenschutzes und wenn er mir in den nächsten Wochen
diesbezüglich Folge leistet. Nur wenn er Ihnen das in die
Hand verspricht, sagen Sie ihm das, wird er von mir abgeholt."

„Herr Schulte, muss ich mir Sorgen machen?"

Schulte beruhigte die alte Dame: „Alles nur Vorsichts-
maßnahmen, wahrscheinlich völlig ungerechtfertigt, aber
sicher ist sicher. Sagen Sie dem alten Querkopf, sobald Sie

das Versprechen von ihm haben, fahre ich los. Sie brauchen mich nur kurz anzurufen."

Jetzt hab ich dich im Schwitzkasten, Anton, dachte Schulte, als er sein Handy in die Tasche steckte.

48

Schulte hatte schon an sich gezweifelt.

Seit sieben Tagen war nun kein weiterer Brief angekommen. Hatte er völlig falsch gelegen? Basierte seine ganze Theorie auf einem Irrtum? Jeder Gang zum Briefkasten war in den letzten Tagen für ihn wie ein Barfußlauf über glühende Kohlen gewesen. Mit einer Mischung aus Hoffen und Bangen hatte er vor und nach seinem Dienst in den Blechkasten, der einer amerikanischen Mailbox nachgebildet war und der sowohl ihm als auch Ina als Briefkasten diente, gegriffen. Aber außer dem üblichen Werbemüll war dort in den letzten Tagen nichts angekommen. Schulte hatte seiner Tochter eingeschärft, auch tagsüber ständig in den Kasten zu schauen und sofort anzurufen, wenn sie einen Brief der bereits bekannten Art finden sollte. Auf gar keinen Fall sollte sie irgendwas von der Post wegwerfen, und wenn es ihr noch so banal vorkäme.

Am Samstagvormittag trat Schulte vor seine Haustür und schaute auf den weiträumigen Hof. Es war frisch und etwas nebelig. Ihn fröstelte leicht. Vor dem Hofladen standen drei Autos und der kleine Lieferwagen eines ihm bekannten örtlichen Bauern. Fritzmeiers Geschäft blühte offenbar. Schulte hatte frei und wusste nicht so recht, was er mit diesem Tag so anfangen sollte. Er freute sich, als er sah, dass Anton Fritzmeier eine große Gemüsekiste aus dem Lieferwagen auspackte und in den Laden schleppte. Dem alten Mann schien es offenbar gut zu gehen. Beneidenswert, dachte Schulte. Seine körperliche und geistige Vitalität waren atemberaubend. Sicher, Fritzmeier war schrullig geworden, folgte oft einfach einer augenblicklichen Eingebung, überschaute mögliche Folgen nicht mehr richtig. Das hatte er erst gestern nachhaltig bewiesen. Die Verbindung zur realen Welt hielt er fest, wenn es ihm in den Kram passte. Wenn nicht, war er durchaus in der Lage, sich vorübergehend völlig autistisch zu verhalten und nur seinem inneren Impuls zu folgen.

Die Vorstellung, dass Anton Fritzmeier eines Tages nicht mehr sein würde, erschreckte ihn. Nicht nur, weil dann Schultes eigener Verbleib auf dem Hof in Frage gestellt wäre.

Dieser alte Mann war ein Teil seines Lebens, ebenso wie Schulte ein Teil dieses Hofs geworden war. Fritzmeier würde ihm fehlen, wenn es einmal soweit war. Aber danach sah es noch nicht aus.

Fritzmeier hatte die Gemüsekiste im Laden verstaut, während Ina die Kunden bediente, und war nun dabei, lauthals den Lieferanten zusammenzustauchen, weil der offenbar zu wenig gebracht hatte. Schulte schmunzelte. Nein, in diesem Mann steckte noch viel Leben, für viele Jahre.

An diesem Tag war keine Rechnung und keine Werbung im Briefkasten. Aber ein schmuckloser, weißer Umschlag. Da war er! Der lange erwartete vierte Brief!

Schulte musste seine ganze Willenskraft zusammennehmen, den Brief nicht sofort aufzureißen. Er rief Renate Burghausen an und bat sie, umgehend in sein Büro zu kommen. Dann informierte er Margarete Bülow telefonisch und rief zum Schluss Maren Köster an und bat auch sie, sofort zu kommen. Er selbst zog sich rasch richtige Schuhe an, ging zum Hofladen, um Ina Bescheid zu sagen.

„Bin kurz im Büro!", rief er ihr vom Eingang aus zu. „Keine Ahnung, wann ich zurückkomme! Kann ein bisschen dauern."

Ina war gar nicht begeistert. „Aber wer bleibt denn dann bei Linus? Ich kann doch hier nicht weg?"

152

Linus! Den hatte Schulte völlig vergessen. Sein Enkel hatte still und dadurch unauffällig in Schultes Wohnzimmer gespielt, als Schulte hektisch herausgelaufen war. Was tun? Fritzmeier bitten? Doch der lehnte rundweg ab.

„Nee, Jupp! Keine Zeit. Echt nich. Nächstes mal cherne."

Schulte schaute auf die Uhr. Es wurde Zeit. Er lief ins Haus zurück, zog seinen Enkel schnell einigermaßen ordentlich an und nahm in an die Hand. Wenn er niemanden fand, der auf ihn aufpasste, dann musste er ihn eben mitnehmen. Früher hatte er sogar seinen Hund mit ins Büro genommen. Warum nicht heute seinen Enkel?

49

Immer wieder dachte Hermann Rodehutskors angewidert über die Wurst aus *Omas Hofladen* nach. Mehr und mehr erwachte sein alter Kampfgeist. Diesen Etikettenschwindlern würde er das Handwerk legen, nahm er sich vor und legte los. Nachdem er festgestellt hatte, dass es in der Nähe von *Omas Hofladen* noch einen anderen, alteingesessenen Hofladen gab, beschloss Rodehutskors, dessen Inhaber zu besuchen.

Am frühen Vormittag war es wieder sonnig und warm. Rodehutskors näherte sich staunend dem großartigen Viadukt von Altenbeken, fuhr unter ihm durch und war auch schon in der kleinen Stadt mit dem großen Bahnhof, in der es fast so viele Bahngleise wie Einwohner gab, angekommen. Ein bisschen musste er suchen, dann stand er vor einem alten Bauernhof, der von einer hohen Bruchsteinmauer umschlossen war. Rodehutskors fuhr durch das Tor und kam auf einen schönen, altehrwürdigen Hofplatz, dessen Mittelpunkt und Blickfang eine riesige Kastanie war. Nahezu alle Gebäudeteile waren aus dem gleichen Bruchstein wie die Mauer,

153

nur zwei kleinere Anbauten waren aus Backstein gefertigt. Ein kleiner Schönheitsfehler, der aber den angenehmen Gesamteindruck nicht störte. Rodehutskors sah sofort, wo der Hofladen war. Über einer einfachen Tür hing ein großes Holzschild mit dem Hinweis auf den Laden. Viel los schien da aber nicht zu sein. Er war der einzige Besucher auf dem weitläufigen Hof. Er stieg aus, ging zu der Tür und versuchte sie zu öffnen. Aber die Tür blieb geschlossen.

Rodehutskors drehte sich um, als hinter ihm eine mürrische Stimme rief: „Es gibt keinen Laden mehr! Wir sind pleite!" Ein großer und massiver Mann Ende fünfzig kam in Gummistiefeln auf ihn zu, baute sich vor ihm auf und ergänzte: „Der Laden ist seit zwei Wochen geschlossen. Und wird auch nicht wieder aufgemacht."

Rodehutskors war verblüfft, dann stellte er sich dem Bauern als Journalist vor, der an einer Geschichte über Hofläden in der Region arbeitet. Vom Bauern kam daraufhin nur ein freudloses Lachen.

„Dann müssen Sie sich aber beeilen! Bald sind die alle kaputt. Dann gibt es nur noch einen einzigen Laden weit und breit. Über diese Scheißkerle könnte man allerdings genug schreiben."

„Warum?", fragte Rodehutskors neugierig. „Und wieso gehen alle anderen Pleite?"

Wieder lachte der Bauer trocken. Dann schaute er sich den alten Mann prüfend von oben bis unten an und meinte dann: „Kommen Sie mit! Ich könnte sowieso 'nen kleinen Schluck vertragen. Dann erzähle ich Ihnen, wie es zugeht heutzutage."

Er zog ein großes Schlüsselbund aus der Hosentasche und öffnete die ehemalige Ladentür. Rodehutskors betrat einen sehr schlichten Verkaufsraum, in dem noch immer einige Waren in den Regale standen. Auch die Verkaufstheke sah aus, als sei hier noch Betrieb. Bloß einige große Spinnennetze machten deutlich, dass seit Tagen niemand mehr hinter der Theke herumgelaufen war. Der Bauer achtete nicht weiter darauf, trat hinter die Theke und nahm eine Flasche mit einem handgeschriebenen Etikett aus dem Regal. Dann kramte er unter dem Tresen zwei sehr staubige Schnapsgläser hervor, pustete jeweils kräftig einmal hinein und stellte sie auf die Theke. Rodehutskors, der in solchen Dingen eher pingelig war, schauderte leicht, ließ sich aber nichts anmerken. Der Landwirt öffnete die Flasche. Da ihm die Gläser offenbar noch nicht sauber genug waren, wischte er mit den Fingern noch einmal durch, bevor er einschenkte.

„Ich hoffe, sie können schon einen Schluck vertragen!", brummte er. „Es soll ja Leute geben, die packen so was nicht vor Sonnenuntergang an. Habe nie verstanden, was Schnaps mit der Sonne zu tun haben soll."

„Keine Sorge!", lachte Rodehutskors, „Ich bin ja eigentlich Rentner. Für mich gelten die Tageszeiten nicht mehr so. Und die Polizei hält einen alten Mann nicht an. Was haben Sie denn da Gutes?"

„Das ist ein Selbstgebrannter, 'ne Zwetschge. Hier in Altenbeken gewachsen. Geht runter wie Öl, sage ich Ihnen. Als hätte Ihnen ein Engelchen auf die Zunge gepinkelt! Prost!"

Die beiden Männer tranken und stellten die Gläser wieder auf die Theke. Versonnen schmeckte Hermann Rodehutskors dem Aroma nach.

„Wunderbar!", rief er begeistert. „Verkaufen Sie mir 'ne Flasche? Auch wenn der Laden geschlossen ist?"

Der Bauer dachte nach, dann grinste er. „Wenn Sie wirklich schreiben, mit welchen Methoden diese Drecksäcke von Omas Hofladen arbeiten, dann schenke ich Ihnen gerne eine Flasche. Haben Sie genug Zeit mitgebracht?"

Die beiden Herren setzten sich auf eine Bank unter der Kastanie. Nachdem Rodehutskors einen Notizblock hervorgezogen hatte, begann der Bauer seine Geschichte. Manches davon kam dem Journalisten bekannt vor.

Kurz nach Neujahr war ein junger Mann zu ihm gekommen und hatte ihm ein Angebot gemacht, seinen gesamten Hof zu pachten oder zu kaufen, um dort eine völlige neue Form von Einkaufserlebnis zu schaffen. Der Bauer hatte abgelehnt und war davon ausgegangen, dass damit die Sache erledigt sei. Einige Wochen später wurde das Angebot etwas verbessert, noch einmal wiederholt. Wieder lehnte der Bauer ab und verbat sich weitere Belästigungen. Dann begann der Ärger.

Die Tochter des Bauern brachte die Nachricht mit nach Hause, dass im Ort böse Gerüchte über ihren Laden im Umlauf seien. Es wurde gemunkelt über völlig unzureichende hygienische Verhältnisse, über schlampigen Umgang mit den Haltbarkeitsdaten und anderes. Die Kunden im Hofladen wurden sofort deutlich weniger. Der Bauer ging in die Offensive, verteilte Werbezettel, auf denen er versuchte, die Sorgen der Kunden zu zerstreuen. Danach ging es wieder etwas bergauf. Dann fiel zweimal ohne erkennbaren technischen Grund das Kühlhaus aus und große Mengen Fleisch und Milchprodukte mussten weggeworfen werden. Mehrfach hatte das Gesundheitsamt auf der Matte gestanden und genervt. Immer waren es anonyme Hinweise gewesen, denen die Beamten nachgegangen waren. Das sprach sich herum in Altenbeken und wieder blieben die Kunden aus.

Dann hatte in Neuenbeken, also gleich um die Ecke, *Omas Hofladen* aufgemacht. Es gab eine bombastische Eröffnung, dann folgten Eröffnungsangebote, dass den Leuten die Spucke wegblieb. Ein schicker Laden, hübsche Verkäuferinnen, Superpreise und große Auswahl. Dem Bauern aus Altenbeken blieb nicht einmal die Chance, über Qualität zu punkten, da sein Image durch die Ereignisse der letzten Monate so beschädigt worden war, dass ihm nichts anderes mehr übrigblieb, als den Hofladen zu schließen. Als er hörte, dass es zwei weiteren Hofläden in der weiteren Umgebung ähnlich ergangen war, wollte er sich mit den anderen Betrof-

156

fenen zusammentun, um sich zu wehren. Aber die ehemaligen Kollegen hatten nur entnervt abgewunken. Sie waren bedient, hatten die Nase voll und wollten von dem Thema nichts mehr hören. So hatte sich auch der Altenbekener Bauer in seinen Schmollwinkel zurückgezogen und von Weitem frustriert beobachtet, wie *Omas Hofladen* aufblühte.

„Warum haben Sie denn nie Anzeige erstattet?", wollte Rodehutskors vom dem Landwirt wissen. „Üble Nachrede, Geschäftsschädigung, was weiß ich?"

Der Bauer lachte wieder sein freudloses Lachen. „Was hätte ich denen denn beweisen können? Beweisen Sie mal die Ursache für ein Gerücht. Oder wer anonym das Gesundheitsamt angerufen hat. Klar, die Sabotage des Kühlhauses wäre eine andere Sache gewesen. Aber dazu hätte ich jemanden auf frischer Tat ertappen müssen. Habe ich aber nicht. Wen hätte ich beschuldigen sollen?"

Hermann Rodehutskors nickte mitfühlend, bedankte sich und versprach dem Bauern, die Wahrheit und nichts als die Wahrheit zu schreiben. Er bot noch einmal an, die Flasche Zwetschgenbrand ordnungsgemäß zu bezahlen, was der Bauer ablehnte, und verabschiedete sich.

50

„Nein, ist der süüüß!"

Renate Burghausen war hin und weg. Die riesige Frau breitete beide Arme aus, wodurch sie noch massiger wirkte, und kam auf Linus zu, der gerade, voller Staunen über die fremde Umgebung, mit großen Augen an der Hand Schultes in dessen Büro kam. Der Junge erschrak, als über zwei Zentner pure Weiblichkeit ungebremst auf ihn zukamen. Er verkroch sich hinter Schultes Bein und fing an zu weinen.

Renate Burghausen blieb erschrocken stehen und meinte etwas enttäuscht: „Was hat er denn?"

157

Schulte schmunzelte. Er sah aber keine Veranlassung, ihr ausführlich zu erklären, dass der Kleine schlicht und einfach Angst vor ihr hatte. Er nahm Linus auf den Arm und kommentierte: „Das ist ja hier alles völlig neu für ihn. Gleich ist er wieder munter."

„Ich wusste gar nicht, dass Sie schon Opa sind, Herr Schulte!", meinte Renate Burghausen, nun schon wieder ganz entspannt. „Oder ist das ihr Sohn? Sieht Ihnen aber gar nicht ähnlich."

Schulte zeigte ihr nicht, dass solche unsensiblen Fragen für einen Mann in seinem Alter sehr kritisch sein können, sondern klärte sie freundlich auf.

Maren Köster stand vor seinem Schreibtisch und betrachtete versonnen lächelnd den Jungen. „Du hast doch garantiert keinen Kindersitz", neckte sie ihn. „Hast du das Kind einfach so mitgenommen?"

Schulte stutzte. Daran hatte er noch gar nicht gedacht. Aber sie hatte recht. Einen Kindersitz hatte er nicht. Wie peinlich!

Schulte setzte Linus in einer Ecke ab, stellte ihm sein Stempelkissen, alle seine Stempel und einige Blätter Schreibpapier zur Verfügung, erklärte ihm den Gebrauch des Ganzen und hoffte, ihn damit wenigstens ein paar Minuten beschäftigen zu können.

Dann zog Schulte den Brief aus der Innentasche seiner alten, speckigen Aktentasche und legte ihn auf den Schreibtisch. Renate Burghausen holte ihr Handwerkszeug aus dem Koffer und öffnete den Brief. Linus knallte laut eines der Dienstsiegel seines Opas auf ein Blatt Papier, während die drei Erwachsenen sich über den Tisch beugten, um den Brief zu lesen.

Schulte, du Dorfpolizist!

Es reicht! Deine Schonzeit ist abgelaufen! Du hast Zeit genug gehabt und hast sie nicht genutzt. Die ganze Welt wird erkennen, dass du nicht in der Lage bist, deine Schäflein zu schützen. Ich werde dir eines nach dem anderen wegnehmen. Wie ein hungriger Wolf, der immer wieder die Herde eines unfähigen Hirten angreift. Erst holt er die Alten und Schwachen. Dann kommt der Rest an die Reihe. Eines Tages wirst du vor dem absoluten Nichts stehen.

Ein Mitbürger

Die beiden Frauen schauten Schulte besorgt an. Der durchlebte gerade ein Wechselbad an Gefühlen. Erst pure Angst, von Sekunde zu Sekunde stärker durchmischt mit Wut. Wut über die unglaubliche Anmaßung.

Der Verfasser des Briefs mischte sich in sein Leben ein, bedrohte seine Nächsten und wagte es, ihn als Versager hinzustellen. Schultes Hände waren weiß, so fest drückte er sie auf die Tischplatte. Er schrak zusammen, als er spürte, wie sich eine andere, kleinere, weichere und wärmere Hand auf die seine legte, aber sofort wieder zurückgezogen wurde. Schulte war Maren Köster für dieses Zeichen des Mitgefühls dankbar, er wischte aber sogleich alle weiterführenden Gedanken an sie wieder weg.

„Was meint ihr dazu?", fragte er mit heiser gewordener Stimme.

Maren Köster war es, die als Erste antwortete: „Ich glaube, wir können die Bedrohung auf Heidental begrenzen. Das Dorf ist die Herde, du als Dorfpolizist bist der Hirte. So sieht er das. Er bedroht deine Herde. Mit anderen Worten, die Bewohner deines Dorfes"

Während sie dies sagte, war immer wieder das Knallen der Stempel zu hören, jeweils gefolgt von einem fröhlichen Juchzer von Linus.

„Aber ich kann doch nicht allen Heidentalern Polizeischutz zukommen lassen!", rief Schulte entsetzt. „Das Dorf ist zwar nicht groß, aber immerhin wohnen hier über fünfhundert Menschen!"

„Ich glaube, das brauchst du auch nicht", sinnierte Maren Köster weiter. „Er schreibt ja ganz explizit, dass er zuerst die Alten und Schwachen holen wird. Damit kennen wir die Gruppe, die aktuell am stärksten bedroht ist. Die alten Leute von Heidental. Da müssen wir ansetzen. Am besten …"

„Linus!", schrie Schulte plötzlich. „Was machst du denn da?"

Sein kleiner, süßer Enkel hatte die Erprobungsphase des Stempelns abgehakt und damit begonnen, die Geräte kreativer einzusetzen. Er stand nun vor der jungfräulich weißen Tapete und donnerte mit der ganzen Kraft seiner zweieinhalb Jahre Schultes großes Dienstsiegel an die Wand. Das Ergebnis schien ihm gut zu gefallen, denn er war allerbester Laune. Schulte sprang zu ihm und riss ihn von der Wand weg. Linus schrie wütend auf, und es dauerte einige Minuten, bis Schulte ihn soweit beruhigt hatte, dass sie weiter planen konnten.

Die Einschätzung Maren Kösters erschien auch ihm schlüssig. Es mussten sofort Vorkehrungen getroffen werden, wie diese Gruppe zu schützen war. Doch dazu musste sie erst einmal erfasst sein. Schulte wohnte zwar schon viele Jahre in Heidental, aber er hatte keine Ahnung, in welchen Häusern besonders alte Leute wohnten. Nur von einem Haus wusste er das sicher, und das war …

Fritzmeier! Wie ein Blitz schoss es Schulte durch den Kopf. Fritzmeier war nicht nur durch sein Alter in der Zielgruppe dieses Verrückten. Er gehörte auch in Schultes Leben, war Teil der Welt, die der Schreiber so hasste. Zwei Gründe, den ganzen Wahnsinn mit Anton Fritzmeier zu beginnen.

Schulte spürte, wie ihm schwindelig wurde.

51

Das Problem mit dem Kindersitz hatte er auf dem Rückweg natürlich immer noch nicht gelöst. Daher musste er besonders vorsichtig fahren.

Linus saß friedlich und entspannt auf dem Rücksitz. Wenn das mal gut ging ...

Jupp Schulte tippte die Nummer von Margarete Bülow in die Freisprechanlage seines Autos ein. Er berichtete ihr vom Inhalt des Briefes und von den Erkenntnissen, die er zusammen mit Maren Köster daraus gezogen hatte.

„Renate Burghausen hat den Brief gesichert und wird ihn dir umgehend zur Verfügung stellen. Ich kann mich jetzt um keine Büroarbeit mehr kümmern, sondern muss sehen, dass ich meine Leute in Sicherheit bringe. Kannst du das alles organisieren? Ich ... Moment mal eben!"

Er musste bremsen und den alten Volvo an den Straßenrand lenken, weil Linus offenbar lieber vorn sitzen wollte und gerade versuchte, die Rückenlehne des Beifahrersitzes zu überklettern. Es leuchtete ihm nicht ein, dass sein Opa ihm das nicht erlauben wollte, und so gab es erst einmal wieder etwas Geschrei.

Der Bengel hat seinen eigenen Kopf, dachte Schulte genervt und gleichzeitig stolz. Ganz der Opa! Als sich Linus wieder beruhigt hatte, Schulte hatte ihm dafür ein kleines Eis versprechen müssen, nahm Schulte das unterbrochene Gespräch wieder auf.

„Was war denn das?", fragte seine Chefin. Schulte erklärte ihr den Zwischenfall und hoffte, dass ihr dabei nichts auffallen würde.

„Hast du denn keinen Kindersitz?", fragte sie prompt. „Du kannst doch nicht so ein kleines Kind einfach auf den Rücksitz packen. Jupp, was denkst du dir denn dabei?"

Gar nichts hatte er gedacht, sonst hätte er den Kindersitz ja nicht vergessen. Frauen konnten manchmal merkwürdig überflüssige Fragen stellen. Er konnte nur hoffen, dass diese Fahrt schnell und ereignislos vorüberging.

„Das spielt doch jetzt keine Rolle", brummte er. „Ich schlage Folgendes vor: Wir brauchen eine Liste mit allen Bewohnern Heidentals. Unbedingt mit Altersangabe. Dann benötige ich personelle Unterstützung. Wir müssen alle wirklich alten Leute aufsuchen und uns über ihre Sicherheitssituation schlau machen. Ob sie allein im Haus wohnen und so. Falls Bedarf besteht, müssen wir Möglichkeiten schaffen, den einen oder anderen in Sicherheit zu bringen. Ob die alten Leute das wollen oder nicht."

„Du weißt, was du damit anrichtest, oder?", warf sie ein. „Du löst eine Panik aus, die dein Dorf noch nie gesehen hat. Wie willst du damit umgehen?"

Schulte zögerte. Daran hatte er noch nicht gedacht. Doch nach ein paar Sekunden Bedenkzeit fragte er zurück: „Hast du eine bessere Idee?"

„Ich schlage vor, du bringst jetzt erst mal deinen Enkel sicher nach Hause. Dann telefonieren wir noch mal in Ruhe. Ich bleibe erreichbar."

Das entsprach nicht Schultes Bedürfnis nach sofortiger Lösung des Problems und hinterließ bei ihm ein leicht schales Gefühl der Hilflosigkeit. Aber sie hatte recht. Bei aller gebotener Eile galt es doch viel zu bedenken. Zuerst musste er jetzt eine Eisdiele finden, denn Linus forderte zunehmend lauter sein Versprechen ein.

52

Das mit der Eisdiele hatte geklappt. Dummerweise hatte Schulte in einem Anflug von Schuldgefühl wegen des fehlenden Kindersitzes ein für einen Zweieinhalbjährigen viel zu großes Eis gekauft. Linus hatte keine Chance, die Menge zu schaffen, und so tropfte der größte Teil der angetauten, klebrigen Masse auf Linus' Pullover – aber auch auf Schultes Rücksitz. Als echter Schulte liebte Linus jede Form von Chaos und freute sich wie ein Schneekönig über das angerichtete Unheil. Und so konnte Schulte ihn, mit Eis bekleckert aber glückstrahlend, seiner Mutter übergeben, die ihn gleich unter die Dusche stellte.

Nun wurde es für Schulte wieder ernst. Er musste einige wichtige Gespräche führen. Zuerst mit Ina.

Er wartete, wenn auch ungeduldig, bis Ina ihren Bengel in den Mittagsschlaf gesungen hatte. Aber er brauchte ihre ungeteilte Aufmerksamkeit, und ein zappelndes Kind hätte doch arg gestört. Er gab ihr kurz und knapp einen Überblick über die durch den neuen Brief gewonnenen Erkenntnisse. Dann machte er sie mit seinen Sorgen um ihre Sicherheit und die ihres Kindes vertraut. Wie zu erwarten stand, wollte sie davon nichts wissen. Schließlich ließ Ina sich überzeugen, ihren Sohn und alles Notwendige in Schultes großen Volvo zu packen, damit ihre Schwester Lena abzuholen und gemeinsam bei Maren Köster in Lemgo unterzuschlüpfen. Sie war nicht restlos überzeugt, sagte aber zu.

Danach hängte sich Schulte ans Telefon und führte ein Gespräch mit Lena, seiner anderen Tochter. Die zeigte sich hörbar genervt, stimmte aber letztlich seinem Plan ebenfalls zu. „Es wird höchste Zeit, dass du dir mal einen anderen Beruf suchst", schimpfte sie noch. „Es wird ja langsam zur Routine, dass ich wegen deines Jobs evakuiert werden muss. Warum hast du nicht einen ganz normalen Beruf wie andere Leute?"

Schulte lachte trocken. „Sportlehrer oder so, stimmt's? Ob du es glaubst oder nicht, aber die Frage stelle ich mir auch jeden Tag."

Schulte war zufrieden. Die drei hatte er schon mal von den Füßen weg. Jetzt war das Gespräch mit Fritzmeier an der Reihe. Und das würde der härteste Brocken werden. Auch wenn der alte Mann im Prinzip schon zugestimmt hatte, nach Bad Salzuflen zu fahren, so waren Theorie und Praxis doch zwei verschiedene Dinge. Und wie sich der alte Querkopf nun, da es ernst wurde, verhalten würde, war nicht abzusehen.

Schulte brauchte erst mal eine Weile, um Fritzmeier überhaupt zu finden.

Er traf ihn in der Werkstatt an, wo Fritzmeier nach seinen eigenen Worten gerade ein ganz bestimmtes Werkzeug suchte. Dann jammerte er minutenlang darüber, dass sein Trecker ja noch in Bad Salzuflen stehe und er keine Ahnung habe, wie er den zurückbekommen sollte.

„Morgen iss doch Sonntag. Hasse da nich frei? Dann kannsse mich doch mitten Auto hinbringen und ich fahre mitten Trecker wieder zurück."

Schulte staunte. „Hat dir das Erlebnis letztens noch nicht gereicht? Willst du tatsächlich noch mal mit dieser Rappelkiste quer durchs Land fahren? Ich denke, du hast Rückenschmerzen?"

Hatte Fritzmeier auch, wenn er ganz ehrlich gewesen wäre. Aber das musste er ja Schulte nicht erzählen. „Weiß charnich, wat du hass. Mir chet's chut."

Dann wurde Schulte ernst: „Anton, es ist jetzt soweit. Es ist keine Spekulation mehr. Wir haben einen neuen Drohbrief bekommen, und wir haben ihn ausgewertet. Das Ergebnis dieser Analyse ist, dass du ganz oben auf der Liste der bedrohten Leute stehst und …"

„Wieso ich?", bellte Fritzmeier empört. „Wie kommt ihr denn da drauf?"

Schulte seufzte. Das Gespräch würde so schwierig werden wie erwartet.

„Dieser Mensch, wer immer es ist, hat offenbar was gegen sehr alte Leute, die…"

„Was heißt hier, sehr alt? Willse damit sagen, dass ich 'n alter Knacker bin?"

„Anton, mit zweiundachtzig gehörst du zu den ältesten Leuten hier in Heidental. Das ist einfach eine Tatsache. Das hat nichts mit deiner Leistungsfähigkeit zu tun. Und damit gehörst du zur Gruppe der potentiellen Opfer. Dazu kommt noch, dass du ein sehr enges Verhältnis zu mir hast."

„Und? Iss das chetz verboten?"

„Natürlich nicht, aber dieser Mensch hat offenbar was gegen mich. Du siehst, du bist gleich doppelt auf seiner Liste. Wenn man sich das Ganze wie eine Zielscheibe vorstellt, dann bist du praktisch der kleine, schwarze Punkt in der Mitte. Tut mir leid, dir das so brutal beibringen zu müssen, aber du sollst wissen, wo du dran bist."

Fritzmeier pumpte die Backen auf. „Wat iss denn dat für ein Spinner? Der hat doch nich mehr alle auffe Latte, der Kerl!"

„Vielleicht ist es gar kein Kerl, sondern eine Frau. Wir sind uns da noch nicht sicher. Aber auch dadurch wird die Angelegenheit kein bisschen weniger gefährlich. Außerdem: Natürlich hat so jemand einen an der Waffel. Jeder Gewalttäter hat das. Spätestens nach seiner ersten Tat. Aber das nützt uns alles nichts. Dieser Mensch, ob Mann oder Frau, hat bereits einmal zugeschlagen. Wir haben noch keinen endgültigen Beweis, aber es spricht alles dafür, dass er oder sie deinen Freund Hubert Diekjobst umgebracht hat."

Fritzmeier starrte ihn entsetzt an.

„Umchebracht? Hubert iss umchebracht worden? Ich dachte …", der alte Mann war schockiert. Mit zitternden Beinen setzte er sich auf einen alten Melkschemel. Es dauerte eine Weile, bis er sich wieder so weit gefangen hatte,

165

dass Schulte ihn in groben Zügen über den Zwischenstand ihrer Untersuchungen aufklären konnte.

Fritzmeier schüttelte zwischendurch immer wieder den Kopf. Dann stand er auf, straffte sich und sprach, wieder bei vollen Kräften:

„Keine Sorge, Jupp. Ich hab keinen Bammel vor einem Kerl und erst recht nich vor 'ner Frau. Ich hab mein Jagdchewehr und auch noch chenug Munition. Der soll ma kommen, der Heini oder die Tussi, dem brenne ich wat auffen Pelz, dat wird er sein Lebtag nich mehr vergessen. Außerdem happich 'nen Polizisten als Nachbarn. Da traut sich doch keiner an mich ran. Mach dir keinen Kopp, Jupp. Wir beide kriegen dat schon hin!"

Offenbar hatte Fritzmeier immer noch nicht begriffen. Schulte stöhnte leise. „Anton, ich leite diese Ermittlungen und muss mal hierhin, mal dorthin fahren. Ich habe tausend Dinge um die Ohren. Ich kann dich hier nicht schützen! Versteh das doch! Ina und Linus verschwinden auch, habe ich schon geregelt. Für dich habe ich mir vorgestellt, dass du sofort nach Bad Salzuflen zu deiner Elvira fährst. Da bist du aus der Schusslinie und wirst gut versorgt. Du kannst …"

„Wat?", Fritzmeier konnte es nicht fassen. „Ich soll da unterkriechen und mich vonner Frau beschützen lassen? Jupp, wat denkste eigentlich von mir?"

„Das Beste, Anton. Nur das Beste. Glaub mir, es geht nicht anders. Du musst hier weg, und wenn ich dich in Handschellen legen und abtransportieren muss."

So ging es noch eine ganze Weile hin und her, bis Anton Fritzmeier schließlich resigniert einlenkte.

„Chut, wenn's denn unbedingt sein muss. Aber cherne lass ich meinen Hof nich im Stich, dat kannse chlauben. Und den Laden. Wat soll denn daraus werden?"

„Vielleicht haben wir den Täter ja ganz schnell, und du kannst schon am Montag wieder aufmachen. Drück uns die Daumen. Wir machen jedenfalls das Wochenende durch.

Ohne Pause. Hast du deinen Laden denn für heute schon abgeschlossen?"

„Im Prinzip ja. Iss ja schon zwei Uhr und dat auffen Samstagnachmittag. Aber meine Stammkunden sind noch da und quatschen. Du weißt schon, die Biertrinker. Salzmann, Kaltenbecher und noch zwei andere. Bangemann kommt ja nich mehr. Der traut sich hier nich mehr hin. Dann chehe ich ma hin und schmeiße die raus." Als er einige Schritte Richtung Hofladen gemacht hatte, drehte er sich wieder um und fragte: „Wie soll ich denn eigentlich da hinkommen? Nach Salzuflen, meine ich. Bringst du mich hin?"

Schulte dachte angestrengt nach. Für eine gemütliche Autofahrt nach Bad Salzuflen hatte er nun überhaupt keine Zeit. Konnte nicht jemand anders fahren? Aber wer?

Dann hatte er eine Idee. Er ging auch in den Hofladen, grüßte die vier Männer, die gemütlich mit einer Flasche Bier in einer Ecke standen, und sprach Rainer Salzmann an: „Kann ich dich mal eine Sekunde sprechen?"

53

Schulte war auf dem Weg zur Kreispolizeibehörde. Da Margarete Bülow noch mit der Abwicklung der ZDG beschäftigt war, verfügte sie noch über keinen Arbeitsplatz in Detmold. Daher hatte sie sich an Schultes Besprechungstisch gesetzt. Sie arbeitete an ihrem Laptop, der eine Bedieneroberfläche speziell für Blinde hatte.

Als sie Schulte kommen hörte, hob sie ihren Kopf. Der Kollege begrüßte sie und ließ sich auf einen Stuhl fallen.

„Na, wie weit bist du?", kam Schulte gleich zur Sache.

Sie gab Schulte eine Liste „Braunert hat mir diese Liste erstellt. Schau sie dir mal an!"

Schulte erfuhr, dass Heidental fünfhundertundacht Einwohner hatte, davon konnten achtundzwanzig zu ihrer Zielgruppe gerechnet werden, da sie sowohl alleinstehend als auch über siebzig waren. Neun Personen waren davon sogar über fünfundsiebzig.

Margarete Bülow brachte noch einige statistische Daten, die Schulte nicht wichtig erschienen.

„Ich bin der Meinung, wir sollten uns zuerst, also noch heute, die über 75-Jährigen vornehmen. Meines Erachtens ist das die am meisten gefährdete Gruppe. Ich denke, wir geben uns als ehrenamtliche AWO-Mitglieder aus, die die Lebenssituation der alten Menschen auf dem Dorf verbessern wollen. Als Erstes sprechen wir mit den Betroffenen selbst über ihre Lebensbedingungen und Wünsche. Mein Partner könnte Lohmann sein. Ich gehe mit, weil ich jedem in Heidental als Polizist bekannt bin. Das schafft Vertrauen. Durch ein solches Vorgehen erwecken wie keinen Verdacht und verhindern panische Reaktionen."

„Könnte klappen", meinte Margarete Bülow. „Dann ruf mal den Kollegen Lohmann an und ich halte hier Stallwache. Die Adressen der Betroffenen habe ich schon herausgesucht und ausgedruckt." Sie wedelte mit einem Zettel.

Und Fritzmeier können wir schon mal streichen, dachte Schulte.

54

Als das Auto auf die erste rote Ampel zurollte, unternahm Fritzmeier Anstalten, das Bodenblech des Skodas herauszutreten.

So jemanden nannte man wohl einen aktiven Beifahrer, dachte Salzmann grinsend, dem Fritzmeiers verzweifelte Anstrengungen, die der während seines Mitfahrerdaseins unternahm, nicht entgangen waren. Fehlte nur noch, dass er auch die Lenkbewegungen kopierte. Salzmann schickte sich an, von Wahmbeck kommend, auf die B 238 in Richtung Lemgo abzubiegen.

„Anton, ich muss noch einen kleinen Umweg machen. Ich habe mir nämlich zum Wochenende ein Wohnmobil gemietet. Das müsste ich schnell noch abholen."

„Wie, Rainer, du meins doch nich etwa, dat ich auch noch in so 'ne Affenschaukel einsteige. Nee, dat schlach dir mal außen Kopp. Bring mich ers nach Elvira hin und dann kannse machen, wat du wills."

Salzmann sah auf die Uhr. „Geht leider nicht. Ich muss den Wagen bis 16 Uhr abgeholt haben. Dann macht die Wohnmobilvermietung den Laden zu. Wenn du partout nicht umsteigen willst, musst du dir eben von Lemgo aus ein Taxi nehmen. Kostet ja auch nicht die Welt."

„Dat sachs du, Salzmann, du schmeißt ja dein Cheld ja auch mit vollen Händen zum Fenster raus. Mietest dir Wohnmobile und so einen Quatsch. Aber ich halte meine Penunsen zusammen. Für mich kostet son Taxi ein Heidencheld."

Fritzmeier sah sich mit seinen geistigen Augen schon am Bettelstab. Eine Vorstellung, die ihn minutenlang schmollen ließ. Er nahm sich vor, das nächste Mal wieder mit dem Trecker zu fahren. Dann brauchte er auf solche Typen wie Rainer Salzmann keine Rücksicht zu nehmen.

Zehn Minuten später stoppte der grüne Skoda auf dem Hof der Wohnmobilvermietung. Salzmann ging in ein Ladenlokal, um die Formalitäten abzuwickeln. Der alte Bauer unternahm jedoch keine Anstalten auszusteigen. Vor sich hingrummelnd saß er mit verschränkten Armen weiterhin im Auto. Er hatte sich dazu entschlossen, zur Strategie Psychoterror zu wechseln. Diesen Salzmann würde er schon weich klopfen.

Als Salzmann mit einem riesigen Gefährt neben seinem Wagen stoppte, blieb Fritzmeier weiterhin wie angeklebt auf dem Beifahrersitz hocken. Ungerührt von den Attitüden des alten Bauern, lud Fritzmeiers *Chauffeur* eine Reisetasche um. Dann wandte er sich an den störrischen Greis.

„Was ist nun, Anton? Umsteigen?“

„Ich sach doch, ich steige in die Affenschaukel nich ein!“, versuchte es Fritzmeier erneut.

Salzmann zückte sein Handy. „Ist ja kein Problem, dann rufe ich dir eben ein Taxi.“

Er tippte auf dem Nummernblock seines Telefons. Das Damoklesschwert Taxigebühren nahm drohende Gestalt für den alten Lipper an. Angesichts dieser Horrorvision wuchtete sich der alte Bauer fluchend aus dem Auto.

„Du brauch's mir nich noch mal zu kommen, von wegen Gefallen oder Feierabendbier. Du kanns mich mal, Rainer, dat sage ich dir!“ Wütend riss der schimpfende Alte die Beifahrertür des Wohnmobils auf und stieg ein.

Grinsend startete Salzmann eine Minute später den Motor, während Fritzmeier sich verstohlen umsah. Der Sitz, auf dem der Bauer saß, war weitaus bequemer als der im Skoda und auch die Aussicht war phänomenal.

Eigentlich wäre es an der Zeit gewesen, dass der noch immer wütende Bauer sich langsam beruhigte und wieder zur Tagesordnung überging. Doch Fritzmeier war jetzt so übelgelaunt, dass er Salzmann weiter beschimpfte.

Der wurde während dieser Schimpftiraden immer ruhiger. Aber es war keine entspannte Ruhe. Es breitete sich eine unangenehme, bösartige Stimmung im Innern des Autos aus.

55

Um seiner Ungeduld Herr zu werden, kochte Schulte Kaffee. Normalerweise hätte er an einem freien Samstagnachmittag zu dieser Uhrzeit das Radio angestellt und Fußball gehört. Dazu hatte er jetzt keine Nerven. Dann riss die Türglocke ihn aus seinen Gedanken.

„Die Haustür war offen", sagte Lohmann entschuldigend und trat ein.

„Schon okay. Wie wäre es mit einem Kaffee, bevor wir losgehen?"

Lohmann hatte nichts dagegen. Und so nutzte Schulte die Minuten am Küchentisch, um den Kollegen Lohmann auf den neuesten Stand zu bringen und die weitere Vorgehensweise zu besprechen. Lohmann war mit einem zivilen Dienstwagen der Polizei gekommen, und so konnten die beiden Männer, ohne großes Aufsehen zu erregen, die einzelnen Adressen abfahren.

Als das Polizistenduo kurze Zeit später an der ersten Haustür klingelte, war es kurz vor 16 Uhr Ein alter Mann öffnete ihnen die Tür.

„Sind Sie Heinz Brinkmann?", fragte Lohmann höflich.

„Sicher, und du bist Bernhard Lohmann. Ich habe dich sofort erkannt, obwohl du schon ein paar Kilo zugenommen hast seit damals."

Bernhard Lohmann war sprachlos. Wer war dieser Mann?

„Jetzt bist du platt, was?", kam es von dem Greis. „Ich heiße Heinz Brinkmann und habe früher in Heiden gewohnt. Sonntags bin ich aber immer mit dem Fahrrad nach Lage gefahren zum Fußballgucken. Haben mir die Heidener richtig übel genommen, aber SuS Lage war damals einfach eine Klasse besser als die Mannschaft von TuRa Heiden. Und ich war schon immer ein Freund von gutem Fußball. Du warst damals der Libero von Lage. Ich behaupte immer noch, der Beste, der je in Lippe gespielt hat. Und nach dem Spiel, was haben wir da gesoffen! Weißt du noch, Lohmann? – Ach, was rede ich, kommt erst mal rein, Jungens. Ist ja auch grade Bundesliga im Radio. Schalke führt 1:0 gegen Bayern."

Schulte verdrehte die Augen. Lohmann war offenbar bekannt wie ein bunter Hund. Wenn das so weiterging, kämen sie nie durch. Doch Lohmanns Vorgehen war professioneller, als Schulte erwartet hatte. Nach ein paar höflichen Sätzen zum Thema Fußball kam der Polizist schnell zur Sache. Stellte gezielte Fragen zur Lebenssituation von Heinz Brinkmann und machte sich einige Notizen.

Zu guter Letzt sagte Lohmann dem Rentner, er sei zwar als AWO-Mitglied unterwegs, um herauszufinden, wo man die Lebensbedingungen der älteren Menschen verbessern könne. Doch er sei ja schließlich auch Polizist. Daher noch ein wichtiger Hinweis! Es seien, so log er, ein paar Trickbetrüger unterwegs, die es auf das Geld älterer Menschen abgesehen hatten. Deshalb gäbe er Heinz Brinkmann den Ratschlag, in den nächsten Tagen die Tür besonders gut abzuschließen.

„Die sollen mal kommen!", war die selbstbewusste Antwort des Alten.

Nach dem vierten Hausbesuch sah Schulte auf seine Armbanduhr. Pro Gespräch hatten sie etwa fünfzehn Minuten benötigt. Schon jetzt wurde den beiden Polizisten klar, dass sie den Alten fast keine Sicherheit bieten konnten. Es sei denn, sie ließen die Katze aus dem Sack. Dann wäre natürlich der Plan, verdeckt zu ermitteln, nicht durchzuhalten. Außerdem war dann mit einer unkontrollierbaren Panik zu rechnen.

„Wen haben wir denn als Nächsten?", fragte Schulte Lohmann.

Der sah auf seine Liste. „Eine gewisse Sophia Salzmann."

„Zu der brauchen wir eigentlich nicht zu gehen. Die alte Dame wohnt bei ihrem Sohn. Den kenne ich ganz gut. Die überspringen wir. Wer ist die nächste Person?"

„Nix überspringen, Jupp! Auch die alte Dame bekommt ihren Besuch! Du weißt doch, wie das ist. Nachher läuft da irgendwas schief, was wir nicht berücksichtigt haben, und dann haben wir den Salat. Nee, nee, Jupp, ich gehe in drei Monaten in Rente, da will ich mir nicht kurz vorher noch ein Ei ins Nest legen, über das ich mich dann den Rest meines Lebens ärgere."

Manchmal ging ihm dieser Lohmann mit seiner Hundertfünfzigprozentigkeit wirklich auf den Geist, dachte Schulte, trottete aber ohne Widerspruch hinter seinem alten Kollegen her.

Die Tür des Hauses, in dem Frau Salzmann wohnte, stand auf. In der Küche hörten die Männer eine Frau, die das Adventslied *Macht hoch die Tür die Tor macht weit…* sang.

Verwundert sahen sich die beiden Polizisten an. Dann klopften sie, betraten das Haus und gingen in die Küche. Am Küchentisch saß eine alte Frau. Sie schrieb irgendetwas auf ein Blatt Papier und sang dabei. Die Frau ließ sich durch die beiden Männer nicht weiter stören.

„Guten Tag, Frau Salzmann, ist denn Ihr Sohn auch zu Hause?", versuchte Schulte die Angelegenheit zu verkürzen.

„Nein, der ist nicht da. Ich bin auch schon ganz verärgert. Normalerweise üben wir jeden Abend schreiben."

Schien schon ziemlich senil zu sein, die alte Dame, dachte Schulte.

„Machen wir jeden Tag. Rainer sagt, das wäre ein gutes Gedächtnistraining. Jeden Tag diktiert mir mein Junge was und ich schreibe es. Immer ohne Fehler", sagte Frau Salzmann, nicht ohne Stolz.

„Und eine schöne Schrift habe ich auch! Nicht?"

Die Frau drehte Schulte das Blatt Papier hin und zeigte ihm das Geschriebene. Dem Polizisten knallte augenblicklich ein solcher Adrenalinschub unter die Schädeldecke, dass ihm die Knie einzuknicken drohten. Diese Schrift kannte er nur zu gut! In dieser Schrift waren die anonymen Briefe geschrieben worden.

Schulte nahm all seine Kraft zusammen und zwang sich zur Ruhe. „Was schreiben Sie denn so, Frau Salzmann?"

„Ach dies und das. Rainer denkt sich immer was aus und ich schreibe es dann auf. Manchmal ganz verrückte Dinge. Macht Spaß."

„Und wo bewahren Sie ihre Diktate auf?"

„Die sammelt mein Junge. Die will er alle behalten, die Zettel. Als Andenken an mich. Ist er nicht ein liebes Kind, mein Rainer?"

Schulte zog Lohmann, der noch nicht begriffen hatte, aus dem Haus.

„Spinnst du, Jupp! Was ist in dich gefahren?"

Schulte antwortete nicht, sondern griff nach seinem Handy. Er wählte und lauschte, dann drückte er fluchend den Aus-Knopf.

„Verdammt, es nimmt keiner ab. Komm, Lohmann!", er zerrte seinen Kollegen am Ärmel zum Wagen. „Ich erzähle dir alles im Auto. Am besten wird sein, wenn ich fahre, dann sind wir schneller da."

Oder schneller im Krankenhaus, dachte Lohmann, der Schultes Fahrstil kannte, sorgenvoll.

56

Schulte war gerade auf der Detmolder Ostumgehung, als er erneut die Nummer von Elvira Kaufmann mit dem Handy wählte. Wieder nichts! Neben ihm, auf dem Beifahrersitz, krallte sich Bernhard Lohmann am Haltegriff über der Beifahrertür fest.

„Es ist so", begann Schulte seine Erklärungen. „Die alte Frau hat die Briefe an mich geschrieben. Es war eindeutig ihre Schrift. Und du hast gehört, was sie über ihren Sohn gesagt hat. Also hat Rainer Salzmann diese Drohbriefe geschickt. Und dadurch wird es äußerst wahrscheinlich, dass er auch was mit dem Mord an Hubert Diekjobst zu tun hat. Das ist zwar alles irgendwie unvorstellbar, aber ich sehe kaum eine andere Erklärung. So, und jetzt kommt es: Dieser Rainer Salzmann ist es, der heute Nachmittag meinen Vermieter Anton Fritzmeier nach Bad Salzuflen zu seiner Freundin bringen sollte. Ich selber habe das vorgeschlagen. Ich könnte mich selbst stundenlang foltern, wenn ich daran denke."

„Du gehst also davon aus", fügte Lohmann zögernd ein, „dass Fritzmeier in Gefahr ist?"

Schulte sagte gar nichts, sondern schlug wütend auf das Lenkrad.

„Kannst du dich noch an den letzten Brief erinnern? Ich kann ihn auswendig: *Die ganze Welt wird erkennen, dass du nicht in der Lage bist, deine Schäflein zu schützen. Ich werde dir eines nach dem anderen wegnehmen. Wie ein hungriger Wolf, der immer wieder die Herde eines unfähigen Hirten angreift. Erst holt er die Alten und Schwachen ...,* verstehst du? Er hat damit angefangen und einen Alten in seine Gewalt gebracht."

Lohmann wollte es noch nicht glauben. „Bist du dir sicher? Das sind doch alles nur Vermutungen!"

Schulte schwieg verbissen, während er in halsbrecherischer Manier ein Auto überholte. Erst dann sprach er wieder. „Selbst wenn es nur Vermutungen sein sollten, bleibt mir jetzt nichts anderes übrig, als nach Bad Salzuflen zu fahren und nachzuschauen. Wenn wir diese Frau doch endlich ans Telefon kriegen würden!" Wieder wählte er die Nummer von Elvira Kaufmann, während er, mit einer Hand lenkend, im polizeiwidrigen Tempo die B 239 Richtung Lage entlangbrauste. Wieder bekam Schulte keine Verbindung. Er versuchte es im weiteren Verlauf der Fahrt noch dreimal, das Ergebnis war immer gleich.

Zum Glück war die B 239 zu dieser Uhrzeit gut befahrbar. Schulte war bereits einmal bei Elvira Kaufmann gewesen und kannte den Weg zu ihrer Wohnung. Es war halb sieben, als Schultes den Dienstwagen vor einem hübschen Wohnhaus in der kurzen Karolinenstraße stoppte. Hier wohnte Elvira Kaufmann in einer gemütlich eingerichteten Eigentumswohnung im Dachgeschoss. Schulte sprang aus dem Auto, hetzte durch den Vorgarten und drückte auf die Klingel. Wieder nichts. Er zerbiss einen Fluch und ging zurück ins Auto. Ihm blieb nichts anderes übrig, als zu warten, während er nervös mit den Fingern auf dem Lenkrad trommelte.

Lohmann schwieg und grübelte vor sich hin. Plötzlich veränderte sich sein Gesichtsausdruck. „Jupp, ich weiß ja, dass du dir ziemlich Sorgen um deinen Freund und Vermieter machst. Die Angst um Fritzmeier hat uns aber dazu verleitet, eine wichtige Angelegenheit außer acht zu lassen. Wenn Salzmann der Mörder ist, dann bin ich mir sicher, dass wir in seiner Wohnung Hinweise auf die Straftat finden. Wir sind aber Hals über Kopf nach Salzuflen. In Salzmanns Wohnung haben wir keinen Blick geworfen."

Schulte fluchte: „Verdammt, Bernhard, du hast recht. Wir müssen eine Hausdurchsuchung veranlassen! So schnell wie möglich! Leitest du sie in die Wege?"

Lohmann nickte, griff sich Schultes Handy und stieg aus dem Auto. Eine Minute später sah Schulte seinen Kollegen wild gestikulierend mit jemandem telefonieren.

Endlich, nach unendlich langen zehn Minuten, kam eine elegant gekleidete alte Frau mit einer kleinen Einkaufstüte in der Hand die Straße herunter. Wieder sprang Schulte aus dem Auto und lief auf die Frau zu, die erst einmal heftig erschrak, bis sie Schulte erkannte. Doch der ließ ihr keine Zeit, sich von dem Schreck zu erholen, sondern fragte: „Ist Anton bei Ihnen? Oder wissen Sie, wo er ist?"

Sie war verwirrt. „Anton? Wollte der denn kommen? Davon weiß ich ja gar nichts ..."

57

Es dauerte einige Sekunden, bis Fritzmeier klar wurde, dass der Wutausbruch ein Fehler gewesen war. Salzmann malmte mit den Zähnen und die Arbeit, die die Kiefermuskeln leisteten, war auffällig sichtbar. Die Anspannung, die jetzt von dem Autofahrer ausging, war so intensiv, dass der alte Bauer glaubte, sie körperlich spüren zu können.

Das Wohnmobil war kein guter Platz. Fritzmeier musste hier raus. Aber wie? Der Bauer war mit der Situation überfordert. Er fühlte Unbehagen und Angst.

„Halt an, Rainer, ich will aussteigen", kam es ängstlich und fast atemlos aus dem Mund des Alten.

„Du willst gar nichts, du alter Geizkragen", kam die eiskalte Entgegnung von Salzmann. „Du hältst jetzt deine große Klappe und rührst dich nicht einen Millimeter vom Fleck, sonst erlebst du dein blaues Wunder, du altes Drecksmaul."

Angst war die eine Sache. Wut eine andere. „Du solls anhalten, du Rotzlöffel, sonst hau ich dir noch heute, auch mit deinen fünfzich Jahren, wat annen Hals."

Fritzmeier war aufgesprungen, ohne die Tatsache zu beachten, dass er sich in einem fahrenden Auto befand. Im nächsten Augenblick stieß er sich seinen Kopf heftig an einer Kante des Wagenchassis. Fritzmeier sah Sterne.

Salzmann kannte den alten Bauern und seinen Jähzorn. Denn er schien den Wutausbruch des Mannes kalkuliert zu haben und hatte sein Handeln darauf eingestellt. Er war auf den Angriff gefasst gewesen. Nachdem der alte Bauer aufgesprungen war, kam von Salzmann eine trockene Rechte, die den durch den Stoß am Kopf schon außer Gefecht gesetzten Alten mitten im Gesicht traf.

Als Fritzmeier ins Leben zurückkam, saß er hinten im Wohnmobil auf einer Eckbank. Seine Hände waren an ein im Boden verankertes Stahlrohr, das als Tischbein fungierte, gefesselt. Seine Nase blutete, sein Auge und seine Lippen waren geschwollen und sein Kopf dröhnte.

„Daf krichst du wieder, Ffucker", drohte der Bauer trotz des tauben Gefühls in seinem Gesicht.

Auch in dieser ausweglosen Situation gab Fritzmeier sich alle Mühe, den Anschein zu erwecken, dass er niemals klein beigeben würde.

Doch Salzmann lachte nur höhnisch. „Erst mal kriegst du was wieder, Anton. Und zwar das, was du altes Schandmaul mir im Laufe meines Lebens angetan hast. Deine dummen Sprüche, deine abfälligen Bemerkungen, deine großbäuerliche Arroganz, all das wirst du bereuen und zwar bitterlich!"

58

Heute mache ich mir einen ruhigen Abend, dachte Hartel. Er hatte sich eine Pizza bestellt, die jeden Moment gebracht werden würde. Dazu eine schöne Flasche Bier und dann aufs Sofa. Er hatte doch ein paar DVDs, die er sich schon lange ansehen wollte. Heute war der richtige Zeitpunkt.

Gerade überlegte er, ob er sein Handy nicht einfach abstellen sollte, da bimmelte es auch schon. Auf dem Display leuchtete Erpentrups Büronummer. Was wollte der denn von ihm? Da fiel ihm ein, dass dies ja jetzt der Anschluss von Schulte war.

Hartel traute sich nicht, den Anruf einfach zu verweigern. Außerdem beschlich ihn Neugierde. Genervt nahm er das Gespräch an.

„Guten Abend, Herr Kommissar", meldete sich Margarete von Bülow höflich. Entschuldigte sich für die Störung und wurde dann bestimmt: „Wir haben einen Verdächtigen für den Mord an Hubert Diekhobst. Er heißt Rainer Salzmann und wohnt in Heidental, Oberer Ochsentalweg 5. Die Spurensicherung und einige Kollegen von der Bereitschaftspolizei sind schon unterwegs. Ich möchte, dass Sie ebenfalls an der Durchsuchung teilnehmen. Anschließend kommen Sie zur Kreispolizeibehörde und berichten. Ach, übrigens, nehmen Sie sich heute nichts mehr vor. Es könnte eine lange Nacht werden."

Hartel wollte gerade noch protestieren und darauf aufmerksam machen, dass er sich schon die letzten Wochenenden im Dienste der Detmolder Polizei um die Ohren gehauen hatte, doch die Polizeidirektorin hatte schon aufgelegt.

Fluchend griff er sich seine Jacke und zog eine Minute später die Wohnungstür hinter sich zu. Dann würde der Pizzabäcker eben auf seiner *Quattro stagioni* sitzen bleiben. Dienst war eben Dienst.

Eine viertel Stunde später betrat der Polizist das Haus mit der von der Polizeidirektorin benannten Adresse. Das Team von Renate Burghausen hatte bereits mit der Arbeit begonnen.

Die Chefin selber versuchte eine aufgeregte, alte Frau zu beruhigen: „Machen Sie sich keine Sorgen, Frau Salzmann. Ihr Sohn kommt auch gleich. Er hat uns gebeten, in seiner Wohnung auf ihn zu warten."

Als die Frau von der Spurensicherung Hartel sah, unterbrach sie das Gespräch mit der dementen Greisin und wandte sich an den Polizisten: „Die alte Dame muss unbedingt ärztlich betreut werden. Rufen Sie mal den Notarzt an."

„Meine Aufgabe ist es, die Hausdurchsuchung zu überwachen, nicht hinter irgendwelchen Notärzten herzutelefonieren", entgegnete der Kommissar patzig.

Doch als Renate Burghausen einen Gesichtsausdruck annahm, der darauf hindeutete, dass Hartel sich gleich mächtigen Ärger einfangen würde, zückte er schnell sein Telefon und tippte eine Nummer ein.

Anschließend ging er die Treppe hinauf in den ersten Stock. Zuerst betrat er ein fast dreißig Quadratmeter großes Wohnzimmer. Früher mussten hier einmal zwei Räume gewesen sein. Alle Wände waren vollgestellt mit Bücherregalen. Auch auf dem Flur standen Schränke, ebenfalls mit Büchern gefüllt. „Mann, hier ist aber einer belesen", entfuhr es dem Kommissar.

Eine hübsche Frau um die Vierzig drehte sich zu Hartel um und lächelte ihn an. „In den meisten Büchern, die hier stehen, ist seit ihrem Druck nicht ein einziges Mal geblättert worden. Entweder ist ihr Besitzer ein Sammler, oder er ist ein handfester Eskapist."

Der Gesichtsausdruck Hartels signalisierte der Frau: Ich verstehe nur Bahnhof.

„Als Eskapismus, Realitätsflucht, bezeichnet man die Flucht aus beziehungsweise vor der realen Welt. Der betroffene meidet sie, mit all ihren wirklichen Anforderungen, zugunsten einer Scheinwirklichkeit", erklärte ihm die Frau.

„Realitätsflucht geschieht etwa in Form von Stubenhockerei, durch geistiges Abschirmen gegenüber anderen Meinungen oder durch das Eintauchen in eine illusionäre Welt mit Hilfe von Medien. Menschen, die Realitätsflucht betreiben, sind oft in ihren Erwartungen enttäuscht worden. Es entsteht eine Diskrepanz zwischen Lebensentwurf und Lebenswirklichkeit, oder sie sehen ihre Umwelt als eine Realität an, mit der sie sich nicht identifizieren können oder wollen. Die Betroffenen geraten in eine Art Teufelskreis, da sie durch mangelnde soziale Kontakte zum einseitigen Betrachten der Dinge neigen und letztlich in ihrer eigenen Wirklichkeit leben."

Hartel starrte die Frau mit offenem Mund an. Wie in Trance griff er in seine Jackentasche und zog ein Notizbuch heraus.

„Ich vermute bei dem Besitzer dieser Wohnung jedoch noch einen weiter reichenden psychischen Defekt, den ich im Moment jedoch nicht hinreichend eingrenzen kann. Zum jetzigen Zeitpunkt kann ich aber schon sagen, dass wir es mit jemandem zu tun haben, der zu einem übermäßigen Gebrauch von Medien neigt. Wenn Sie mal einen Blick in das Zimmer am Ende des Flures werfen, das ist vollgestopft mit DVDs, Videos, Computerspielen und den dazugehörigen technischen Geräten. Dann diese Mengen an Büchern. Wie schon gesagt, die meisten, wie es scheint, ungelesen. Es hat den Anschein, als würde sich unser Klient von Büchern umgeben, um durch deren Besitz etwas zu sein, was er nicht ist. Gelehrter etwa oder Wissenschaftler."

Die Frau forderte Hartel auf, ihr zurück in das große Wohnzimmer zu folgen. „Sehen Sie hier, die neuesten medizinischen Fachbücher. Hunderte, zu verschiedensten Themengebieten. So mancher Arzt wäre stolz auf eine solche Bibliothek."

181

Hartel wollte gerade etwas fragen, da kam ein Polizist ins Zimmer. Er hielt einige Tagebücher in der Hand. „Das müssen Sie sich ansehen, Frau Dr. Brand. Der Mann hat Tagebuch geschrieben." Er schlug eins der Bücher auf und hielt es der Frau hin.

„*Hubert Diekjobst hat heute wieder meine medizinischen Ratschläge abgelehnt*", las sie laut vor. „*Ich sei Altenpfleger! Zu mehr hätte es nicht gereicht, das solle ich endlich begreifen. Schon damals habe er es mir gesagt, als ich mein Medizinstudium begonnnen hatte. Ja, ich erinnere mich noch genau, wie er sich damals über mich lustig gemacht hat. Wie er meine arme Mutter gedemütigt hat, als der Professor für Anatomie mich zum dritten Male durchfallen ließ. Dass dies aus Missgunst geschah, weil ich, der junge Student, den menschlichen Körper besser kannte als dieser senile Mann, der sich Wissenschaftler nannte, das wollte Diekjobst nicht hören. Gelacht hat er damals. Einen selbstherrlichen, überdrehten Spinner hat er mich schon damals genannt und nie mit diesen Beschimpfungen aufgehört. Mein ganzes Leben lang hat dieser Mann mich verletzt, mich gedemütigt, mich verkannt.*

Ich habe viel Nachsicht mit Diekjobst gehabt. Jetzt ist der Bogen überspannt. Noch heute wird der Krüppel das Schicksal des Scharlatans, der sich Professor nannte, teilen."

Die Beamte sagte nachdenklich: „Es sieht ganz so aus, als wäre der Mord in Heidental nicht der erste, den dieser Salzmann begangen hat."

59

Schulte zögerte. Durfte er die alte Dame mit seinen Sorgen, die vielleicht völlig unbegründet waren, belasten? Er beschloss, erst mal abzuwarten.

„Hat er sich denn nicht bei Ihnen gemeldet? Mir hatte er gesagt, er wolle heute zu Ihnen fahren."

Die Frau schaute ihn forschend an. Schulte war sich sicher, dass es ihm auf Dauer nicht gelingen würde, dieser erfahrenen ehemaligen Lehrerin etwas vorzumachen.

„Aber kommen Sie doch erst einmal rein!", sagte sie, ob der Situation unsicher geworden. „Das müssen wir ja nicht auf der Straße besprechen."

Mittlerweile war auch Bernhard Lohmann ausgestiegen und Schulte stellte ihr seinen Kollegen vor. Am Küchentisch ihrer Wohnung gab Schulte alle Zurückhaltung auf und brachte Elvira Kaufmann auf den aktuellen Stand des Geschehens, jedenfalls soweit er dies überschauen konnte. Sie war wie erwartet schockiert und brauchte einige Minuten, um sich wieder zu fassen.

„Ja, was machen wir denn jetzt?", fragte sie mit brüchiger Stimme.

„Sie müssen gar nichts machen", entschied Schulte. „Überlassen Sie alles uns. Es ist unser Job."

Doch sie schüttelte energisch den Kopf. „Wenn Sie glauben, dass ich hier in meiner Küche sitze und aufs Telefon warte, dann täuschen Sie sich. Ich will mithelfen. Hier so allein würde ich durchdrehen. Was denken Sie denn? Nein, ich will mit. Ich kann doch, solange die Suche dauert, auf dem Hof wohnen."

Schulte und Lohmann stöhnten leise. Als hätten sie nicht schon genug am Hals.

„Auf dem Hof wären sie dann tatsächlich mutterseelenallein. Anton ist ja nicht da, Ina und Linus sind bei einer Kollegin untergebracht. Und ich werde die nächste Zeit ent-

183

weder im Auto oder im Büro verbringen. Seien Sie mir nicht böse, aber es wäre für mich eher eine Belastung als eine Hilfe", erklärte er ihr vorsichtig.

Doch damit war Elvira Kaufmann gar nicht einverstanden. „Aber hier bleiben kann ich auch nicht! Das halte ich nicht aus. Kann ich nicht auch bei dieser Kollegin unterkommen?"

„Völlig ausgeschlossen!", rief Schulte. „Da sind nun schon meine beiden Töchter und mein Enkel. Mehr Platz ist da einfach nicht."

Er konnte die Frau verstehen. Sie wollte einfach irgendwo sein, wo sie immer auf der Höhe des Geschehens war. Hier wäre sie darauf angewiesen, dass man sie anruft und informiert. Doch wer würde dafür Zeit haben? Wer würde überhaupt daran denken? Aber es ging einfach nicht. Das konnte er Maren Köster nicht auch noch zumuten.

„Sie können gern ein oder zwei Tage bei uns wohnen", warf Bernhard Lohmann ganz überraschend ein. „Meine Frau würde sich bestimmt über ein bisschen Gesellschaft tagsüber freuen. Und durch mich würden Sie immer erfahren, wie es gerade steht. Was meinen Sie?"

Schulte hätte ihn knutschen können.

Kurz darauf saßen alle drei im Auto und fuhren Richtung Lage. Auf Höhe Waddenhausen schrillte Schultes Handy. Genervt nahm er das Gerät in die Hand.

„Hallo Schulte, du Lusche! Du weißt wer hier spricht, oder? Weißt du auch, wen ich bei mir habe? Ja? Und du selber hast ihn mir auf dem Silbertablett serviert, Schulte. Nochmals besten Dank!"

Schulte hörte, wie Salzmann ein freudloses Lachen ausstieß und dann in einem ganz anderen Tonfall weitersprach: „So, du weißt nun also Bescheid über mich, oder? Hat ja lange genug gedauert, bis du drauf gekommen bist. Dachte schon, du kapierst es nie. Ja, ich habe gerade mit meiner Mutter telefoniert. Wie kommt ihr dazu, die arme alte

Frau zu belästigen? Sie hat mir erzählt, dass zwei nette junge Männer zu Besuch waren. Dann habe ich noch einen Nachbarn angerufen und der wusste, dass du einer der beiden warst. Dass meine Mutter dir von den Briefen erzählt hat, war so nicht vorgesehen, aber … egal. Von allein wärst du ja nie darauf gekommen. Jetzt sind jedenfalls die Fronten klar. Deinen Anton kannst du wiederhaben. Aber dann ist er nicht mehr so, wie du ihn in Erinnerung hast, verstehst du? Keine Sorge, noch ist er nur angekettet, aber bei bester Gesundheit. Willst du ihn mal hören? Hey Fritzmeier, sag mal was, damit dein Kumpel merkt, dass du noch am Leben bist!"

Schulte hörte angestrengt zu, konnte aber nur ein leise gebrummtes: „Leck mich am Arsch!" heraushören.

Salzmann sprach weiter: „Na ja, besonders höflich war er noch nie, dein alter Kumpel. Wir beiden fahren jetzt etwas zur Entspannung durch die Gegend. Du kannst ja versuchen, uns zu fangen, du Amateurbulle. Spielen wir einfach Räuber und Gendarm. Aber du wirst immer zu spät kommen. Ich werde euch zeigen, wie dumm ihr Bullen seid. Bleib schön in der Nähe deines Handys, denn ich werde mich in Kürze wieder melden. Lass dir die Zeit nicht zu lang werden. Bis bald!"

Schulte gab das Handy an Bernhard Lohmann weiter. „Hier! Schreib mal die Nummer auf, die gerade angerufen hat. Ich muss schließlich lenken."

Als der verwunderte Lohmann, der ja von dem Gespräch nichts hatte verstehen können, dies erledigt hatte, wies Schulte ihn noch mal an:

„Mach bitte mal eine Verbindung zu Margarete. Ja, die sitzt jetzt im Büro, ob du es glaubst oder nicht. Und dann gib mir das Handy zurück!"

Lohmann tat wie gewünscht und reichte Schulte das Telefon zurück.

„Ihr müsst sofort den Standort eines Handys peilen lassen! Die Nummer nennt dir Bernhard nach unserem Gespräch. Ja, es ist der Briefeschreiber. Er heißt Rainer Salzmann, ist von Beruf Altenpfleger und wohnt in Heidental. Wie alt? Keine Ahnung, so Anfang bis Mitte vierzig, schätze ich. Könnt ihr doch alles nachschauen. Er ist unterwegs mit einem dunkelgrünen Skoda Octavia, das Kennzeichen müsst ihr selber rausfinden. Alles Weitere wirst du schon machen. Sobald das Auto von irgendeiner Streife gesehen wird, sag mir bitte sofort Bescheid. Er hat eine Geisel, Anton Fritzmeier, ja genau, *der* Fritzmeier. Auf keinen Fall soll einer der Kollegen den Wagen stoppen. Ist viel zu heikel. Nur im Auge behalten, ja? Aber das weißt du ja alles selbst."

Damit gab er das Handy Lohmann zurück, der pflichtschuldig die Nummer von Salzmann durchgab, damit die Peilung beginnen konnte.

„So", meinte Schulte, „jetzt fahren wir zu dir, Bernhard. Da lassen wir Frau Kaufmann raus, du erklärst deiner Frau alles und dann fahren wir beide weiter nach Detmold ins Büro, okay?"

Lohmann brummelte. „Klar! Irgendwie müssen wir schließlich diesen Samstagabend rumkriegen. Im Fernsehen kommt ja nichts Vernünftiges."

60

Nichts ist schlimmer als warten, dachte Margarete Bülow. Sie wartete auf das Eintreffen von Hauptkommissar Axel Braunert, der sie bei der Koordinierung unterstützen sollte. Weiter hoffte die Polizistin, dass es gelingen würde, das Handy von diesem Salzmann zu orten. Die Zeit kam ihr endlos vor. Sie ging im Büro auf und ab. Befühlte immer wieder ihre Armbanduhr. Die Minuten wurden zu Ewigkeiten. Wie lange brauchte man nur von Lemgo nach Detmold?

Dann das erlösende Klopfen an der Tür. Der Hauptkommissar betrat das Zimmer. Die Polizeidirektorin kam jedoch nicht mehr dazu, ihren Kollegen zu begrüßen. Denn im gleichen Moment bimmelte das Telefon. Die Polizistin nahm den Hörer ab und aktivierte den Raumlautsprecher.

Ohne lange Vorrede kam der Anrufer zum Punkt: „Wir haben die GPS-Peilung! Der Besitzer des Handys befindet sich auf der Autobahn A 2. Er ist gerade auf das Autobahnkreuz Bad Oeynhausen aufgefahren und bewegt sich Richtung Westen."

„Okay, bleiben Sie dran", antwortete die Polizistin „und geben Sie regelmäßig den Standort durch!"

An Braunert gewandt, gab sie die Anweisung: „So schnell wie möglich alle Autobahnabfahrten Richtung Westen dicht machen."

Der Polizist eilte aus dem Zimmer. Nach zwei Minuten kam er zurück. „Okay, in Kürze steht an jeder Autobahnzufahrt eine zugriffsbereite Streife. Nur Abfahrt 31 Richtung Exter schaffen wir nicht mehr."

Die Polizistin wandte sich an den Polizeitechniker, der die Handyposition beobachtete.

„Haben Sie mitgehört? Exter kriegen wir nicht mehr dicht. Wie sieht es aus?"

„Bedenklich. Das Fahrzeug, in dem sich das Handy befindet, nähert sich schon der Abfahrt. Es reduziert die Geschwindigkeit."

„Verdammt, verdammt, verdammt!", fluchte die Polizistin ganz gegen ihre sonstige Gewohnheit. Ihre Nerven waren zum Zerreißen gespannt.

„Das Fahrzeug verringert weiter seine Geschwindigkeit", war die Stimme aus dem Lautsprecher des Telefons zu hören. „Verdammt, jetzt verändert sich auch noch der Funkzellenbereich. Da wird die genaue Ortung erschwert. Jetzt müsste das Fahrzeug die Abfahrt passiert haben! Genau! Es bleibt weiter auf der A 2", war eine quäkende Stimme zu hören.

Die Polizistin atmete durch. „Wo können wir das Fahrzeug abgreifen?", fragte sie Braunert.

„Raststätte Herford schaffen wir nicht mehr. Erste Möglichkeit ist Raststätte Gütersloh, die zweite Möglichkeit wäre Hamm-*Rhynern*."

„Sorg dafür, dass alle notwendigen Maßnahmen eingeleitet werden!", kam die knappe Anweisung der Polizistin.

In der nächsten Sekunde hatte Braunert das Büro schon wieder verlassen.

61

Die Funkzellenbereiche wechselten immer wieder. Manchmal konnte man den Aufenthaltsort des Wagens auf fünfzig Meter genau erkennen. Dann wieder gab es eine Standortwahrscheinlichkeit, die sich im Bereich von dreihundert Metern bewegte.

„Wie sieht es aus, Braunert?", fragte die Polizeidirektorin.

„Das Fahrzeug ist gleich am Autobahnkreuz Bielefeld. Wenn es da nicht abfährt, gibt es vor der Raststätte Gütersloh nur noch eine Abfahrtmöglichkeit."

„Gut, dann sollen sich die Kollegen bereithalten! Bevor das Fahrzeug die Raststätte erreicht, machen wir die Autobahn dicht und leiten den gesamten Verkehr über den Parkplatz. Aber vorsichtig beim Zugriff:. Der Gesuchte ist unberechenbar. Denkt daran, dass er eine Geisel hat!"

Axel Braunert telefonierte. Dann wandte er sich wieder an seine Chefin. „So, die Kollegen sind bereit!"

In dem Moment ertönte wieder die Stimme des Kollegen, der für die Handyortung verantwortlich war. „Das Fahrzeug hat angehalten."

In den Gesichtern der beiden Polizisten zeichnete sich Ratlosigkeit ab.

Auf einmal sprang Braunert auf und rannte aus dem Zimmer, um kurze Zeit später mit einem abgegriffenen, ringgelochten Atlas zurückzukommen. „Ist doch gut, wenn man nicht gleich alles wegschmeißt." Er blätterte hastig. Dann tippte Braunert mit dem Zeigefinger auf eine Seite. „Da, hier ist noch ein Rastplatz mit Imbiss und Toiletten, Obergassel heißt er. Der liegt ungefähr einen Kilometer hinter dem Kreuz. Vielleicht muss der Gesuchte ja pinkeln."

„Unwahrscheinlich", entgegnete seine Chefin. „Ich kann mir nicht vorstellen, dass jemand, der eine Geisel genommen hat, zu einem öffentlichen Parkplatz fährt, um sein Geschäft zu verrichten. Wir warten ab."

Die Minuten zogen sich dahin wie Ewigkeiten. Die Polizeidirektorin ging angespannt auf und ab und Braunert klickte mit seinem Kuli. Nichts tat sich.

Nach zehn Minuten entschied Margarete Bülow: „Wir schicken Zivilfahrzeuge zu der Raststätte. Aber unauffällig. Lass uns erst den Parkplatz dicht machen, und dann erfolgt der Zugriff. Wie ist der Funkzellenbereich?"

„Ziemlich weit", antwortete der Kollege am Telefon. „Wir können den Aufenthalt höchstens auf hundert Meter eingrenzen."

Braunert zerbiss einen Fluch.

„Trotzdem", entschied die Polizistin. „Wir sondieren erst einmal die Lage. Wollen doch mal sehen, wie viele Autos auf den Parkplätzen stehen. Wenn die Kollegen eingetroffen sind, machen wir zuerst die Zufahrt dicht."

„Es kann natürlich auch sein, dass der Gesuchte plötzlich auf die Idee gekommen ist, dass wir ihn über Handy orten können", überlegte Braunert.

„Er ist auf den Rastplatz gefahren und hat das Telefon in den Mülleimer oder einfach aus dem Fenster geworfen und will uns so glauben machen, dass er dort eine Rast einlegt. In Wirklichkeit ist er jedoch schon weiter Richtung Ruhrgebiet unterwegs."

„Kann sein", erwiderte Margarete Bülow. „Wir versuchen es trotzdem!"

Nach weiteren zwanzig nervenaufreibenden Minuten kam die Meldung, dass die Zivilstreifen am Zugriffsort eingetroffen seien. Auf dem Parkplatz befänden sich nur vier Fahrzeuge.

„Dann nehmen wir alle Personen, die sich auf dem Gelände befinden, vorübergehend in Gewahrsam. Und jetzt … Zugriff!", gab Margarete Bülow den Befehl.

62

Vier Polizisten in Zivil, zwei Männer und zwei Frauen, betraten den Gastraum der Raststätte. Ohne lange zu zögern gingen sie in den Sanitärbereich. Sie kontrollierten die Räumlichkeiten. Die Damentoiletten waren leer. Auf dem Herrenklo befand sich ein Mann. Er wusch sich. Ohne ihn weiter zu beachten, kontrollierte einer der Beamten die Kabinen.

Als der Mann am Waschbecken das auffällige Verhalten der Polizisten bemerkte, beendete er seine Körperpflege abrupt und versuchte, sich an dem an der Tür stehenden Beamten vorbeizumogeln. Doch der zog seinen Polizeiausweis und hielt ihn dem Mann entgegen. Dessen Reaktion kam für den Polizisten völlig unerwartet. Er erhielt einen heftigen Stoß vor die Brust. Im nächsten Moment lag der Fahnder vor den Waschbecken. Der Mann rannte aus dem Toilettenraum. Hier traf er auf die Polizistin, die gerade die Damentoiletten gecheckt hatte. Sie hatte das Ende der Rangelei mitbekommen und stellte sich dem Flüchtenden mit gezückter Pistole entgegen.

„Hände hoch!", schrie sie. „Keine Bewegung!"

Erschrocken hob der Flüchtende die Hände. Ängstlich sah er auf die Waffe, mit der die Frau aus einem Meter Entfernung auf sein Gesicht zielte.

„Los, umdrehen, Hände gegen die Wand!"

Mittlerweile hatte sich auch der Polizist vom Herrenklo wieder aufgerappelt. Wütend ging er auf den Mann zu, der breitbeinig dastand, beide Hände gegen die Fliesen des Toiletteneinganges drückend. Am liebsten hätte der Beamte den Festgenommenen, der ihn eben auf den Waschraumboden geschickt hatte, nach allen Regeln der Kunst vermöbelt. Doch das würde nur Ärger geben, und so beließ er es bei einer etwas rüden Leibesvisitation.

Das Handy sowie die Ausweispapiere wurden sichergestellt. Der Mann kam aus Warschau. Er war polnischer Staatsbürger, der jedoch einigermaßen Deutsch sprach.

Der Einsatzleiter erklärte die Polizeiaktion für beendet und gestattete dem Teil seiner Eingreiftruppe, die den Parkplatz sicherte, sich zurückzuziehen und auf den Heimweg zu machen.

Als Nächstes rief er Axel Braunert an:

„Zugriff erfolgt! Wir haben den Flüchtigen."

„Hervorragend!", lobte Braunert. „Dann nehmen Sie von den anderen Rastplatzbesuchern nur noch die Personaldaten auf. Die brauchen wir dann erstmal nicht mehr. Sie können weiterfahren."

Der Einsatzleiter antwortete fragend: „Die anderen Rastplatzbesucher? Was für andere? Wir haben nur den Polen festgenommen. Um die anderen Personen haben wir uns nicht gekümmert", sagte der Polizist und sah einem Pick-up nach, der gerade den Rastplatz Richtung Autobahn verließ. Noch bevor er reagieren konnte, hörte er durchs Telefon, wie jemand zu Braunert sagte: „Das gesuchte Objekt hat sich wieder in Bewegung gesetzt und fährt Richtung Westen auf der A 2."

„Das darf doch nicht wahr sein. Aber was reden Sie da von einem Polen? Wieso Pole?", fluchte der Detmolder Polizist. „Ich dachte, Sie haben den Gesuchten?"

„Äh, muss wohl der Falsche gewesen sein, den wir hopps genommen haben."

Dem Einsatzleiter dämmerte so langsam, dass dieser Zugriff keine Belobigung einbringen würde.

„Los, hinter dem weißen Lieferwagen her! Aber dalli!"

Dann wieder zu Braunert: „Muss was schiefgelaufen sein. Das bügeln wir wieder aus! Verlass dich drauf, Kollege!" Der Chef des Zugriffsteams beendete das Telefonat ohne jeden Gruß. Eine Sekunde später brüllt er: „Hansmeier, du übernimmst mit Gerda den Gefangenen! Stellt das Auto von dem Kerl auf den Kopf und kriegt raus, warum der abhauen wollte! Der Rest zu mir! Dem Pick-up hinterher!"

63

Schulte hatte kurz in der Kreispolizeibehörde mit Margarete Bülow gesprochen. Die beiden hatten festgestellt, dass die Anwesenheit von Schulte und Lohmann zurzeit nicht viel bringen würde. Und da denen sowieso der Magen auf den Knien hing, stiegen sie wieder in den alten Volvo und fuhren nach Lage-Müssen zu Lohmanns Haus.

Frau Lohmann stellte ihnen ein hastig zusammengewürfeltes Abendbrot auf den Küchentisch. Während die beiden Männer aßen, saß Elvira Kaufmann, die sie etwa einer Stunde zuvor hierher gebracht hatten, mit am Tisch und blickte mit sorgenvoller Miene in die Welt. Sie war eher von der stillen Sorte, keine große Rednerin, fiel Schulte auf. Vielleicht war das einer der Gründe, warum Fritzmeier so gut mit ihr zurechtkam.

Schweigend und konzentriert hörte sie zu, als Schulte, mit vollem Mund und heftig mit der Gabel gestikulierend, versuchte, ein Bild der Lage zu entwerfen.

Zwischendurch fiel ihm ein, dass er Maren Köster anrufen musste. Er würde sie brauchen, falls die Situation sich zuspitzen sollte. Um seine Töchter machte er sich nun keine Sorgen mehr. Die waren dort trotzdem in Sicherheit.

„Richte dich auf eine lange Nacht ein!", riet Schulte seiner Kollegin. „Am besten bringst du gleich ein paar Aspirin mit. Bis gleich!"

Dann saßen alle Anwesenden im Hause Lohmann noch etwas zusammen am Tisch. Alle wollten wissen, wie der Stand der Dinge war. Nur Elvira Kaufmann blieb still und in sich gekehrt. Die anderen schraken geradezu auf, als sie endlich auch einmal etwas sagte: „Das hätte ich nicht gedacht", meinte sie versonnen, „dass man heutzutage mit so einem Handy praktisch Schritt für Schritt überwacht werden kann. Wie funktioniert denn das, Herr Schulte?"

Schulte erklärte ihr die technischen Zusammenhänge von Handy und GPS. Sie schüttelte immer wieder den Kopf.

„Früher habe ich mit meinen Schülern immer *1984* von George Orwell gelesen. So sehr weit scheinen wir davon nun doch nicht mehr entfernt zu sein."

„Aber hier ist es ja für einen guten Zweck", warf Bernhard Lohmann dazwischen. „Wenn wir dadurch ihren Anton heile zurückbekommen, dann soll es uns doch wohl recht sein, oder?"

Dagegen konnte niemand etwas einwenden. Jupp Schulte wischte sich den Mund ab und meinte: „So! Bernhard, ich muss noch mal dein Telefon benutzen …"

64

„Du Idiot!", brüllte der Fahrer eines weißen Pick-ups, als ein Passat so dicht auffuhr, dass die Insassen des hinteren Autos den TÜV-Stempel lesen konnten. Dann, als der Verkehrsfluss es auch nur ansatzweise zuließ, nahm der VW ein riskantes Überholmanöver vor. Dafür erntete er einen Stinkefinger aus dem Lieferwagen. War das der Grund, warum der silbergraue Kombi nun direkt vor dem Caddy wieder einscherte? Das Fahrzeug fuhr nun mit der gleichen Geschwindigkeit wie der Pick-up. Nur nicht mehr hinter dem Lieferwagen, sondern davor.

„So ein Blödmann!", brüllte der Fahrer des Transporters heraus, um seinem Ärger Luft zu machen. Wütend trat er aufs Gaspedal, setzte den Blinker und versuche nun seinerseits, an dem Passat vorbeizufahren. Doch da hatte er sich geirrt. In dem Maße, in dem er seinen Caddy beschleunigte, fuhr auch der Wagen vor ihm schneller. Wütend hupte er. Was wollten dieser Verkehrsrowdy und sein Beifahrer von ihm? Plötzlich fühlte er sich bedroht. Er überlegte, ob er die Polizei anrufen sollte, da setzte sich ein zweites Fahrzeug, ebenfalls ein Passat, neben ihn und hielt das Tempo, welches auch er fuhr. Der Caddy-Fahrer war eingekeilt. Er sah in den Rückspiegel. Jetzt auch da: Ein silbergrauer Passat. Der ebenso dicht auffuhr, wie der Wagen, der nun vor ihm war.

Verdammt noch mal, was war das? Was wollten die von ihm? Als sich sein Blick wieder auf das Fahrzeug vor ihm richtete, blinkte ein Schriftzug auf, der sich aus roten LEDs zusammensetzte. Der Mann im Caddy las:

POLIZEI BITTE FOLGEN

Was war denn jetzt los? War er zu schnell gefahren? Ihn beschlich ein mulmiges Gefühl. Rechts wies ein großes blaues Verkehrsschild darauf hin, dass sich die Abfahrt Gütersloh tausend Meter vor ihm befand.

Genau hier wollten die drei Polizeifahrzeuge, dass er die Autobahn verließ. Sie zwangen ihn auf der Verler Straße nach rechts abzubiegen, Richtung Ortseinfahrt Spexard. Dann, nach kaum hundert Metern, drosselte das vordere Fahrzeug die Geschwindigkeit und stoppte endgültig. Also hielt auch der Fahrer des Caddys an. Doch kaum hatte er den Motor ausgeschaltet, wurde die Fahrertür aufgerissen. Kräftige Männerhände zerrten ihn ins Freie. Mehrere Pistolenläufe richteten sich auf ihn. Zwei Männer standen etwas abseits, Maschinenpistolen im Anschlag. Auch sie zielten auf den Lieferwagenfahrer.

„Seid ihr total bekloppt geworden!", schrie er seine Ver-
zweiflung heraus, als die Polizisten ihn rüde auf die Straße
zwangen.

Man drehte seine Arme auf den Rücken. Ihm wurden
Handschellen angelegt. Dann musste er sich einer Leibesvisitation unterziehen. Nachdem die Polizisten sicher waren,
dass ihr Gefangener keine Waffe hatte, zerrte man ihn in
eines der Polizeifahrzeuge.

Den Caddy fuhr jemand auf den Seitenstreifen, dann wurde er gründlich untersucht. Endlich wurde auf der Ladefläche ein Handy gefunden. Erleichtert rief der Einsatzleiter
Braunert an. Es war ihm ein wichtiges Anliegen, dem Detmolder Kommissar zu melden, dass er seinen Fehler wieder
ausgebügelt hatte.

„So, Kollege, wir haben den Flüchtigen und bringen ihn
jetzt nach Detmold. Der Mann heißt Friedhelm Hunke und
wohnt in Gütersloh. Das Handy haben wir auch sichergestellt."

Schweigen.

„Was ist los, Herr Hauptkommissar?"

65

Es war mittlerweile dunkel geworden. Fritzmeier sah aus
dem Seitenfenster des Wohnmobils. Heute verfluchte er zum
ersten Mal, dass er sein Dorf Heidental so gut wie nie verlassen hatte. Salzmann gondelte ihn durch eine waldreiche, ber-
gige Gegend. Doch Fritzmeier konnte sich nicht orientieren.
Hier war er noch nie gewesen.

Der Fahrer schien die Gedanken des alten Bauern lesen zu
können. Er lenkte das Fahrzeug in die Einfahrt eines Wald-
weges. Hier stoppte er das Auto und kam nach hinten zu
Fritzmeier. Der immer noch in gekrümmter Haltung dasaß
und an ein Stahltischbein gefesselt war.

„Na, Anton, verlassen dich deine heimatkundlichen Kenntnisse? Wir fahren wohl gerade nicht durch Wambeckerheide, Oberwiembeck, Kleinenmarpe oder Altendonop. Hier bist du mit deinem Trecker wohl noch nicht hergefahren. Vielleicht hättest du dir früher mal Gedanken darüber machen sollen, dass die Welt hinter Blomberg nicht aufhört, sondern erst anfängt!"

„Ach, Salzmann, lass doch dat dumme Cherede. Wat hasse denn davon, wenne mich hier im Walde irgendwo umme Ecke bringst? Ich bin ein alter Mann, da kommt et auf ein Jahr mehr oder weniger nich drauf an."

„Weißt du, Anton, du bist ja ein jämmerlicher Schwätzer und ein elendes Großmaul. Aber im Grunde habe ich nichts gegen dich. Mir geht es mehr um diesen faulen, versoffenen Polizisten, den du deinen Freund nennst. Dass du jetzt der Erste bist, der über die Klinge geht, ist reiner Kollateralschaden. Selbst dafür könntest du später deinen Kumpel Schulte verantwortlich machen, wenn du noch dazu in der Lage wärst."

„Sei dich deiner Sache nich so sicher. Chlaubs du denn wirklich, die Polizei is so dumm, wie du dich dat so ausmals? Nee, nee, nee, dat sind chanz auscheschlafene Jungens, mit denen du da zu tun has."

„Das vergiss mal ganz schnell! Von wegen ausgeschlafene Jungens! Du hast es vielleicht eben nicht bemerkt, aber ich habe das Handy, mit dem ich Schulte angerufen habe, auf die Ladefläche eines Pick-ups geworfen. Das Auto dürfte mittlerweile kurz vor Dortmund sein. Und ich garantiere dir, eine Hundertschaft der lippischen Polizei ebenfalls. Sie ist im Begriff, einen unschuldigen Menschen festzunehmen. Dein Freund Schulte glaubt wahrscheinlich, er hätte mich gleich. Doch während er geifernd an irgendeiner Autobahnausfahrt steht und es nicht abwarten kann, mir die Arme auf den Rücken zu drehen, um mich in Handschellen zu legen, fahren wir beide hier gemütlich durch das lippische Bergland, deiner Hinrichtung entgegen."

196

66

„Mist!", fluchte Schulte, als er den Telefonhörer wieder aufgelegt hatte. Als die anderen ihn fragend anschauten, brummte er verärgert: „Die Kollegen hatten die Peilung von Salzmanns Handy hinbekommen. Und sie hatten es auch geschafft, seine Bewegungen zu verfolgen. Sie ..." Schulte berichtete ausführlich von dem missglückten Versuch eines Zugriffs auf der Autobahnraststätte und von der anschließenden Verfolgungsjagd.

„Und das Handy lag hinten auf der Ladefläche eines fremden Autos?", fragte Lohmann ungläubig. Schulte nickte.

„Also, entweder ist der Fahrer des Pick-ups ein Helfershelfer, oder dein Herr Salzmann ist ein ganz ausgebuffter Schweinehund!", rief Lohmann erstaunt.

„Ja, deshalb haben die Kollegen den Mann auch mitgenommen und bringen ihn gerade nach Detmold. Den werden wir uns gleich mal anschauen. Aber ich persönlich glaube, dass Salzmann den Mann gelinkt hat. Und uns gleich mit. Hätte ich ihm nicht zugetraut. Offenbar darf man Salzmann nicht unterschätzen!"

Schulte ging zur Garderobe und nahm seine Lederjacke herunter. Er hatte gerade einen Arm eingefädelt, da fragte Lohmann erneut:

„Und jetzt? Was passiert jetzt? Haben wir nun überhaupt keine Spur mehr? Ist die ganze Verbindung abgerissen?"

Schulte nickte.

„Ja, leider muss man das wohl so sagen. Es sei denn, aus der Vernehmung des Pick-up-Fahrers ergibt sich was Nennenswertes. Aber offen gestanden, glaube ich das nicht."

Auch Bernhard Lohmann zog sich nun seine Jacke an. Die beiden Beamten wollten aufbrechen. Elvira Kaufmann würde die Nacht über bei Frau Lohmann bleiben.

Schulte hielt bereits die Klinke der Küchentür in der Hand, als Elvira Kaufmann den Kopf hob und ihn ansprach:

„Was ich nicht verstehe, Herr Schulte, ist Folgendes: Wenn die Polizei das Handy von diesem Verbrecher orten konnte, warum geht das denn nicht mit Antons Handy?"

Schulte glaubte, sich verhört zu haben. „Wie? Was? Aber Anton hat doch gar kein Handy!"

„Aber, Herr Schulte", rief sie, „Ich hatte Anton zur Einweihung seines Hofladens ein Handy geschenkt. Weil er jetzt doch so viel organisieren muss, hatte ich gedacht. Er hat das, glaube ich, noch nie benutzt, der alte Trotzkopf. Soweit ich weiß, hat er Ina gebeten, es ihm stumm zu schalten. Aber er hat mir fest versprochen, dass er das Gerät immer bei sich trägt. Ich gehe davon aus, dass er es auch jetzt, in diesem Moment, in der Jackentasche hat."

Schulte wäre beinah lang hingeschlagen.

Als Elvira Kaufmann sah, dass er sie anstarrte wie ein Gespenst, wurde sie ganz kleinlaut. „Aber das nützt ja alles nichts, weil er das Handy ja quasi nicht eingeschaltet hat, ich weiß schon. Schade! Wäre auch zu schön gewesen."

Doch Schulte war plötzlich wie ausgetauscht. Er schlug Lohmann heftig auf die Schulter und rief: „Ich bin zwar technisch ein Volltrottel, aber soweit ich weiß, geht so eine Peilung auch, wenn das Gerät stummgeschaltet ist. Hauptsache, er hat den Akku nicht rausgenommen."

Elvira Kaufmann winkte ab. „Da müssen Sie sich keine Sorgen machen. Wahrscheinlich weiß Anton gar nicht, wo so ein Akku sitzt."

67

Eine viertel Stunde später, es war nun fast zehn Uhr abends, trafen Schulte und Lohmann wieder in der Kreispolizeibehörde Detmold ein. Margarete Bülow und Axel Braunert, die von hier aus die Fahndung koordinierten, hatten sich gerade eine Pizza kommen lassen und saßen nun kauend im Besprechungsraum.

„Wir haben die beiden Männer hier", Margarete Bülow musste mehrmals kräftig schlucken, um den Mund freizubekommen. „Den Polen und den Fahrer des Pick-up. Du kannst sie haben, wenn du willst. Ich muss jetzt erst mal etwas essen, komme was wolle."

Dafür hatte Schulte immer Verständnis. Er bat Lohmann, die Sache mit Fritzmeiers Handy ihrer gemeinsamen Chefin zu berichten und eine neue Peilung einzuleiten. Zu diesen technischen Dingen konnte er nicht viel beitragen.

Er ging ins Verhörzimmer, telefonierte kurz und wartete ab, bis ihm der Mann vorgeführt wurde, der auf dem Herrenklo der Raststätte so aggressiv reagiert hatte. In dessen Auto waren ein paar Tausend unverzollte Zigaretten gefunden worden, die auf dem Weg ins Ruhrgebiet gewesen waren. Das erklärte die Überreaktion des Mannes. Mehr gab dieser Festgenommene aber nicht her, das war Schulte schnell klar. Er war durch puren Zufall in diese Geschichte gekommen. Um ihn konnten sich andere kümmern.

Schulte ließ ihn wieder abholen und wies den diensthabenden Beamten an, ihm den anderen Mann zu bringen. Den mit dem Pick-up, dessen Wut mittlerweile in Fatalismus umgeschlagen war. Schulte stellte schnell fest, dass auch hier nichts zu holen war. Er forderte den Mann nur auf, ihm zu berichten, wie das Handy auf seine Ladefläche gekommen sein könnte.

„War eine ganz normale Fahrt", schimpfte der. „Ich bin in Rinteln losgefahren und sofort auf die A 2 Richtung

Dortmund. Ohne anzuhalten. Nichts Besonderes. Nur …",
er zögerte kurz, dann schien ihm ein Gedanke zu kommen.
„Nur einmal, es war irgendwo zwischen Bad Eilsen und Bad
Oeynhausen, da hätte ich beinahe einen Unfall gehabt. Ich
war auf der mittleren Spur, als mich plötzlich so ein dickes
Wohnmobil rechts überholen wollte. Der Scheißkerl rückte
mir unheimlich auf die Pelle, er fuhr so dicht an meine Beifahrerseite, dass ich schon dachte, er wolle mich rammen.
Dann nahm er plötzlich den Fuß vom Gas und ließ sich
zurückfallen. Ich konnte den Fahrer nicht sehen, war wahrscheinlich so 'n Opa, der kurz eingeschlafen war. Sonst war
nichts, ich schwör's!"

Schulte war aufmerksam geworden. „Können Sie das
Wohnmobil beschreiben?"

Der Mann dachte wieder nach. „Weiß! Es war weiß. Und
nicht besonders groß für ein Wohnmobil. Mehr kann ich
wirklich nicht sagen, glauben Sie mir!"

Schulte glaubte ihm und ließ ihn ebenfalls wieder weg-
führen. Dann ging er ins Büro von Margarete Bülow. Bei
ihr saßen nicht nur Axel Braunert und Bernhard Lohmann,
sondern auch Maren Köster, die gerade angekommen war.
Schulte hatte sich immer noch nicht an ihre kurzen Haare
gewöhnt, musste sich aber, etwas gegen seinen Willen, ein-
gestehen, dass sie damit sehr attraktiv war.

Schulte teilte den anderen seine Einschätzung mit, dass
beide Männer nichts mit dem Fall zu tun hätten, und schilderte
die Szene auf der Autobahn. „So könnte es gewesen sein",
dozierte er. „Salzmann hat das Handy auf die Ladefläche des
Pick-up geworfen. Daher ist er so nah an ihn herangefahren.
Das heißt zum einen, dass Salzmann zurzeit ein Wohnmobil
fährt, woher er das auch immer hat. Es bedeutet aber auch,
dass Salzmann sich einen Spaß daraus macht, uns zum Nar-
ren zu halten. Er hätte es ja einfacher haben und das Handy
einfach wegwerfen können. Aber nein, er wollte uns bewusst
in die Irre führen. Wahrscheinlich hat er danach die näch-

ste Ausfahrt genommen und ist sonst wo hingefahren. Keine Ahnung! Während die dummen Bullen ihren ganzen Apparat aufbieten und hinter einem unschuldigen, kleinen Handy herhetzen. Er will uns blamieren, um jeden Preis. Und sich selbst als Helden stilisieren, der mit der Staatsmacht Katz' und Maus spielt. Und wenn es ihn Kopf und Kragen kostet. Diesem Mann traue ich alles zu. Auch, dass er zurückfährt auf Fritzmeiers Hof und dort seine große Schau abzieht. Wir sollten vielleicht eine Streife hinschicken. Die sollen sich aber nicht gleich sehen lassen. Wir wollen Salzmann ja nicht abschrecken, sondern dingfest machen. Könnt ihr mir folgen?"

Sie konnten offenbar, denn alle vier nickten zustimmend.

„Hat sich schon was mit Antons Handy getan?", fragte Schulte.

„Die Peilung ist eingeleitet, aber wir haben noch keinen Kontakt. Kann sich nur noch um Sekunden handeln", teilte Axel Braunert mit.

Schulte nickte. „Dann können wir im Moment nichts anderes tun als warten", brummte er und schaute sich um. Irgendwas schien ihm zu fehlen. „Haben wir eigentlich noch 'ne Flasche Bier im Kühlschrank?"

68

Schulte hatte die Flasche Bier gerade aufploppen lassen, als Axel Braunert laut durch die Räume schrie: „Wir haben ihn! Wir haben den Kontakt!"

Schulte stellte die Flasche auf den Kühlschrank und rannte in Margarete Bülows Büro, wo Braunert seine Kommandozentrale eingerichtet hatte. Von hier aus hielt er Kontakt zu den Leuten, welche die Bewegungen auf dem GPS auswerteten. Urplötzlich standen alle Polizisten in diesem Raum und warteten darauf, was Axel Braunert zu sagen hatte.

„Wo genau?", rief er aufgeregt in den Telefonhörer. „Okay! Ich bleibe dran!"

Er legte den Hörer kurz weg und erklärte: „Fritzmeiers Handy wurde geortet. Es befindet sich im Augenblick auf der L 433 bei einem Dorf namens Haverbeck. Salzmann fährt in Richtung Hameln."

„Hameln?", rief Bernhard Lohmann entsetzt. „Aber das ist doch in Niedersachsen, da können wir doch nicht einfach …"

„Egal! Ich fahre sofort los! Bernhard, ich nehme noch mal deinen Dienstwagen, okay?", Schulte ließ keinen Zweifel aufkommen, dass er gewillt war, sämtliche Zuständigkeitsgrenzen dieser Erde zu ignorieren. „Wer kommt mit?"

Ohne zu zögern meldete sich Maren Köster. Das hatte Schulte in den vergangenen Jahren schon oft an ihr beobachtet. Hatten sie sich auch manchmal gestritten wie die Kesselflicker, wenn es drauf ankam, war auf Maren Köster Verlass.

„Moment! Moment!", Margarete Bülow hob beschwörend beide Hände. „Ihr könnt nicht einfach Wildwest spielen. Andererseits … jetzt ist wirklich keine Zeit für langwieriges Kompetenzgerangel, zugegeben. Passt auf, ihr beiden: Ihr fahrt jetzt los, damit wir den Kerl nicht wieder verlieren. Aber unternehmt nichts, ohne euch vorher mit mir abgesprochen zu haben. Nichts. Verstanden?"

Ohne ihr zu antworten, streifte sich Schulte seine Jacke über und klopfte die Taschen nach dem Autoschlüssel ab. Sie wiederholte ihre Frage, diesmal deutlich lauter. „Jupp, hast du verstanden? Keine Einzelaktionen, ja?"

„Klar!", brummte Schulte unwillig. „Mach dir keine Sorgen."

So richtig schien seine Chefin nicht überzeugt zu sein, fasste aber nicht weiter nach. „Okay! Ich regele in der Zwischenzeit alles mit den Kollegen aus Hameln. Wundert euch also nicht, wenn die euch dazwischenfunken. Axel, du hältst weiter den Kontakt zu den GPS-Leuten, Bernhard, du sorgst dafür, dass so viele Streifenwagen und Beamte wie möglich zur Verfügung stehen, falls wir auf unserem Gebiet Straßensperren aufbauen müssen. Für diesen Fall brauchen wir ordentliches Kartenmaterial. Ich will nicht, dass dabei auch nur ein Feldweg übersehen wird. Viel Glück, ihr beiden!"

69

Warten, warten, nichts als warten, dachte Margarete Bülow. Ich glaube, ich werde alt. In Momenten wie diesem hatte sie den Eindruck, dass sie nicht mehr über die Gelassenheit und Ruhe früherer Jahre verfügte.

Lohmann und Braunert waren dabei, mit den Kollegen von der Verkehrspolizei aus Niedersachsen und Lippe ein Netz von Straßensperren zu errichten. Sie selbst könnte sich die beiden Festgenommenen noch einmal vornehmen. Doch es war ziemlich sicher, dass die beiden nichts mit dem Mord in Heidental zu tun hatten. Das Beste, was zu erwarten war, wäre der eine oder andere sachdienliche Hinweis. Das war's.

Trotz dieses Wissens war die Polizeidirektorin von einer Unruhe erfasst, die sie selbst als unangemessen empfand.

Da riss sie das Klopfen an der Tür aus ihren Gedanken. Eine Sekunde später stand Kommissar Hartel im Zimmer. Der hat mir gerade noch gefehlt, dachte Margarete Bülow und ärgerte sich gleich über ihre Vorurteile.

Sie wies auf einen Stuhl am Besprechungstisch und rief nach Braunert und Lohmann. Als die drei Polizisten Platz genommen hatten, erteilte sie dem aufgeregt wirkenden Hartel das Wort. „Was gibt es Neues, Herr Kommissar?"

Hartel wäre geplatzt, wenn er sein Wissen noch länger hätte zurückhalten müssen. „Es sieht ganz so aus, als habe dieser Rainer Salzmann mindestens drei weitere Menschen umgebracht. Einen Hochschulprofessor, der ihn vor mehr als zwanzig Jahren durch die Prüfung fallen ließ. Dann eine alte Dame in dem Pflegeheim, in dem er arbeitete. Salzmann war der Meinung, die Frau würde nur noch dahinvegetieren und er habe daher die Verantwortung übernommen, die Alte vom Leben zu erlösen. Dazu hat er wahrscheinlich noch die Leiterin des Pflegeheims auf dem Gewissen, die aus Salzmanns Sicht völlig unfähig war, jeden, der mehr Kompetenz hatte als sie, schikanierte und wegbiss. So jedenfalls steht es in Salzmanns Tagebüchern. Wobei die Zahl der Getöteten nach oben offen ist. Zum Team der Spurensicherung gehört jetzt eine Psychologin. Die ist der Meinung, dass Salzmann einen handfesten Lattenschuss hat. Ich habe mir die vermuteten Krankheitsbilder nicht gemerkt. Morgen bekommen wir ihren Bericht."

Hartel machte eine Kunstpause, um die Spannung zu erhöhen. Dann fuhr er fort: „So, und jetzt kommt etwas total Verrücktes. Dieser Salzmann hat nicht nur akribisch Buch geführt über die Morde, die er begangen hat. Sondern in den Tagebüchern, die wir bei der Durchsuchung seines Hauses sichergestellt haben, hat er sich, über Jahre hinweg, gleichzeitig über die Unfähigkeit der Polizei aufgeregt, die nicht bemerkt hat, dass die Toten keines natürlichen Todes gestorben sind. ‚In was für einem Staat leben wir? Hier kann jeder töten, ohne dass es auffällt!' So hat Salzmann es sinngemäß geschrieben. Irgendwann hat er dann Schulte kennen gelernt. Seitdem war für Salzmann klar, dass die Polizei aus einem Haufen unfähiger Säufer und Schürzenjäger besteht. Und dann, nachdem auch Diekjobsts Tod als völlig normal behandelt worden war, ist dem Kerl die Hutschnur gerissen. Er hat begonnen, Schulte die Briefe zu schreiben. Es war Salzmann sozusagen ein Bedürfnis, ihm seine Unfähigkeit immer wieder deutlich zu machen. Und als Schulte dann nach Salzmanns Meinung weiterhin nicht auf die Briefe reagierte, beschloss er, diesen Schulte erst bis zur totalen Unfähigkeit bloßzustellen und ihn dann umzubringen. Salzmann hat es gar nicht auf Fritzmeier oder sonst wen abgesehen. Er hat Schulte auf dem Kieker. Das jedenfalls ist der letzte Eintrag in seinem Tagebuch."

Es herrschte eine knappe Minute lang Schweigen. Dann sagte Margarete Bülow: „Na, dann hat ja Schulte mit seiner Strategie der verdeckten Ermittlungen alles richtig gemacht. Zwischenzeitlich hatte ich gar kein gutes Gefühl bei seiner Vorgehensweise. Spätestens als klar war, dass eventuell noch andere Bewohner aus Heidental gefährdet waren, hätte ich den ganzen Fall am liebsten an die große Glocke gehängt. Aber dann hätten wir Salzmann nicht zum Handeln gezwungen und alle vorherigen Bemühungen wären für die Katz' gewesen. Das Unangenehme an der Vorgehensweise, den Täter zur Aktivität zu zwingen, ist die Tatsache, dass er nun Anton Fritzmeier als Geisel hat. Dieser Fakt muss ein Albtraum für Schulte sein: Ein guter Freund von ihm ist in der Gewalt des Mörders! Und Schulte selber war es, der ihn in diese Situation gebracht hat. Ich muss Schulte anrufen und ihn warnen. Er kann das nicht weiter machen. Da müssen andere ran! Die Sache geht nicht gut!"

Die Polizistin griff zum Telefon.

70

Trotz aller Hektik und Sorge fühlte sich Jupp Schulte nicht schlecht, als er mit Maren Köster auf dem Beifahrersitz die Detmolder Klingenbergstraße hinunterbrauste. Sein Verhältnis zu dieser Frau war noch immer indifferent, trotz der vielen Jahre ihrer Zusammenarbeit. Mal waren sie sich näher gekommen, dann trennten sie Welten voneinander. Irgendwie mochte er sie, und dass er sie begehrenswert fand, das stand für ihn außer Frage. Es sprach einiges dafür, dass sie ähnlich empfand. Aber er wusste sehr wohl, dass sie niemals zusammenleben könnten. Keine Chance! Das würde Hauen und Stechen geben und beide unglücklich machen. Zum Glück waren die Zeiten passé, in denen Maren Köster bei jeder Kleinigkeit in die Luft ging. Sie war ruhiger und nervlich stabiler geworden. Das machte die Zusammenarbeit mit ihr erheblich angenehmer. Und ungewöhnlich schön war sie immer noch, fand Schulte, als er während der Fahrt ihr Profil betrachtete.

Sie war in eine Straßenkarte vertieft, zog die Stirn in Falten und meinte schließlich: „Das wird ja eine elende Gurkerei! Bis Barntrup müssen wir über kleine Landstraßen. Dann können wir auf die B 1. Hat dieser Dienstwagen eigentlich kein Navi?"

Nein, hatte er nicht. Als könne Schulte dadurch das Defizit ausgleichen, gab er mehr Gas. Der Passat röhrte wie ein Tiefflieger.

„Ist nicht mehr der Jüngste", meinte er entschuldigend, als er sah, wie sich ihre Hände an den Haltegriffen verkrampften. „Aber demnächst kriegen wir ja ganz neue Dienstwagen. Alle in Blau. Sieht völlig beschissen aus, finde ich!"

Erneut warf er einen kurzen, forschenden Blick auf seine Beifahrerin. Und er musste lächeln, als er bei ihrem Anblick an Moses aus dem alten Testament denken musste. Wie dieser durfte auch Schulte das gelobte Land nur sehen, aber nicht betreten.

Bevor seine Phantasie mit ihm durchging, zwang sich Schulte zur Konzentration auf das, was vor ihm lag. Noch immer hatte er keine Ahnung, warum Salzmann diesen ganzen Zirkus veranstaltete. Warum hatte er diese verrückten Briefe geschrieben? Warum Fritzmeier entführt? Und solange er dies nicht mal im Ansatz wusste, hatte er auch keine Idee, wie das Problem zu lösen war.

„Was machen wir eigentlich, wenn wir Salzmann vor uns haben?", fragte er, ohne wirklich eine Antwort von ihr zu erwarten.

Sie zuckte erwartungsgemäß mit den Achseln und meinte: „Keine Ahnung! Das müssen wir sehen, wenn es soweit ist. Ich rufe mal Axel an und frage, ob es was Neues gibt."

Sie nahm das Funktelefon aus der Halterung, stellte die Verbindung her und sprach eine Weile mit Braunert. Dann legte sie das Gerät wieder zur Seite und berichtete.

„Salzmann ist quer durch Hameln gefahren und befindet sich jetzt gerade auf der L 424 Richtung Süden. Wahrscheinlich hat er sich verfahren, denn wenn er nach Süden will, hätte er besser einfach auf der B 83 bleiben können. Der Allerhellste scheint er ja nicht zu sein."

Schulte schmunzelte und musste daran denken, wie Rainer Salzmann auf der Einweihungsparty des Hofladens seine Federn gespreizt hatte, um Maren Köster zu imponieren. Es hatte offenbar nicht gefruchtet.

Nach einer viertel Stunde Fahrt hatten sie Cappel hinter sich gelassen und fuhren weiter Richtung Barntrup. Es war mittlerweile dunkel geworden. Sie brausten in hohem Tempo an Häusern entlang, in denen in diesem Augenblick brave Menschen behaglich im Sessel vor dem Fernseher saßen und mit wohligem Schauer Bösewichten aus der fiktiven Welt des Films in die Augen schauten. Ihre Lebenswirklichkeit hatte Gott sei Dank mit all dem nichts zu tun. Dass in der realen Welt, genau in dieser Sekunde, gerade zwei Polizisten an ihrem Haus vorbeifuhren, um ein Verbrechen zu verhindern, ahnten sie nicht einmal. Schulte hingegen wurde sich dieser etwas surrealen Situation durchaus bewusst, als er links und rechts in gemütlich beleuchtete Wohnzimmerfenster blicken konnte. Er selbst war eine Figur aus einer Welt, die andere nur im Fernsehen erlebten und die dadurch für diese Menschen nicht ganz real war. Als das Funkgerät piepte, wurde er aus seinen Gedanken gerissen.

Maren Köster nahm das Gerät, hörte kurz zu und sprach dann hinein: „Ich stelle mal auf Lautsprecher, damit Jupp mithören kann."

Dann konnte Schulte die Stimme von Margarete Bülow hören.

„Hallo Jupp! Gerade ist der Kollege Hartel von der Hausdurchsuchung bei diesem Salzmann zurückgekommen. Und er hat ganz Erstaunenswertes gefunden."

Sie berichtete vom Fund des Tagesbuchs und von den Erkenntnissen, die daraus abgeleitet werden konnten. Und auch von der Gefahr, in der Schulte persönlich steckte.

„Du bist letztendlich sein Ziel, Jupp. Das Ganze ist nur ein Manöver, um dich in die Falle zu locken. Ich möchte, dass du sofort umkehrst. Die Kollegen aus Niedersachsen sind informiert, auch sie wissen, wo Salzmann sich gerade aufhält. Sie werden zugreifen, sobald sie dies für richtig halten. Jupp, du bist nicht der einzige Polizist auf dieser Welt. Es geht auch ohne dich. Kehr um!"

Schulte war einen Moment sprachlos. Er hielt das Auto am Straßengraben an und atmete tief durch. Maren Köster schaltete das Gerät aus. Es war nicht leicht für ihn, diese Informationen zu verkraften. Da entpuppte sich ein Mann, den er schon seit Jahren als munteren, immer zu flotten Sprüchen aufgelegten und durchaus angenehmen Mitbürger seines Dorfes kannte, als mehrfacher Mörder. Und dieser Mann hatte ausgerechnet ihn als Ziel seines nächsten Verbrechens auserkoren. Das musste auch ein erfahrener Polizist wie er erst einmal verkraften.

Trotzdem: Ein wenig stolz machte ihn die Überlegung, dass er doch offenbar richtig gehandelt hatte, als er die Ermittlung nach den ersten Briefen und vor allem die Exhumierung Diekjobsts so diskret hatte durchführen lassen. Das hatte Salzmann dazu provoziert, sich sehr weit aus dem Fenster zu lehnen und sich letztendlich zu verraten. Andererseits, und darauf war Schulte nun ganz und gar nicht stolz, war dadurch Anton Fritzmeier in Lebensgefahr gekommen. Was hatte dieser alte Mann mit der ganzen Sache zu tun? Schulte spürte, wie es heiß ihn ihm hochstieg. Und das war nicht

Wut, sondern ein schlechtes Gewissen. Er hatte Fritzmeier in diese Situation gebracht. Er war schuld! Er hatte versagt!

Dann stellte er sich die Frage: Was passiert, wenn er jetzt tatsächlich umkehren würde? Was würde mit Fritzmeier geschehen? Fritzmeier war Salzmanns einziger Joker, sein Schutzschild. Er würde mit Sicherheit damit drohen, Fritzmeier zu töten, um an Schulte heranzukommen. Er konnte gar nicht anders handeln. Sobald aber Salzmann klar würde, dass Schulte sich feige zurückzog, war Fritzmeier nur noch Ballast für ihn. Würde er den alten Mann dann einfach freilassen? Dieser Psychopath, der schon mehrere Menschen auf dem Gewissen hatte? Kaum anzunehmen. Er würde Fritzmeier töten. Ob Salzmann dann flüchten oder sich vielleicht sogar selbst umbringen würde, war Schulte in diesem Moment völlig gleichgültig. Es ging darum, Anton Fritzmeier zu retten. Dazu war es unumgänglich, dass Schulte persönlich im Geschehen blieb. Bis zu dem Augenblick, wo ein beherztes Eingreifen sinnvoll erschien. Sein Entschluss stand fest. Fragend schaute er Maren Köster an.

Die schien seine Gedanken erraten zu haben und sagte leise:

„Entscheide du! Ich bin dabei, egal, ob du umkehrst oder weiterfährst."

Er hätte sie küssen können, riss sich aber zusammen.

„Sag Margarete, dass wir weiterfahren!" Er hatte sich entschieden. „Und frag bitte, wo sich Salzmann gerade aufhält. Wir haben viel Zeit verloren, wer weiß, wo der mittlerweile ist."

Er startete den Dienstwagen wieder, während sie die Verbindung wieder herstellte und den Mumm besaß, ihrer gemeinsamen Vorgesetzten klar und unmissverständlich mitzuteilen, dass sie sich nicht an ihre dringliche Anweisung, die natürlich gut gemeint war, halten würden.

Schulte hörte zu und war ein bisschen stolz auf seine Kollegin.

Margarete Bülow seufzte resigniert, als ihr klar wurde, dass die beiden notfalls mit dem Kopf durch die Wand gehen würden. „Okay, ich kann Jupp ja verstehen. Salzmann ist jetzt übrigens in einem Ort namens Emmerthal. Offenbar hat er angehalten, denn er steht schon eine ganze Weile auf derselben Stelle. Wo seid ihr denn jetzt?"

Maren Köster suchte auf der Straßenkarte und gab durch, dass sie gerade kurz vor Groß Berkel seien und dort Richtung Emmerthal abbiegen würden.

„Die niedersächsischen Kollegen sind auch auf dem Weg dorthin. Sie werden versuchen, alle Ausfahrten abzusperren. Wenn ihr Kontakt aufnehmen wollt, wendet euch an einen Polizeirat Hansmeier. Der leitet die Aktion. Seid vorsichtig!"

71

Haben wir irgendetwas übersehen? Wie ist das Krankheitsbild von diesem Salzmann? Margarete Bülow stand entschlossen von ihrem Stuhl auf und tastete nach dem Telefon. Sie musste mit der Psychologin sprechen, die bei der Hausdurchsuchung mit dabei war. Doch sie hatte weder ihren Namen noch ihre Telefonnummer. Der Einzige aus dem Umfeld der Polizeidirektorin, der weiterhelfen konnte, war Hartel. Der hatte sich aber, nachdem er brav seinen Bericht aufgesagt hatte, verabschiedet.

Die Polizistin rief ihn an. Nach wiederholten Versuchen, ihn zu erreichen, hörte sie eine verschlafene Stimme.

„Das ist ja reinster Psychoterror", nuschelte Hartel ins Telefon. „Was gibt es denn?"

„Entschuldigen Sie die nochmalige Störung, Herr Hartel."

„Oh, Sie sind es, Frau Polizeidirektorin. Kein Problem, ich war wohl nur kurz eingenickt."

„Herr Hartel, ich brauche den Namen und die Telefonnummer der Psychologin, die an der Hausdurchsuchung teilgenommen hat."

„Moment!"

Die Polizistin hörte Türenklappern, es wurde an Stoff genestelt. Dann blätterte jemand in einem Notizheft.

„Ah, da, Frau Dr. Brand", hörte die Polizistin die Stimme ihres Kollegen. Wieder wurde eine Seite umgeblättert. Dann nannte Hartel eine Handynummer.

„Vielen Dank, Kollege, ich hoffe, das war für heute die letzte Störung."

„Schon in Ordnung", entgegnete Hartel devot und beendete das Gespräch.

Frau Bülow wählte schon wieder.

Beim zweiten Signalton meldete sich eine Frauenstimme. „Elisabeth Brand!"

Margaret Bülow setzte die Frau mit knappen Sätzen auf Sachstand.

„Der Bericht ist fertig. Ich habe sogar noch ein Exemplar in der Tasche. Jetzt wollte ich gerade nach Hause fahren. Wissen Sie was, Frau Bülow, ich komme noch schnell bei Ihnen in der Kreispolizeibehörde vorbei. In einer viertel Stunde bin ich da."

In der nächsten Sekunde begann für Margarete Bülow das Warten. Sie hasste solche Situationen, in denen Sekunden zu Ewigkeiten wurden. Dann endlich, nach schier endlosen Minuten, hörte die Polizistin, wie nebenan eine Frauenstimme nach dem Büro der Polizeidirektorin fragte.

Wenige Augenblicke später begannen die beiden Frauen gemeinsam mit Axel Braunert die Besprechung.

Frau Bülow bat die Psychologin um eine Einschätzung bezüglich Salzmann.

„Das Einzige, was ihn dazu zwingt, auch im Hier und Jetzt zu leben, ist seine alte, demente Mutter. Sie zwingt ihn unabsichtlich dazu, immer wieder in die, wie wir sie nennen, reale Welt zurückzukehren."

„Das könnte bedeuten, Salzmann würde im Zweifelsfall auch heute noch auf seine Mutter hören?"

„Vielleicht nicht hören im Sinne von gehorchen. Doch ihre Anwesenheit wäre ihm nicht egal. Ihr Dasein könnte in bestimmten Situationen durchaus als Regulativ fungieren."

„Frau Brand, ich habe eine Bitte. Wie Sie wissen, ist dieser Salzmann mit einer Geisel flüchtig. Ich würde den Mann gerne mit seiner Mutter konfrontieren, falls sich die Gelegenheit ergeben sollte. Gibt es Gründe, die dagegen sprechen?"

Die Psychologin hatte keine gravierenden Einwände gegen die Überlegungen der Polizeidirektorin. Sie wies jedoch darauf hin, dass der Notarzt der Greisin ein leichtes Beruhigungsmittel verabreicht hatte. Es konnte also sein, dass die Frau nicht ansprechbar war. Doch das sei recht unwahrscheinlich. Die Psychologin erklärte sich bereit, die Betreuungsarbeit für Salzmanns Mutter zu übernehmen, und so machte sich Axel Braunert gemeinsam mit ihr auf den Weg nach Heidental, um der alten Dame einen Besuch abzustatten.

72

So langsam tat ihm der Rücken weh. Immerhin war Anton Fritzmeier zweiundachtzig Jahre alt. Ein Alter, in dem man es normalerweise nicht mehr ertragen musste, in einem fahrenden Wohnmobil, auf allen Vieren, an ein Tischbein gekettet zu sein.

Der Kreislauf schwächelte. Auch erste Krämpfe stellten sich ein. Mit zunehmendem Schmerz nahm auch Fritzmeiers Wut auf Salzmann zu. Minutenlang hatte er seinen Entführer beschimpft, hatte keine Beleidigung ausgelassen. Aber Salzmann bekam davon beinahe nichts mit. Er saß zwei Meter weiter vorn auf dem Fahrersitz und hatte das Radio extrem laut gestellt. Die sowieso schon heftigen Fahrgeräusche des großen Diesels ließen Fritzmeiers verbale Attacken untergehen.

Dann war Fritzmeiers Kraft erschöpft. Er schwieg und spürte, wie erste Schwindelgefühle seinen bislang so wachen Verstand in Watte packten. Eine Zeitlang kämpfte er noch dagegen an. Dann schwanden ihm vollends die Sinne. Er konnte sich nicht mehr mit den Händen abstützen, sackte ein und blieb lag ausgestreckt auf dem Fußboden des Wohnmobils liegen.

73

Schweigend fuhren Schulte und Köster durch die Nacht. Es hatte angefangen, leicht zu regnen. Beiden war nicht nach Reden zumute. Schulte versuchte, seine wirren und nicht sehr angenehmen Gedanken unter Kontrolle zu halten, indem er ein Höllentempo vorlegte und alle Aufmerksamkeit der Straße widmen musste. Mittlerweile waren sie am Ortseingang von Emmerthal angekommen. Maren Köster hingegen hing ihren Gedanken nach, die wie Blitze hin und her zuckten zwischen der noch immer nicht ganz überwundenen Trennung von Michael Grafenberg und dem, was in Zukunft kommen mochte. Auch Schulte kam in diesen Gedanken vor, allerdings immer nur sehr kurz. Der Scheibenwischer wirkte wie ein Hypnosependel auf sie, machte sie schläfrig und ließ nicht zu, dass sie einen Gedanken bis zum Ende verfolgen konnte.

Wieder riss das Funkgerät beide zurück ins reale Leben.

„Er ist weitergefahren!", rief Axel Braunert durch die Leitung. „Auf die L 431, Richtung Hämelschenburg. Die Kollegen aus Hameln versuchen nun, sich an ihn dranzuhängen. Wenn ihr Gas gebt, dann habt ihr den Konvoi gleich vor euch."

Schulte gab Gas. Ihn kümmerte nun keine Geschwindig-
keitsbeschränkung mehr. Schließlich war es kurz vor Mitternacht und Emmerthal machte nicht den Eindruck, als wenn
hier plötzlich Menschenmassen auf der Straße herumlaufen
würden. Vor allem nicht bei dem Regen. Seine Beifahrerin
war hektisch bemüht, den richtigen Weg auf der Straßenkarte
zu finden.

Dann hatten sie Emmerthal hinter sich und bretterten wieder durch die Dunkelheit von Feldern und Wiesen. Hinter
dem kleinen, aber langgezogenen Dorf Hämelschenburg
sahen sie vier Polizeiautos vor sich. Ohne Blaulicht, ohne
Signalhorn. Die Kollegen wollten vermutlich Salzmann
nicht auf sich aufmerksam machen. Die Schwierigkeit bestand darin, so viel Abstand wie möglich zu halten, um nicht
aufzufallen, aber so dicht dranzubleiben, dass man nicht den
Kontakt verlor. Das war in der mitternächtlichen Finsternis
gar nicht so einfach. Ein Vorteil war zweifellos, dass der Verfolgte auch nicht mehr sehen konnte als anonyme Scheinwerfer. Und die sahen alle gleich aus. Es gab keinen Grund
für Salzmann, mit Polizeiautos zu rechnen.

Der letzte Wagen im Konvoi fuhr auf der Mitte der ohnehin nicht breiten Straße, um zu verhindern, dass jemand
überholte und den Konvoi auseinanderriss. Die Polizisten
konnten nicht ahnen, dass zwei Kollegen hinter ihnen her-
fuhren. Schulte betätigte mehrmals die Lichthupe, um das
Fahrzeug vor ihm zum Anhalten zu provozieren. Das klappte
auch und zwei Beamte in Uniform stiegen aus und gingen auf
Schulte zu, der ebenfalls angehalten hatte. Die beiden Männer waren sichtbar nervös. Einer hatte locker die Hand auf
der Pistole liegen, als sie Schulte und Köster aufforderten,
aus dem Auto zu steigen. Der Regen hatte vorübergehend
etwas nachgelassen.

„Wir sind Kollegen aus Detmold", sagte Schulte schnell.
„Wir können uns ausweisen, okay?" Die beiden Männer
nickten auffordernd.

214

„Ich muss sofort mit Polizeirat Hansmeier sprechen!", setzte Schulte hinzu.

„Der ist ganz vorne, im ersten Wagen", entgegnete einer der Niedersachsen. Er zog sein Funkgerät heraus, wählte und erklärte, wen er gerade gestoppt hatte. Dann sprach er zu Schulte: „Er kann jetzt nicht anhalten. Sie sollen sich uns anschließen. Fahren Sie vor uns her. Haben Sie Funk im Auto?"

Maren Köster bestätigte dies. Sie bekam von dem Polizisten die Frequenz genannt, dann stiegen alle wieder in ihre Autos und gaben so lange Gas, bis sie zu dem langsamer fahrenden Verfolgerkonvoi aufgeschlossen hatten. Nach etlichen Kilometern hatten sie die Landesgrenze Nordrhein-Westfalens erreicht und waren in Lügde.

Das Funkgerät meldete sich. „Hier spricht Polizeirat Hansmeier. Wir bleiben erst mal dran, trotz Landesgrenze, haben aber bereits mit Detmold Verbindung aufgenommen. Ihre Kollegen sind unterwegs. Sobald klar ist, in welche Richtung der Verfolgte fährt, sehen wir weiter."

Kurz hinter der bei Tage sehr hübschen Ortsmitte von Lügde war die Richtung klar.

Salzmann bog ab, Richtung Westen. Der nächste größere Ort war Barntrup.

Wieder meldete sich Hansmeier. „Ihre Kollegen übernehmen jetzt. Wir sperren nur noch nach hinten ab. Sie sollen dringend ihre Chefin anrufen. So, wir sind jetzt raus aus der Nummer. Waidmannsheil!"

Der Konvoi fuhr nun langsamer und ließ Schulte vorbeifahren. Mitternacht war bereits überschritten, als Schulte und Köster vorübergehend allein auf Salzmanns Spuren waren. Dann war die Verbindung zur Zentrale hergestellt.

„Es ist alles vorbereitet", erklärte ihnen Margarete Bülow. „An Barntrup lassen wir ihn nicht vorbei. Er kommt nicht in die Stadt hinein, auch die B 1 riegeln wir ab. Dann sehen wir weiter. Spricht aus eurer Sicht was dagegen?"

215

74

Rainer Salzmann war unruhig geworden. Seit Lügde hatte er im Rückspiegel Scheinwerfer gesehen. Das allein war zwar nichts, weswegen er sich hätte Sorgen machen müssen. Schließlich gehörte ihm die Straße nicht allein, aber zu dieser Uhrzeit? Der Sonntag war gerade eine halbe Stunde alt. Zu spät für den normalen Familienvater, zu früh für die Discoheimkehrer. Und diese Scheinwerfer blieben immer im gleichen Abstand zu ihm. Etwa hundert Meter hinter ihm. Selbst als er einmal probehalber sehr viel langsamer gefahren war, hatte sich daran nichts geändert. Nun waren es nur noch wenige Meter, bis er die L 947 verlassen und auf die B 1 fahren würde.

Danach quer durch Barntrup und dann Richtung Dörentrup. Sein Ziel stand fest: Die große Abrechnung würde nirgendwo besser wirken als mitten auf dem Fritzmeierschen Hofplatz. Das wäre das i-Tüpfelchen, der ultimative Triumph. Er schaute besorgt nach hinten. Anton Fritzmeier war in den letzten Minuten merkwürdig ruhig geworden. Zu Beginn der Fahrt hatte er ohne Pause geflucht und ihn wüst beschimpft, dann hatte er vor sich hingekichert. Nun sein Schweigen. Wahrscheinlich war dies seine ganz spezielle Art, seine Angst zu kompensieren. Alte Leute, dachte Salzmann. Ja, mit alten Leuten und ihren Besonderheiten kannte er sich aus. Kein Grund, sich Sorgen zu machen.

Was Salzmann sah, als er die B 1 erreicht hatte, war allerdings ein Grund zur Beunruhigung für ihn, er war schockiert. Links standen zwei Streifenwagen mit Blaulicht quer auf der Bundesstraße Richtung Blomberg und sperrten sie ab. Da war kein Durchkommen. Direkt ihm gegenüber, in der Einmündung eines kleinen Weges, stand ebenfalls ein Streifenwagen. Was hatte das zu bedeuten? Salzmann brauchte nur Sekunden, um zu begreifen, dass die Absperrung ihm galt! Aber ... woher wusste die Polizei, wo er war? Er hatte das

Handy doch nicht mehr im Auto, wie konnten sie ihn da so überwacht haben?

Salzmann riss das Lenkrad nach rechts und bog mit quietschenden Reifen auf die B 1 in Richtung Barntrup ein. Er drückte das Gaspedal fast durchs Bodenblech und beschleunigte das Wohnmobil bis ans Limit. Etwa fünfhundert Meter weiter, bei der Abfahrt Südstraße in Barntrup, das gleiche Bild. Blaulicht! Kein Durchkommen. Salzmann hätte noch mehr Gas gegeben, wäre dies technisch möglich gewesen. Weitere zweihundert Meter, bei der Abfahrt Hamelner Straße … Blaulicht! Salzmann schrie seine Wut heraus und folgte der B 1, die nun eine langgezogene Rechtskurve beschrieb. Auch der kurz darauf rechterhand abführende kleine Weg war gesperrt.

Salzmanns Panik stieg weiter. Sollte das immer so weitergehen? Er schüttelte sich, zwang den letzten Rest seines noch aktiven Verstandes, sich auf die Straße und die Lösung seines Problems zu konzentrieren.

Anderthalb Kilometer hinter der Abfahrt Hamelner Straße sah er einen kleinen Abzweig nach links. Der schien aber nur in den Wald hineinzuführen. War das etwa eine Lösung? Nein, es gab kein Hinweisschild, wahrscheinlich war dies eine Sackgasse und endete nach ein paar hundert Metern. Außerdem war er, als er den Abzweig sah, schon so gut wie daran vorbei. Weiter! Nur weiter!

Aber da sah er schon wieder Blaulicht! Vielleicht fünfzig Meter vor ihm. Salzmann reagierte blitzschnell und trat so konsequent auf die Bremse, dass die Räder blockierten und sämtliche losen Teile im Innenraum des Wohnmobiles durch die Luft flogen. Zum ersten Mal seit langer Zeit hörte er wieder Fritzmeiers Fluchen. Also lebte der alte Kerl wenigstens noch. Immerhin etwas, schließlich war der seine Geisel, sein Joker. Er würde ihn noch brauchen.

Fast zeitgleich setzte Salzmann zurück, wendete das schwere Gefährt und wollte zu dem kleinen Abzweig zurückfahren, als ihn auch aus Richtung Barntrup Scheinwerfer blendeten. Was war das denn? Diese Scheinwerfer kamen direkt auf ihn zu, fuhren auf seiner Straßenseite. Kurz vor ihm bremste der Entgegenkommende sein Auto abrupt ab und stellte sich dabei quer vor das Wohnmobil, um es am Weiterfahren zu hindern. Zumindest war dies wohl die Absicht des unbekannten Fahrers gewesen, aber Salzmann schaffte es durch einen Reflex, rechtzeitig das Lenkrad herumzureißen, gleichzeitig Gas zu geben und das eher plumpe Gefährt um den PKW herumzuzirkeln.

Er dachte nicht weiter nach, hatte wohl auch keine Wahl und lenkte das Wohnmobil auf den schmalen asphaltierten Weg, von dem Salzmann keine Ahnung hatte, wohin er ihn führen würde.

75

Auch Jupp Schulte und Maren Köster hatten das erste Blaulicht auf der B 1 gesehen, allerdings mit wesentlich angenehmeren Gefühlen. Für sie war dies der Nachweis, dass ihre Kollegen auf Zack waren. Jetzt konnte Schulte ganz anders fahren, brauchte nicht mehr peinlich genau darauf zu achten, dem Wohnmobil nicht zu nahe zu kommen. Aber er blieb weiterhin etwa hundert Meter hinter ihm, wollte Salzmann nicht zu irgendwelchen Panikreaktionen verleiten. Immerhin hing das Leben Anton Fritzmeiers daran, dass der Autofahrer Salzmann keinen großen Fehler machte. Maren Köster griff zum Funkgerät und stellte die Verbindung zur Zentrale her. „Es läuft nach Plan", rief sie in das Gerät. „Unsere Leute sind gut platziert, Jupp und ich sind hundert Meter hinter dem Objekt, bei Barntrup, Höhe Südstraße. Wie geht es weiter?"

„Kurz hinter Barntrup haben wir komplett abgeriegelt", erklärte Bernhard Lohmann von Detmold aus. „Da gibt es kein Durchkommen. Spätestens da muss er stehen bleiben. Wir haben an dieser Sperre auch ein paar Beamte mehr postiert, falls es Schwierigkeiten gibt. Wir wissen ja nicht, ob Salzmann bewaffnet ist. Wir haben sicherheitshalber auch schon das SEK benachrichtigt. Aber bis die aus Bielefeld am Schauplatz sind, das dauert noch ein bisschen."

„Okay! Wir bleiben dahinter, greifen aber erst mal nicht ein. Bis gleich!"

Schulte musste sich mächtig zusammennehmen, um nicht mit Vollgas zu dem vorausfahrenden Wohnmobil aufzuschließen und es zu rammen. Und hätte Maren Köster nicht neben ihm gesessen, hätte er kaum für sein Temperament garantieren können. So aber vergrößerte er sogar, äußerlich gefasst, innerlich bebend, den Abstand zu Salzmann. Die endgültige Straßensperre würde noch früh genug kommen.

Sie hatten Barntrup bereits hinter sich gelassen, als ziemlich weit vor ihnen Blaulicht durch die Büsche blitzte. Salzmann musste das auch gesehen haben, denn bei ihm leuchteten die Bremslichter auf. Schulte konnte von Weitem beobachten, wie er das Wohnmobil zurücksetzte und wendete. Dann sah er dessen Scheinwerfer von vorn, wusste, dass Salzmann auf dem Weg zurück war und dass er selbst jetzt etwas unternehmen musste. Die Scheinwerfer kamen schnell näher.

„Halt dich fest!", rief er Maren Köster zu. Dabei trat er voll auf die Bremse, lenkte den Dienstwagen auf die Gegenspur und riss, kurz bevor er stehen blieb, noch einmal das Lenkrad nach rechts. Dieses Manöver, das jeden Stuntman stolz gemacht hätte, musste Salzmann blockieren. Schulte war schon bereit, aus dem Auto zu springen, ein paar hastige Schritte zum Wohnmobil zu machen und Salzmann hinter dem Lenkrad hervorzuzerren. Aber was machte der denn? Unfassbar. Das eigentlich doch schwerfällige Wohnmobil kurvte so elegant um seinen Passat herum, dass Schulte nur noch staunend hinterherschauen konnte. Auch Maren Köster

war völlig überrascht. Dann sahen sie wieder nur die Rück-
lichter.

Schulte schrie seine Wut hinaus, warf sein Auto wieder
an, wendete ebenfalls und fuhr hinter Salzmann her. Er war
gerade wieder in Schwung, da konnte er sehen, dass Salzmann rechts abbog.

76

Rainer Salzmanns Hoffnung, endgültig entkommen zu
sein, stellte sich bereits nach fünfzig Metern als Irrtum heraus. Die Straße führte zwar weiter, aber eine stabil wirkende
rot-weiße Schranke versperrte ihm den Weg. Er hielt bei lau-
fendem Motor an, sprang aus dem Fahrzeug und versuchte,
die Schranke hochzudrücken. Nichts rührte sich. Aber ein
Bewegungsmelder links von ihm flammte auf und erleuchte-
te seinen Standort. Salzmanns Panik nahm weiter zu. Rechts
verschwand die Schranke in einem grün gestrichenen Blechkasten. Da drunter musste die Schließvorrichtung sein. Salzmann sprang hin und schaute unter den Kasten. Das Licht
des Bewegungsmelders war dabei äußerst nützlich. Er konnte kaum glauben, was er sah: Die Schranke war mit einem
Vorhängeschloss gesichert. Aber der Bügel des Schlosses
hing lose in der Vorrichtung. Jemand hatte die Schranke
schlampig geschlossen. Salzmann fummelte das Schloss ab.
Dann lief er nach links, wo die massive Schranke mit einem
Gegengewicht versehen war. Das drückte er mit aller Kraft
runter und die Schranke hob sich.

Zurück hinter das Lenkrad, Gas geben. Salzmann konnte
in diesem Moment die Scheinwerfer eines Autos erkennen,
das gerade den Weg heraufkam.

Ein paar Meter weiter war eine Art Platz, von dem aus
zwei Wege abführten. Einer führte nach links in die totale
Finsternis, der andere nach rechts, wo Salzmann schemen-

haft Gebäude erkennen konnte. Wohin? Er traute nicht der Finsternis, von der er nicht im Geringsten wusste, wohin sie führen würde. Aber auch nicht den Gebäuden, die konnten schnell zur Falle werden.

Also drehte er auf der geräumigen Fläche um und ließ das Wohnmobil am Rand, mit der Beifahrerseite direkt neben dichten Büschen, stehen, mit dem Blick nach unten, Richtung Verfolger. Das Fernlicht ließ er an, um den Verfolgern die Sicht zu erschweren. Salzmann atmete tief durch, als er sah, dass das Verfolgerauto ebenfalls, in durchaus respektvoller Entfernung, angehalten hatte. Salzmann hatte keine Ahnung, wie er aus dieser Falle wieder herauskommen sollte. Sein einziger Trumpf war und blieb Anton Fritzmeier. Er würde geschickt verhandeln müssen, um diesen Vorteil für sich nutzen zu können. Mit seiner Position war er ganz zufrieden. Er kontrollierte die Einfahrt zu dem Gelände, das vermutlich ein großer Steinbruch war. Außerdem war die nähere Umgebung des Wohnmobils im Kegel des Bewegungsmelders. Wenn sich jemand durch die Büsche anschleichen wollte, dann würde es plötzlich hell werden. Keiner würde sich ihm ungesehen nähern können. Es könnte deutlich schlechter stehen um seine Chancen.

Er drehte sich kurz nach hinten und rief: „Na, Fritzmeier? Alles klar? Jetzt kannst du dich endlich mal nützlich machen!"

77

Es herrschte einige Minuten lang eine gespenstische Ruhe. Anton Fritzmeier hatte in den letzten Stunden jedes Gefühl für Raum und Zeit verloren. Aber die Fahrgeräusche hatten immerhin seiner Phantasie ein konkretes Angebot gemacht. Diese Stille hingegen erschien ihm unerträglich. Er musste sie einfach durchbrechen.

„Junge", sagte er so väterlich wie möglich. „Jetzt lass
et aber mal chut sein. Bringt doch nix, dat chanze Theater.
Chut, du has die lippische Polizei mal ordentlich aufche-
mischt. Davon wird sicher chanz Heidental noch Jahre lang
reden. Aber jetzt muss et aber auch reichen. Komm Junge,
ich bin ja freiwillig hier. Von Entführung kann also schon
mal keine Rede sein. Und dat andere, dat …"

„Halt endlich dein verdammtes Maul!", brüllte Salzmann
den Bauern an. „Du hat doch keine Ahnung! Wenn du noch
einmal deine verfluchte Klappe aufmachst, schlage ich dich
tot! Geisel hin oder her."

78

Für ein paar Sekunden war es still. Salzmann hatte mit
seinem Wohnmobil Stellung bezogen wie in einem Schüt-
zengraben an der Front. Weiter unten, direkt an der B 1, stand
Schulte mit seinem Dienst-Passat. Er traute sich nicht wei-
terzufahren, da er sich Sorgen um Fritzmeier machte. Wenn
er jetzt zum Frontalangriff übergehen würde, dann könnte es
sein, dass Salzmann die Nerven verlor. Und dann? Schulte
würde nichts anderes übrigbleiben, als mit Salzmann zu verhandeln. Maren Köster schnappte sich wieder das Funkgerät
und teilte Margarete Bülow den neuesten Stand mit.

„Verstanden", meinte diese, „ich ziehe die anderen Streifen von den Sperren ab und schicke sie zu euch, zur Unterstützung."

Noch bevor Maren Köster dies Schulte mitgeteilt hatte,
und dieser protestieren konnte, war die Verbindung beendet.

„Was soll das?", fragte Schulte erregt, als er davon hörte.
„Will sie Salzmann völlig kirre machen? Wir beide stehen
doch hier und blockieren ihn. Das sollte doch reichen!"

Dann waren die wenigen stillen Minuten auch schon vorbei. Wie aus dem Nichts tauchten plötzlich all die Polizei-

autos auf, die eben noch die Straßen abgesperrt hatten. Da
der Weg durch Schultes Fahrzeug versperrt war, blieb ihnen
nichts anderes übrig, als hinter ihm stehen zu bleiben.

„Kümmerst du dich um die Leute?", bat Schulte seine
Kollegin. „Ich muss mich jetzt auf Salzmann konzentrieren.
Sie sollen auf gar keinen Fall irgendwas unternehmen, bevor ich Bescheid gebe. Ich gehe jetzt Salzmann entgegen.
Bin mal gespannt, wie nahe er mich rankommen lässt. Mal
hören, was er zu sagen hat. Wahrscheinlich stellt er Forde-
rungen, die ich sowieso nicht erfüllen kann. Bis gleich!"

Er wollte aussteigen, aber Maren Köster hielt ihn am
Ärmel fest.

„Jupp! Du weißt genau, dass er sich exakt das von dir
erhofft. Er will dich. Das hat er mehr als deutlich gemacht.
Und du willst dich mit breiter Brust vor ihn stellen und mit
ihm vernünftig reden? Wir wissen nicht mal, ob er bewaffnet
ist. In dem Falle wärest du völlig hilflos. Jupp, das ist schon
kein Risiko mehr, dass ist Schwachsinn! Lass mich gehen. Er
kennt mich, und ich wüsste nicht, warum er was gegen mich
persönlich haben sollte. Okay?"

Schulte wollte empört ablehnen, aber sie nagelte ihn mit
einem derart entschlossenen Blick fest, dass er nachgab. Sie
hatte ja recht. Wenn Salzmann ihn, ohne lange zu fackeln, töten würde, dann wäre damit niemandem gedient. Fritzmeier
wäre immer noch seine Geisel und damit in Gefahr. Die
Argumente seiner Kollegin leuchteten ihm ein, auch wenn es
ihm schwerfiel, sich das einzugestehen.

„Ich besorge dir ein Megafon, dann brauchst du nicht
so nahe ranzugehen. Irgendeiner von den Streifenhörnchen
wird wohl so ein Ding im Auto haben."

Doch sie schüttelte den Kopf. „Nein! Ich will bewusst
so nah ran, wie er mich lässt. Dann habe ich vielleicht eine
kleine Chance, etwas im Inneren des Wohnmobils zu sehen.
Vielleicht kann ich sehen, ob Anton wohlauf ist. Das wäre
doch nicht unwichtig für weitere Verhandlungen, oder?"

Auch dies leuchtete Schulte ein. Schweren Herzens ließ er sie aussteigen und sah zu, wie sie mit langsamen, gleichmäßigen Schritten, die Hände über dem Kopf verschränkt, durch die Dunkelheit auf das Wohnmobil zuging. Auch die Polizisten hinter Schulte waren wie elektrisiert. Keiner wagte einen Mucks.

Als sie in Höhe der Schranke war, flackerte der Bewegungsmelder auf und tauchte sie in grelles Licht. Plötzlich schrie Salzmann: „Halt! Stehen bleiben! Keinen Schritt weiter!"

Maren Köster stand still wie ein Laternenpfahl. Sie war jetzt rund zehn Meter vom Wohnmobil entfernt.

„So, so, die schöne Frau Kommissarin. Was willst du?", rief Salzmann ihr zu.

„Ich denke, wir sollten uns unterhalten. Ich bin unbewaffnet, falls dies deine Sorge ist."

Er schien skeptisch zu bleiben. „Zieh die Jacke aus!", befahl er ihr.

Maren Köster war irritiert. Während sie den ersten Arm aus ihrer kurzen, dunkelbraunen Lederjacke zerrte, lachte er kurz, aber humorlos. „Keine Bange! Du sollst dich hier nicht völlig ausziehen. Vor ein paar Tagen hätte ich das zwar ganz gern gesehen, aber heute ist mir nicht danach. Ich will nur sichergehen, dass du kein Pistolenhalfter unter den Klamotten hast. Also: Was willst du mit mir besprechen? Und warum traut sich Schulte, dieser erbärmliche Feigling, nicht hierhin? Er wird sich …"

Doch sie ließ gar nicht erst zu, dass Salzmann sich in seinen Hass gegen Schulte hineinsteigerte und unterbrach ihn unerschrocken. „Salzmann, du hast keine Chance, aus dieser Situation wieder aus eigener Kraft herauszukommen. Schau dich doch mal um. Hinter dir ist ein Steinbruch. Kann sein, dass du dich für ein paar Minuten dort verstecken kannst, aber auch nicht länger. Wir haben starke Suchscheinwerfer und können den ganzen Bereich taghell machen. Ungesehen raus kommst du da niemals. Es gibt nur diesen einen Weg zur Straße. Und da stehen fünf Streifenwagen im Weg. Seitlich ist dichtes Buschwerk. Wie willst du hier rauskommen, ohne dich mit uns zu verständigen? Also, lass uns wie vernünftige Menschen reden. Aber nicht auf diese Entfernung. Ich kann nicht lange so laut schreien. Okay? Ich komme ein paar Schritte näher."

Wieder machte sie langsame und gleichmäßige Schritte auf ihn zu. Salzmann ließ sie bis auf zwei Schritte an sein Wohnmobil herankommen. Er betrachtete sie lange, ohne ein Wort zu sagen. Dann lachte er wieder sein humorloses Lachen. „Gut siehst du aus. Schade, dass wir beiden uns nicht schon vor dem Hofladenfest kennen gelernt haben. Vielleicht wäre dann vieles anders gelaufen. Was meinst du?"

Sie sagte dazu gar nichts. Wenn er tatsächlich in dieser unmöglichen Situation anfing, bei ihr zu baggern, dann war das taktisch vielleicht gar nicht schlecht, dachte sie. Würde sie ihn jetzt, ihren Gefühlen folgend, heftig zurückweisen, dann war der Gesprächsfaden wahrscheinlich für immer gerissen. Also biss sie die Zähne zusammen und schwieg.

„Ich hatte dich schon öfter gesehen. Hast mir immer gut gefallen", schwadronierte er weiter.

„Ich dachte immer, du bist mit diesem Schwachkopf Schulte zusammen. Aber diese Wurst ist nicht deine Kragenweite, stimmt's? Du bist was Besseres gewöhnt, oder? Kann ich mir jedenfalls gut vorstellen. Wir beide hätten gut zusammen gepasst. Schade!"

Während Maren Köster schweigend vor dem Wohnmobil stand, versuchte sie angestrengt, im Inneren etwas zu erkennen. Der Bewegungsmelder gab ausreichend Licht. Sie durfte aber nur dezent aus den Augenwinkeln dorthin schauen, sonst wäre Salzmann aufmerksam geworden. Doch sie konnte nichts erkennen, da hinter dem Fahrersitz, auf dem Salzmann saß, eine stabile Rückwand die Sicht ins Innere versperrte.

Doch als Salzmann gerade etwas sagen wollte, hörte sie aus dem Innern des Wohnmobils ein lautes Poltern und eine ihr wohlbekannte Stimme rief: „Kösters Mädchen, bist du das? Lass dich von dem Kerl bloß nich einwickeln. Sag Jupp, er soll dies chanze Ding hier inne Luft sprengen. Wenn ich dabei in Schutt und Asche chehe, dann spart mein Junge wenigstens dat Cheld für'n teuren Sarg. Auf keinen Fall darf dieser Hampelmann uncheschoren davonkommen, hasse mich verstanden? Sag Jupp, dass …" Fritzmeiers Stimme brach abrupt ab, als Salzmann das Fenster der Fahrertür, durch das er bisher gesprochen hatte, hochkurbelte. Er krabbelte zwischen Fahrer- und Beifahrersitz nach hinten durch eine Schiebetür und verschwand unsichtbar im Innenraum.

Maren Köster konnte ihn nicht daran hindern.

79

Jupp Schulte fühlte sich schrecklich. Untätig neben dem Auto zu stehen, während er seine Kollegin von Weitem dabei beobachten konnte, wie sie mit Salzmann sprach, das würde er nicht mehr lange aushalten. Erkennen konnte er nicht viel, obwohl Maren Köster im grellen Lichtkegel des Bewegungsmelders stand. Aber sie war zu weit weg. Manchmal gelang es ihm, ein paar Wortfetzen zu verstehen. Doch es blieb bei den Fetzen, einen Zusammenhang konnte er nicht herstellen. Würde es Sinn haben, sich näher heranzuschleichen? Schließlich war Salzmann ja abgelenkt und würde, da er sich selbst im Hellen befand, nicht bis zu Schulte, der sich im Dunkeln bewegte, sehen können. Als er gerade von der Überlegung zur Tat schreiten wollte, meldete sich das Funkgerät. Margarete Bülow war am Apparat. Sie ließ sich von Schulte kurz über den Stand der Dinge aufklären.

„Jupp, du weißt doch, dass wir diese Psychologin eingeschaltet hatten. Die hat sich in der Kürze der Zeit so intensiv wie möglich mit Salzmann befasst. Und sie ist der Meinung, dass seine alte Mutter die einzige Person ist, auf die er vielleicht hören könnte. Auf jeden Fall sei sie der einzige Mensch, der zu Salzmann einen emotionalen Zugang habe. Ich habe Axel angewiesen, so schnell wie möglich diese Frau ins Auto zu verfrachten und zu dir zu bringen. Die beiden müssten in einer viertel Stunde bei dir sein. Was hältst du davon? Entscheide du vor Ort, wie du damit umgehst. Wenn du sie nicht einsetzen willst, dann lass sie einfach in Axels Auto sitzen."

Das musste Schulte erst verdauen. Er antwortete nach kurzen Zögern: „Ich bin nicht sicher, ob Salzmann überhaupt noch ansprechbar ist. Aber auf jeden Fall ist diese alte Frau eine zusätzliche Möglichkeit. Erstmal muss ich hören, was Maren sagt, wenn sie zurückkommt. Sie steht schon so verdammt lange da!"

80

Salzmann kam grinsend aus den Tiefen des Wohnmobiles zurück und ließ das Fenster wieder herunter. „Pflaster!", lachte er. „Wozu so ein Pflaster doch gut sein kann. Jetzt sind wir beide ganz unter uns."

Dann wurde er ohne Übergang plötzlich ernst. „So, jetzt haben wir genug geplaudert. Sag Schulte Folgendes: Anton Fritzmeier ist im Innenbereich dieses Wohnmobiles, wie du eben selbst gehört hast. Und es geht ihm gut. Bis jetzt jedenfalls. Er ist allerdings gefesselt, versteht sich. Ich mache mir überhaupt keine Illusionen. Ihr werdet mich hier nicht wieder rauslassen. Und selbst wenn ihr das tätet, dann würdet ihr euch an meine Fersen heften und mich über kurz oder lang wieder stellen. Entkommen kann ich auf Dauer nicht. Aber ich werde nicht zulassen, dass ihr mich lebendig kriegt. Niemals!!!"

Maren Köster schluckte. „Und wie willst du das verhindern? Du hast keine Chance."

„Habe ich nicht? Vielleicht hast du recht. Aber ich habe die Chance, selbst zu bestimmen, wie das alles hier zu Ende geht. Es wird auf jeden Fall kein stilles Ende, sondern eines, das zu mir passt, von dem man noch lange sprechen wird. Leider wird euer Anton mit draufgehen, so leid es mir tut."

Die Kommissarin glaubte, nicht richtig gehört zu haben. „Verstehe ich dich richtig? Dir ist es egal, ob du entkommst oder hier in diesem Steinbruch draufgehst?"

„Könnte man so sagen. Eigentlich wollte ich Fritzmeier nur als Lockvogel benutzen, um deinen Schulte in eine Falle zu locken. Ich wollte es auf Fritzmeiers Hof geschehen lassen. Das hätte Stil gehabt. Ich war schon auf dem Weg dahin. Aber das hat nun mal nicht geklappt. Leider wart ihr etwas zu schnell und habt mich gezwungen so zu handeln, wie ich es jetzt tue. Um Fritzmeier ist es nicht schade, er ist tatsächlich alt genug. Schade ist nur, dass ich Schulte nicht noch bekommen habe. Er wäre das i-Tüpfelchen auf meinem Werk gewesen. Aber wie das Leben so spielt. Erstens kommt es anders, und zweitens als man denkt", versuchte Salzmann so lakonisch wie möglich zu klingen.

Von was für einem Werk redete der Kerl da, fragte sich Maren Köster, ging aber darüber hinweg. „Hör zu, Salzmann! Jetzt komm mal wieder zu dir! Wenn du dein Leben wegwerfen willst, dann ist das deine Sache. Aber Fritzmeier lässt du gehen, verstanden?" Sie wusste, dass dies keine kluge Taktik war, dass sie dabei war, die Tür endgültig zuzuschlagen. Aber das hier war alles so unwirklich, so unsinnig. Am liebsten hätte sie Salzmann gepackt und ihn so lange geschüttelt, bis er aus seinem Wahn erwacht wäre. Sie zwang sich, mit ruhiger Stimme weiterzureden. „Okay! Was erwartest du von uns? Was kann ich meinen Leuten sagen?"

Wieder lachte er auf seine abstoßende Art. „Es gibt zwei Möglichkeiten. Eine davon ist, dass Schulte kommt und sich gegen Fritzmeier austauschen lässt. Wenn er das nicht tut, und davon gehe ich aus, werde ich dieses Wohnmobil mit allem, was drin ist, in die Luft sprengen. Schulte hat eine halbe Stunde Zeit, sich das zu überlegen. Das kannst du ihm sagen. So, die Uhr läuft."

81

Maren Köster ging langsam zurück. Als sie bei Schulte angekommen war, stieg sie ein und ließ sich in den Sitz fallen.

Schulte blickte sie in fiebriger Erwartung an.

„Jupp, er will, dass du dich gegen Fritzmeier austauschen lässt. Er hat viel Blech geredet, aber im Kern läuft es darauf hinaus, dass er dich haben will."

„Hast du was von Anton gehört? Geht es ihm gut?"

„Ja", sagte sie leise. „Er hat mir was zugerufen." Dann berichtete sie kurz und knapp alles, was sie eben gehört und gesehen hatte.

Schulte unterbrach sie mit keinem Wort. Am Ende ihres Berichts starrte Schulte Löcher in die Luft, sagte aber immer noch nichts.

Maren Köster schaute ihn eindringlich an. „Jupp, du denkst doch nicht ernsthaft daran, auf Salzmanns Forderung einzugehen?"

Schulte blickte wie geistesabwesend umher. „Ich kann Anton doch nicht stellvertretend für mich draufgehen lassen! Was habe ich denn für eine Wahl?"

Kurze Zeit sagte keiner ein Wort. Dann war es wieder Maren Köster, die vorschlug: „Lass uns zusammen nachdenken! Es gibt mit Sicherheit noch andere Lösungen. Klügere."

Sie schaute nach hinten, denn zwischen den wartenden Streifenwagen war Bewegung entstanden. Viel sehen konnte sie nicht, es war noch immer Nacht.

Dann klopfte ein Mann an Schultes Fenster. Es war Axel Braunert, der sich zu Schulte hinunterbeugte. „Ich habe die Mutter im Auto. Hat Margarete dir schon Bescheid gesagt? Sie ist der Meinung, die alte Dame könnte nützlich sein bei den Verhandlungen. Na, ich weiß nicht. Die ist ganz schön neben der Spur. Kann ich mich irgendwie nützlich machen?"

Schulte schüttelte den Kopf. „Danke für dein Angebot. Aber im Moment ist es wohl am besten, du passt gut auf Salzmanns Mutter auf. Es wäre fatal, wenn wir sie doch brauchen, und sie macht dann gerade einen Spaziergang durch die Nacht."

Während Axel Braunert zurück zu seinem Dienstwagen ging, funkte Schulte erneut Margarete Bülow an und brachte sie auf den aktuellen Stand. Auch sie war schockiert, als sie von der Forderung Salzmanns hörte, Schulte solle sich austauschen lassen.

„Das wäre reiner Selbstmord, Jupp. Wenn er wirklich meint, was er gesagt hat, dann hat er mit seinem eigenen Leben abgeschlossen. Er hat wahrscheinlich nur noch einen Gedanken, nämlich den, dich mit in den Abgrund zu reißen. Die Wahrscheinlichkeit, dass er Fritzmeier frei lässt, sobald du dich in dem Wohnmobil befindest, ist zudem gering. Er wird das Wohnmobil mit euch allen dreien in die Luft sprengen. Dein Opfer wäre absolut sinnlos. Denk nicht einmal daran!"

Schulte schluckte. Die hatte gut reden, dachte er. Aber irgendwas musste doch passieren. Natürlich hatte sie recht. Doch Fritzmeier opfern, für ihn? Das würde Schulte niemals ertragen können. Sein weiteres Leben hätte keinen Sinn mehr. Er würde den Gedanken, dass jemand für ihn gestorben war, weil der Zufall die Hand über Schulte gehalten hatte, niemals vergessen können.

Doch Schulte wollte auch nicht sterben. Er wollte leben, wollte seinen Enkel aufwachsen sehen, noch etwas erleben.

Aber all diese Wünsche hatten einen Preis. Einen verdammt hohen Preis! Schulte verspürte Ohmacht. Dann unbändige Wut. Sein Körper spannte sich. Er dachte daran, seine Waffe zu ziehen und das Wohnmobil zu stürmen.

Da erreichte, ganz leise und aus weiter Ferne, die vertraute Stimme Margarete Bülows sein Bewusstsein. Sie zwang seine düsteren Gedanken ins Hier und Jetzt.

„Die Leute vom SEK Bielefeld sind bereits unterwegs", fuhr seine Chefin fort, „die kennen sich mit solchen Situationen aus. Überlass denen alles."

„Wann sind die denn hier?"

„Die müssen spätestens in einer halben Stunde bei euch sein. So lange müsst ihr Salzmann aufhalten."

Eine halbe Stunde, fluchte Schulte, als er das Funkgerät abgestellt hatte. Dann wäre alles zu spät. Von der Zeit, die Salzmann ihnen gegeben hatte, war bereits mehr als die Hälfte rum. Nein, auf die Spezialisten konnte er nicht warten. Er musste die Sache selbst in die Hand nehmen.

Schulte überlegte fieberhaft, ob er durch das Buschwerk seitlich an das Wohnmobil gelangen könnte. Das würde zwar nicht ohne heftige Schrammen abgehen, wäre aber möglich, wenn da nicht dieser verdammte Bewegungsmelder wäre. Salzmann würde sofort mitbekommen, wenn sich ihm jemand von dieser Seite näherte. Der Lampe eine Kugel verpassen? Dann wäre Salzmann erst recht gewarnt.

„Hast du eigentlich eine Vorstellung, wie Salzmann überhaupt das Wohnmobil sprengen will? Er hat doch bestimmt keinen Sprengstoff an Bord", fragte Maren Köster plötzlich.

„Keine Ahnung! Aber die Gefahr, dass er das so oder so hinbekommt, ist viel zu groß. Wir müssen ihn erst nehmen!"

„Pass auf, Maren! Die Leute vom Sondereinsatzkommando werden zu spät kommen, das steht fest. Wir müssen Salzmann also hinhalten, bis die hier sind. In zehn Minuten läuft unsere Frist ab. Ich sehe nur eine Möglichkeit. Ich muss auf Salzmanns Forderung eingehen und ihn irgendwie auf Zeit halten. An dir liegt es, den Leiter des SEK schnell und umfassend einzuweisen. Damit keine Zeit verloren geht. Das heißt, auch mit den Örtlichkeiten musst du ihn vertraut machen. Jedenfalls in dem Rahmen, in dem wir selbst Bescheid wissen. Und sieh zu, dass die alte Frau parat steht. Ja, und dann müssen diese Spezialisten mich und Anton da rausboxen. Irgendwie. Einverstanden?"

Sie schüttelte ihren schönen Kopf. Dann schaute sie ihn sehr ernst an.

„Das ist, ehrlich gesagt, ein Scheißvorschlag. Aber ich weiß auch keinen besseren."

82

Schulte stieg aus dem Dienstwagen, reckte und streckte alle Glieder, um sich lockerer zu machen. Es war nun fast halb drei morgens. Es hatte um Mitternacht aufgehört zu regnen, aber es war kühl, und Schulte spürte, wie es ihm eiskalt über den Rücken zog. War es tatsächlich die Kälte oder war das die Angst? Schulte wusste es nicht, er wollte auch nicht darüber nachdenken.

Er ging ein paar Schritte nach hinten und sprach mit einer der Streifenwagenbesatzungen. Anschließend ging er zum Auto von Axel Braunert, auf dessen Rückbank eine alte Frau saß, die nur Salzmanns Mutter sein konnte. Schulte sprach leise mit Braunert. Der nickte nur. Dann atmete Schulte tief durch und ging langsam durch die Dunkelheit in die Richtung des Wohnmobils. Als er kurz vor dem Punkt war, an dem ihn der Bewegungsmelder erfassen konnte, blieb er stehen. Bislang hatte Salzmann noch nichts davon mitbekommen, dass das Objekt seines Hasses nur noch etwas mehr als zehn Meter vor ihm stand. Die halbe Stunde war fast auf die Sekunde abgelaufen, als Schulte laut rief: „Licht!"

In diesem Moment flammten fünf starke Suchscheinwerfer auf und erleuchteten die Szenerie so taghell, dass es keinen erkennbaren Unterschied mehr machte, als Schulte in den Kegel des Bewegungsmelders trat und dieser ansprang. Schulte sah im Fahrerbereich des Wohnmobils einen kreideweißen Rainer Salzmann, der ihn entsetzt anstarrte.

83

Rainer Salzmann hatte bereits alles vorbereitet. Wenn sein Plan aufging, dann würden in wenigen Minuten sowohl Anton Fritzmeier als auch Jupp Schulte ihr erbärmliches Dasein beendet haben. Natürlich würde er selbst auch dabei umkommen, aber man musste Opfer bringen für große Taten. Er hatte es schon lange nicht mehr als erstrebenswert angesehen, um jeden Preis alt zu werden. Seine täglichen Beobachtungen in seinem Beruf als Altenpfleger hatten ihm schon vor vielen Jahren jede Illusion geraubt. Das war nicht die schöne Welt aus dem Werbefernsehen mit lachenden, rüstigen und gut gepflegten Rentnern, die auf dem Kreuzfahrtschiff herumlungerten und nicht wussten, wohin mit der ganzen Rente. Nein, die Wirklichkeit sah in den meisten Fällen anders aus. Und diese Wirklichkeit wollte er nicht für sich. Dann lieber selbst bestimmen, wann Schluss ist. Und wenn möglich, wollte er einen Abgang, von dem man noch lange reden würde. Nachdem er in wenigen Augenblicken neben Diekjobst auch Fritzmeier, Schulte und sich selbst erledigt haben würde, hätte er etwa ein Fünfzigstel der erwachsenen männlichen Bevölkerung von Heidental getötet, rechnete er schnell hoch. Zumindest dort würde man ihn nie vergessen. Nie! Das war es wert.

Salzmann nahm ein volles Glas Wasser in die Hand und schaute hinaus in die Dunkelheit. Er konnte von hier aus die wartenden Polizeiautos nicht erkennen, ebenso wenig konnte er sehen, was sich auf der Fläche zwischen ihm und den Polizisten tat. Das irritierte ihn. Jede Sekunde könnte es sein, dass ein ganzer Trupp eines Sondereinsatzkommandos über ihn herfiel und seinen schönen Plan zunichte machte. Er bildete sich bereits ein, das Geräusch eines über ihm kreisenden Hubschraubers zu hören. Um nicht von Weitem ein Ziel für Scharfschützen zu sein, hatte er die Innenbeleuchtung des Wohnmobils abgeschaltet. So war um ihn herum totale Finsternis.

Er schrak zusammen, als Fritzmeier wütend schnaubte. Mehr war ihm nicht möglich, da sein Mund kreuzweise mit langen Streifen Heftpflaster verklebt war. Salzmann atmete erleichtert durch, als er die Quelle des Geräuschs geortet hatte. Lange würde der alte Mann ihn nicht mehr erschrecken, das stand fest.

Salzmann schaute auf seine Armbanduhr. Die phosphoreszierenden Ziffern sagten ihm, dass die Frist in vier Minuten abgelaufen sein würde. Dass Schulte kommen würde, daran hatte er eigentlich keinen Zweifel. Er kannte Schulte seit Jahren.

Sie waren nicht enger bekannt gewesen. Beide waren eben Bewohner des winzigen Nestes Heidental. Da kannte man sich eben.

Aber Schulte war ihm schon oft unangenehm aufgefallen. Dieser aufgeblasene Wichtigtuer! Der in Heidental einen auf dicke Hose machte, während seine Kollegen bei der Polizei nur über ihn lachten. Das hatte Salzmann jedenfalls von einem seiner Bekannten, einem Polizisten namens Hartel, gehört. Dieser Hartel hatte an Schulte kein gutes Haar gelassen, und es gab für Salzmann keinen Grund, an dessen Aussagen zu zweifeln. Salzmann hatte sich so in seine finsteren Gedanken hineingesteigert, dass er vor Erregung das Wasserglas fallen ließ. Das Klirren des zerberstenden Glases ließ beinahe sein Herz stillstehen. Aber nun war er wenigstens zurück in der Wirklichkeit. Zurück und hellwach. Ja, dachte er. Schulte würde kommen, keine Frage. Sein merkwürdiges Verhältnis zu Anton Fritzmeier, diese krude Mischung aus Freundschaft und Altenbetreuung, ließ für Schulte gar nichts anderes zu. Er würde Fritzmeier nicht seinem Schicksal überlassen.

Salzmann quetschte sich durch die schmale Schiebetür, die den Fahrerbereich mit dem hinteren Teil verband, wobei er sich wegen der Dunkelheit nur tastend fortbewegen konnte.

Falls er aus Versehen auf den am Boden festgeketteten Fritzmeier treten würde, wäre das nicht so schlimm. Dann tastete er den Esstisch ab, von dem er wusste, dass darauf eine Tageszeitung lag. Sekunden darauf hatte er auch den nächsten Schritt vollzogen.

Er hatte den Toaster gefunden und stopfte einen Teil der Tageszeitung in den Schlitz. Dann machte er einen Schritt zur Seite und fummelte ein wenig in einem kleinen Schrank herum. Ein leises Zischen sagte ihm schließlich, dass er tatsächlich den Gastank geöffnet hatte. Wunderbar! Soweit lief alles glatt. Als nun auch noch Fritzmeier erneut aufstöhnte und an seiner Kette riss, schmunzelte Salzmann. Sobald Schulte direkt vor dem Wohnmobil stand, würde er den Toaster anstellen. Bis dahin hätte sich der Innenraum ausreichend mit Gas gefüllt. In kürzester Zeit würde die Hitze des Toasters die Zeitung entzünden, und dann … ja dann würde es sowohl für ihn selbst als auch für Anton Fritzmeier zu Ende sein.

Aber die Explosion wäre mit Sicherheit stark genug, um den direkt davorstehenden Schulte ebenfalls in Stücke zu zerreißen.

In diesem Augenblick schrak Salzmann entsetzt auf. Um ihn herum war es plötzlich taghell! Was war das? Das Sondereinsatzkommando? Fielen sie jetzt von allen Seiten über ihn her? Würde er sein Ende doch nicht selbst bestimmen können?

84

Auch Schulte war für einige Sekunden geblendet vom plötzlichen, grellen Licht. Dann waren wieder Konturen zu erkennen. Das große Wohnmobil zeichnete sich ab, einen Augenblick später konnte er das schreckensstarre Gesicht Salzmanns hinter der Frontscheibe erkennen. Schulte machte ein paar Schritte nach vorn und stand nun direkt vor der Fahrertür des Mobils. Er bedeutete Salzmann mit Handzeichen, dass er die Seitenscheibe herunterkurbeln solle. Es dauerte eine Weile, bis sich Salzmann so weit von seinem Schrecken erholt hatte, dass er Folge leisten konnte. Aber er beließ es bei einem winzigkleinen Spalt, gerade groß genug, um hindurchzusprechen.

Schulte wollte in der Offensive bleiben, also redete er als Erster. „So Salzmann, da bin ich! Pünktlich auf die Sekunde. Was hast du mir zu sagen?"

Salzmann war so außer Fassung geraten, dass er die ersten Worte nur stammelte. Aber er hatte sich schnell wieder im Griff. „Ich will mit dir sprechen, Schulte. Hier, genau hier." Dann schien ihm etwas eingefallen zu sein. „Kleinen Moment noch, ich muss gerade mal nachschauen, ob Fritzmeier noch lebt. Unser Gespräch soll sich doch schließlich lohnen. Bin sofort wieder da!"

Bei diesen Worten kurbelte er das Fenster wieder hoch und zwängte sich zwischen den beiden vorderen Sitzen durch die Schiebetür nach hinten.

Schulte nutzte Salzmanns kurze Abwesenheit und gab Axel Braunert ein vorher vereinbartes Handzeichen.

Unmittelbar danach kam Axel Braunert mit der alten Frau am Arm langsam den Weg hoch, konnte aber vom Wohnmobil aus noch nicht gesehen werden.

Dann war Salzmann wieder auf dem Fahrersitz, kurbelte das Fenster einen kleinen Schlitz weit auf und meinte höhnisch: „So, ein bisschen Leben ist noch drin. Ist 'n zäher

Bock, der alte Mann. Willst du wirklich den Helden spielen und dich für ihn opfern? Schulte, die Heldenrolle passt doch gar nicht zu dir."

„Ich weiß noch gar nicht, ob ich mich überhaupt opfern will", brummte Schulte. „Das müssen wir erst mal abwarten."

Salzmann war schon wieder etwas irritiert, versuchte aber, es sich nicht anmerken zu lassen.

„Wenn du das nicht weißt, warum bist du dann hier? Was willst du von mir?"

Schulte sprach weiter ruhig und leise. „Ich? Ich bin es nicht, der was von dir will. Hier ist jemand ganz anderes, der dringend mit dir sprechen will. Schau doch mal auf den Weg!"

In etwa zehn Metern Entfernung waren nun Axel Braunert und die alte Frau Salzmann zu erkennen. Salzmann glotzte sie mit irrem Blick an. Sagte nichts, war wohl auch nicht dazu in der Lage.

Es war Schulte, der ihn aus seiner Starre riss. „Willst du deiner Mutter nicht mal Hallo sagen? Was bist du nur für ein Sohn? Sag ihr ruhig, was du vorhast. Na los, auf was wartest du?"

Salzmann starrte weiter seine Mutter an, als sähe er ein Gespenst. Dann schien er urplötzlich aufzuschrecken. Er straffte sich, schaute nun noch panischer drein und tat etwas, womit Schulte niemals gerechnet hätte.

85

Salzmann riss die Fahrertür auf und sprang hinaus. Aber er machte keinen Schritt in Schultes Richtung, der sich bereits reflexhaft in Verteidigungsbereitschaft hielt. Salzmann rannte auf seine Mutter zu, entriss sie dem völlig verdutzten Axel Braunert, warf sich die alte Frau über die Schulter und rannte weiter, nur weg vom Wohnmobil. Er war etwa vier Meter gelaufen, da hatte sich Axel Braunert wieder im Griff und hetzte hinter Salzmann her. Auch Schulte hatte schnell reagiert und war losgelaufen. Braunert war aber deutlich näher an Salzmann, der mit seiner schweren Last nicht schnell genug sein konnte. Dann machte Axel Braunert einen gewaltigen Hechtsprung, umfasste die Beine von Salzmann und brachte damit Mutter und Sohn zu Fall. Salzmann schlug neben seiner Mutter lang hin, konnte aber sofort wieder aufspringen, bevor Braunert sich seinerseits aufgerappelt hatte. Salzmann wollte erneut losrennen, als Schulte zu den beiden aufgeschlossen hatte und sich mit der vollen Wucht seines massigen Körpers auf Salzmann warf. Dabei stürzten beide Männer und wälzten sich auf dem Boden, so ineinander verhakt, dass der etwas hilflos dabeistehende Braunert kaum erkennen konnte, wer von den beiden gerade in der Reichweite seiner Fäuste war. Dann gewann Schulte die Oberhand und bekam Salzmann in den Polizeigriff. Da Braunert sehen konnte, dass Maren Köster auf sie zueilte und fast bei ihnen angekommen war, nutzte er dies aus, lief zurück zu der alten Frau und hob sie auf. Er war mit seiner Last gerade ein paar Schritte gegangen, war ungefähr auf Höhe der immer noch am Boden liegenden Salzmann und Schulte, als ein ungeheurer Knall die Luft zerfetzte. Dem Knall folgte eine gewaltige Stichflamme, die aus dem schlug, was noch vor einer Sekunde ein Wohnmobil gewesen war. Dann sahen sie nur noch Rauch. Überall Rauch.

Die Männer und Maren Köster wurden von der Druckwelle erfasst. Wurden zu Boden gedrückt. Sie waren wie betäubt. Durch den Knall, durch den Schreck und durch die Erkenntnis, dass etwas unfassbar Schreckliches passiert war.

Schulte war der Erste, dem die ganze Tragweite dieses Unglücks aufging. Er rappelte sich hoch, schrie laut: „Anton!" und wollte loslaufen. Der reaktionsschnelle Braunert hielt ihn aber fest.

„Bleib hier!", schrie er. „Wer weiß, was da noch alles explodiert." Und dann fügte er, mit ganz leiser Stimme, hinzu: „Bring dich nicht unnötig in Gefahr. Du kannst ihm nicht mehr helfen."

Grauen, unerträgliches Grauen umklammerte Schulte. Das Gefühl machte ihn bewegungsunfähig. Es folgte eine weitere Detonation. Nach der Gasflasche explodierte nun der Tank des Wohnmobils. Trümmerteile wurden durch die Luft geschleudert. Die zweite Druckwelle war weitaus heftiger als die erste. Wieder wurden die Polizisten zu Boden geschleudert. Suchscheinwerfer wurden umgerissen, und auch die Personen im hinteren Bereich bei den Fahrzeugen bekamen den Luftdruck zu spüren.

Schulte hörte ein lautes, grelles Pfeifen in seinen Ohren. Es wurde zum Dauerton.

Leute schrien aufgeregt durcheinander.

Dem Polizisten rannen Tränen über die Wangen. Er weinte still vor sich hin. Es geschah einfach mit ihm. Er konnte nichts dagegen tun, obwohl er sich jahrelang darum bemüht hatte, sich solche Gefühlsregungen abzuerziehen.

Irgendjemand fasste ihn am Arm und zog ihn zu sich. Er roch den Duft einer Frau. Doch der Schmerz brannte weiter in seiner Seele. Er hatte es nicht geschafft, dem wahnsinnigen Salzmann seinen Freund Fritzmeier zu entreißen.

„Du selbstgefälliges, wahnsinniges Arschloch!", brüllte Schulte seine Wut in die Welt hinaus und stürzte sich auf Salzmann. Doch Maren Köster und Axel Braunert konnten den wütenden Mann abfangen und zu Boden ringen.

„Schulte, das bringt doch nichts!", versuchte die Polizistin ihren Kollegen zur Besinnung zu bringen. Doch der versuchte sich fluchend, heulend und schluchzend gegen die festen Griffe der Kollegen zur Wehr zu setzen.

„Schafft diesen Salzmann hier weg, sonst bringt Schulte ihn um!", rief sie einem der herangeeilten Polizisten zu. „Lange können wir Jupp nicht mehr halten."

Doch der Wachtmeister, den sie angesprochen hatte, starrte nur in die brennenden Trümmer des Wohnmobils, als seien sie ein gerade gelandetes Ufo. Was war los mit dem Mann, warum reagierte er nicht? Hatte er eine Erscheinung?

86

Jetzt blickten auch die anderen in die Richtung. Die Flammen beleuchteten die Silhouette eines Mannes, der gebeugt und laut hustend auf die Gruppe zukam.

„Verdammtes Chroßmaul!", hörte Schulte eine vertraute Stimme fluchen:

„Ich hab auf ihn eincheredet, wie auf einen lahmen Esel. Aber chlaubt ihr denn, der hätte auch nur einmal zuchehört? Immer mitten Kopf durche Wand. Typisch Salzmann! War nie anders. Der kann mal froh sein, dat ich mich meinen Arm weh chetan habe, sonst würde ich ihn jetzt auf der Stelle was an den Hals hauen. Jetzt wäre et soweit. So ein Blödmann! Ne, wat ein Idiot!"

Fritzmeier konnte gar nicht mehr aufhören zu schimpfen, so verärgert war er. Die wie paralysiert dreinschauenden Augenzeugen überlegten, ob sie vor der Erscheinung, die sich ihnen hier bot, niederknien sollten. Hier war ein Wunder geschehen. Das Wunder vom Barntruper Steinbruch!

Schulte konnte es nicht fassen. Wie war der alte Bauer aus dem Inferno herausgekommen? Kannte er Gott persönlich? Um ganz sicher zu gehen, ging er auf den alten Mann zu und fasste ihn an, als wolle er prüfen, ob er echt sei. Dann umarmte er ihn.

Der Alte verzog schmerzverzerrt sein Gesicht. Dennoch sagt er zu Schulte:

„Was machs du denn da? Was sollen denn die Leute von uns beide denken? Nimm mich lieber diese Scheißfesseln ab!"

Obwohl es Schulte nicht zum Lachen zumute war, konnte er es sich in diesem Moment nicht verkneifen.

„Lass mal, Anton, das wird jeder verstehen. Ich bin so froh, dass du noch lebst. Schließlich habe ich noch vor einer Minute geglaubt, du wärest tot."

„Leben tue ich noch. Aber meine Knochen tun mich so weh, als wäre ich den Tod aus hundert Metern vonne Schippe gesprungen. Und ich chlaube, ich hab mir den Arm chebrochen."

„Keine Sorge", entgegnete Schulte. „Ich glaube, der Krankenwagen ist schon unterwegs."

„Nee, in die Kiste steige ich nicht ein. Das Wohnmobil hier hat mich chereicht. Und jetzt mach endlich die Fesseln los, Jupp, und dann kannse mich ja zun Krankenhaus nach Detmold fahren. Wenn ich den Tod schon entchangen bin, dann will ich auch wieder richtig heile werden."

„Okay, dann setz dich mal hier irgendwo hin und ruh dich ein bisschen aus. Ich hole derweil das Auto."

„Lass doch den Unsinn, Jupp. Ich hab mich doch kein Bein chebrochen. Laufen kann ich noch. Also, wo steht deine Karre?"

Fritzmeier gebärdete sich, als wollte er Bäume ausreißen. Verzog aber im nächsten Moment gleich wieder das Gesicht, weil er bei der Bewegung, die er gerade ausgeführt hatte, wohl wieder einen neuen Schmerzherd an seinem arg gebeutelten Körper ausgemacht hatte.

Schulte zuckte mit den Schultern. Dem alten Mann war nicht zu helfen, der folgte nur seinem eigenen lippischen Dickkopf.

Wenn Fritzmeier nicht wollte, dann konnten ihn keine zehn Pferde bewegen und auch kein gute Zureden. Schulte unterdrückte auch die naheliegende Frage, wie Fritzmeier eigentlich entkommen war. Der alte Herr würde diese Frage schon irgendwann beantworten. Aber den Zeitpunkt dafür würde nur er selbst festlegen.

87

Er hörte Harfenmusik. Wie schön! Doch dann begann die Melodie wieder von vorn. Langsam wurden die eben noch als angenehm empfunden Töne nervig. Dann trat Ruhe ein. Schulte drehte sich auf die Seite. Nach einer kurzen Entspannungsphase hörte er die Musik wieder. Er versuchte sie in seinen Traum einzubauen, doch es gelang ihm nicht. In immer gleich bleibenden Abständen wiederholten sich die Tonsequenzen. Das Insistieren der Melodie zeigte Wirkung: Schulte öffnete die Augen, um nach der Ursache für das Geräusch zu forschen. Es war sein Handy. Welcher Idiot rief denn um diese Zeit an, dachte er und sah auf die Uhr. Es war gleich elf.

„So spät schon?", stellte er sich selbst die Frage und wunderte sich darüber, warum er noch im Bett lag. Er war doch gerade erst eingeschlafen – und jetzt war es schon so spät, komisch. Dann kämpften sich die Ereignisse der letzten Stunden in sein Bewusstsein. Er erinnerte sich wieder an die Verfolgungsjagd, an die Erpressungsversuche von Salzmann im Steinbruch. Die Explosion des Wohnmobils kam ihm wieder in den Sinn. Und der Schock, der ihn erfasst hatte, als er glaubte, Fritzmeier sei gestorben.

Wieder Harfenmusik. Schulte fluchte und nahm endlich das Gespräch entgegen.

„Sach mal, sitzt du auf den Ohren?" Es war Fritzmeier.

„Anton, was ist los? Warum rufst du an?"

„Warum rufst du an, warum rufst du an? Was für eine blöde Frage! Ich sitze hier in Krankenhaus und komme nich wech. Vielleicht setzt du dich mal in deinen beschissenen Leichenwagen und holst mich ab. Ich halte das keine zehn Minuten mehr in diesen Kasten aus. Also beeil dich!"

„Anton, der Notarzt hat doch gesagt, dass du mindestens drei Tage zur Beobachtung im Krankenhaus bleiben solltest. Da kann ich dich doch jetzt nicht einfach abholen."

„Der Notarzt hat chesagt, der Notarzt hat chesagt, was der Notarzt sacht, interessiert mich nich. Zweiundachtzig Jahre bin ich cheworden ohne Notarzt. Mit sowat fange ich chetz auch nich mehr an. Ich will nach Hause und zwar so schnell wie möglich. Also beeil dich, oder soll ich lieber Elvira anrufen?"

„Ist ja schon gut, Anton, ich komm ja schon. Aber richtig ist das nicht."

„Dann bis chleich!"

Im nächsten Moment hatte der alte Bauer aufgelegt. Wahrscheinlich vermutete er, dass Schulte noch mal einen Versuch unternehmen würde, um ihn zum Bleiben im Krankenhaus zu überreden.

„Da kann man nichts machen", sagte Schulte zu sich und quälte sich aus dem Bett.

Eine halbe Stunde später parkte er sein Auto auf dem Parkplatz des Klinikums Lippe-Detmold. Als er das Foyer betrat, stand Anton Fritzmeier schon gestiefelt und gespornt am Eingang.

„Dat wurde aber auch Zeit!", meckerte der alte Bauer vorwurfsvoll. „Ich dachte schon, ich sollte hier Wurzeln schlagen. Los, komm jetzt!"

Ohne weiter auf Schulte zu achten, setzte sich Anton Fritzmeier in Bewegung. Das Gesicht des alten Bauern wies erhebliche Spuren der Gewalteinwirkung auf. Die Schläge, die Salzmann ihm versetzt hatte, hatten dazu geführt, dass sich heftige Blutergüsse gebildet hatten. Außerdem nuschelte Fritzmeier etwas. Seine Lippen schienen also auch geschwollen zu sein. Er tat jedoch so, als sei nichts geschehen.

„Wo hasse deine Karre stehen?", fragte er und versuchte dabei, so gleichgültig wie möglich zu wirken.

„Da, rechts auf dem Parkplatz", Schulte wusste, dass es keinen Zweck hatte, jetzt mit dem Bauern zu diskutieren, also ging er voran zu seinem Auto.

Als Fritzmeier es sich auf dem Beifahrersitz bequem gemacht hatte, bemerkte Schulte seinen geschienten linken
Arm.

„Is chebrochen, aber nicht weiter schlimm."

Schulte sagte nichts dazu.

„Wat is? Bisse sauer, dat ich aus den Krankenhaus ab-
haue? Is nix für mich. Liechst den chanzen Tach im Bett und
klaust dem lieben Gott den Tag. Nee, ich muss anne Luft.
Im Bett liechse dich nur wund. Dat is garnich chut für die
Haut."

Auch eine Philosophie, dachte Schulte und startete den
Motor.

Als der Volvo sich in Bewegung gesetzt hatte, fragte
Schulte:

„Sag mal, wie bist du eigentlich aus dem brennenden
Wohnmobil rausgekommen?"

„Weisse, Jupp, dieser Salzmann ist so wat von dämlich,
dass chlaubsse nicht! Der bindet mich an ein Tischbein fest,
und weiß nicht, dass die Platte nur drauf chesteckt ist und
auch auf den Fußboden kannse den Tischstahlen ausse Verankerung schieben. Brauchse nur mal dran treten. So kannse
den Tisch nämlich schnell abbauen, wenne Platz brauchs.
Dat hab ich natürlich sofort chemerkt, als er mich da fest-
gemacht hat. Ich hab dem aber nix chesagt, dem Blödmann.
Immer dat selbe mit Salzmann, chlaubt, er hätte die Weisheit
mit Löffeln chefressen und weiß doch nix. Brauchte nur mal
die Augen aufmachen, der Kerl. Na, jedenfalls, ich hatte ja
das Chaas cherochen, wusste also, dass es höchste Eisenbahn
wurde. Und als Salzmann dann aus den Wohnmobil raus und
hinter seiner Mutter hergelaufen iss, da habe ich die Platte
ausse Verankerung gedrückt und hin zur anderen Seite aus
den Wohnmobil raus. Kaum war ich in Deckung, hinter 'nen
dicken Baumstamm, da ching die Kiste auch schon inne
Luft. War fast wie damals in Kriech. Und als ich da so lag,
hinter einen der Bäume, da hab ich noch mal so ein Schlag

244

mitbekommen. Ich glaube, dabei hab ich mich den Arm gebrochen. Vorher hatte Salzmann mir aber ab und zu schon
mal eine runtergehauen. Dat chanze Chesicht tut mich weh.
Darum habe ich auch so cheschwollene Lippen und morgen
habe ich bestimmt auch ein blauet Auge. Aber das kriecht er
wieder, dieser Dämelack! Eins sage ich dir: Anton Fritzmeier
schlägt man nich unchestraft."

Aber auf einmal wirkte der alte Bauer nachdenklich. Erheblich leiser fragte er: „Sach mal, wat is denn jetzt mit Salzmann?"

„Den haben wir festgenommen. Wahrscheinlich ist Margarete Bülow schon dabei ihn zu verhören. Ich war noch
nicht im Büro. Wollte ein bisschen ausschlafen. Aber dann
hast du mich ja geweckt."

„Ja, wie, und kommt der jetzt in den Knast? Dat muss
doch auch nich sein. Is doch nur ein dummer Junge "

„Dummer Junge? Dass ich nicht lache! Der Typ ist ge-
meingefährlich. Ich möchte nicht wissen, wie viele Leute der
auf dem Gewissen hat."

„Na, jetzt übertreibt man nich!"

„Übertreibt mal nicht! Du hast Nerven! Bist dem Tod gerade noch mal von der Schippe gesprungen und tust so, als
wenn nichts gewesen wäre. Salzmann hat ein paar Menschen
umgebracht. Wir wissen noch nicht wie viele. Und du wärst
mit Sicherheit nicht der Letzte gewesen, den er über den
Jordan geschickt hätte. Und was machst du? Wenn es nach
dir ginge, müsste man Salzmann behandeln, als hätte er in
einem Hofladen ein paar Erdbeeren geklaut. Der Typ ist ein
gemeingefährlicher Mörder!"

„Kann ja sein, Jupp, aber für mich is es immer noch der
dumme Junge von nebenan. Einer, der eine große Fresse hat,
aber nichts im Beutel. Dat kriege ich einfach nich aus meinen
Kopf raus. Auch wenn ich gestern noch ganz schön Schiss
hatte, als er mir da im Wohnmobil ans Leder wollte. Aber,
irgendwie kann ich Salzmann dennoch nich böse sein."

Schulte wusste darauf nichts zu sagen. Und so schwiegen die beiden Männer den Rest der Autofahrt.

Erst einige Meter vor dem Fritzmeier'schen Hof ergriff der alte Bauer noch mal das Wort. „Sach mal, habt ihr denn wenichstens den Laden aufchemacht?"

88

Die tief stehende Sonne zeigte an, dass der frühe Abend hereingebrochen war. Es war noch recht warm, als die zwei Männer die Einfahrt zum Fritzmeier'schen Hof passierten. Sie hielten direkt auf den Hofladen zu. Der größere von beiden drückte die Klinke der Eingangstür hinunter. Er öffnete sie ein Stück und sah, wie sich im Verkaufsraum ein junger Mann abquälte.

Der Kerl, der dabei war, einige Bierkisten, die wahrscheinlich gerade von der Strate-Brauerei geliefert worden waren, ordentlich aufzustapeln, kam ihnen bekannt vor. Doch sie wussten ihn nicht einzuordnen.

„Sagen Sie mal, junger Mann, wo ist denn der Chef?"

„Keine Ahnung, ich glaube, der hat sich etwas hingelegt. Er hatte wohl gestern ziemlichen Stress. Ich verstehe gar nicht, dass er heute Abend schon wieder Gäste bewirten will. Eine große Party will er schmeißen! An seiner Stelle würde ich mich doch erst mal etwas aus ruhen."

„Ja, ja, der Schornstein muss rauchen. Da wollen mal wir mithelfen, dass Fritzmeier auf seine alten Tage noch ordentlich Geld verdient. Gib uns doch mal eine Flasche Bier. Aber nicht von dem warmen Zeug da, was gerade erst geliefert worden ist. So eine richtig schöne kalte Flasche aus dem Kühlschrank wollen wir", sagte der kleinere von beiden. Er war ein hagerer, älterer Mann mit einem harten Gesicht.

„Tut mir leid, meine Herren! Der Hofladen ist heute geschlossen."

„Was redest du da, Junge? Du hast doch eben selber noch gesagt, dass Anton heute noch Gäste bewirten will!", meldete sich nun der zweite, ein großer, dicker Kerl.

„Ja, aber das ist eine geschlossene Gesellschaft."

„Geschlossene Gesellschaft? Da gehören wir bestimmt dazu. Ich bin Bangemann, der Ortsvorsteher von Heidental und das ist Max Kaltenbecher, unser ehemaliger Dorfkneipier und ein guter Kumpel von Fritzmeier. Du kannst uns ruhig schon mal eine Flasche Bier geben."

„Chuter Kumpel? Kann ja sein, aber heute Abend seid ihr nich dabei, ihr alten Schnorrer!", posaunte Anton Fritzmeier hinter dem Rücken der beiden Männer. Die drehten sich zu dem alten Bauern um.

„Anton, immer zu einem kleinen Scherz aufgelegt", versuchte sich der Dicke einzuschmeicheln. „Mensch, Fritzmeier, du glaubst ja gar nicht, was die Leute erzählen. Da habe ich doch heute Morgen gehört, Salzmann wollte dich um die Ecke bringen. Das stimmt doch nicht, oder? Nun sag mal, was war denn da jetzt wirklich?" Und an den jungen Mann hinter dem Tresen gerichtet: „Was ist nun mit unserem Bier?"

„Nix ist mit eurem Bier. Ihr kriecht keins. Ich habe heute Chäste und jetzt raus hier, ihr beiden! Haltet den Jungen nich weiter vonne Arbeit ab."

Der Dicke blähte sich auf. „Anton, du verlierst hier gerade zwei gute Kunden. Ich weiß nicht, ob du dir das leisten kannst. Du weißt doch, wie es damals Max Kaltenbecher gegangen ist." Bangemann deutete mit dem Finger auf seinen Kollegen. „Dreimal große Fresse, und er konnte seine Kneipe dicht machen."

Fritzmeier merkte, dass sich jetzt auch der ehemalige Dorfkneipier, Kaltenbecher, über die Unverschämtheiten des Ortsvorstehers zu ärgern begann. Doch der traute sich nicht, etwas gegen den Dicken zu sagen. Aber der alte Bauer wurde jetzt richtig kampfeslustig. „Bangemann, du Idiot, dies is ein

Hofladen und keine Kneipe. Wenn du hier ein Bier kriegst, dann nur weil ich so ein feinen Kerl bin."

„Feiner Kerl, dass ich nicht lache. Du bist der größte Schrapper aus Heidental und ein Großkotz dazu. Neulich hattest du ja schon das Gesundheitsamt auf dem Halse, weil du verdorbenes Fleisch verkauft hast. Und das mit dem Bierausschank im Hofladen ist ja wohl auch nicht legal. Habe ich auch schon mal gesagt. Sollte mich nicht wundern, wenn du wieder Ärger kriegst. Und dann ist dein Laden ein für alle Male dicht. Wenn du dann zu mir kommst und mir die Ohren vollheulst, wunder dich nicht, wenn ich dir die kalte Schulter zeige. Von wegen, Ortsvorsteher und mach doch mal."

Jetzt wurde Fritzmeier richtig wütend. „Merk dich eins, Bangemann! Du bist nich der König von Heidental. Und wenne Leute anschwärzen willst, kann ich dich nich davon abhalten. Aber wenn ich eine private Feier mache, dann entscheide immer noch ich, wen ich einlade und wen nich. Und wenn du weiter in meinen Hofladen Bier trinken wills, dann reiß dich am Riemen, oder bleib wo der Pfeffer wächst. So, und jetzt seht zu, dass ihr Land gewinnt. Ich kriege gleich Besuch."

Widerwillig zogen die beiden Männer ab. Sie wirkten wie zwei geprügelte Hunde.

Fritzmeier sah zu dem jungen Mann hin und pflaumte ihn an: „Hat dich einer gesacht, dass du hier rumstehen sollst? Sieh zu, dasse fertig wirst, in zwei Stunden kommen die Leute, und es steht noch nix aufn Tisch."

Doch so viel Zeit hatten die beiden Männer nicht mehr. Rodehutskors war der Erste, der kam.

Er stieg aus seinem Auto aus und zündete sich umständlich eine Zigarre an. Gemütlich blies er den Rauch in die Luft. Dann bewegte er seinen massigen Körper Richtung Hofladen.

„Ach, da habe ich ja die beiden Richtigen gleich zusammen. Aber wie kommen Sie denn hier her, Herr Nolte?"

Die Antwort übernahm Fritzmeier für den jungen Mann: „Der Bengel leistet hier Strafarbeit. Wiederchutmachung sozusagen! Anstelle von Knast schuftet der jetzt in meinen Hofladen. Solange, bis meine Hand wieder in Ordnung is. Die habe ich mich chestern chebrochen. Bis die wieder heile ist, dat wird wohl ein paar Wochen dauern. Solange muss der Junge hier arbeiten und Abbitte leisten, dafür dat er mir den Strom abchestellt hat. Die Suppe hat er sich ja selbst einche-brockt, der Bengel", erklärte Fritzmeier und ging hinaus, um draußen weiter Vorbereitungen für das Fest zu treffen.

Rodehutskors grinste. Auch eine Möglichkeit, Probleme zu lösen, dachte er. Nicht gleich zum Staatsanwalt laufen, sondern für seine Fehler gleich an Ort und Stelle geradeste-hen.

An den jungen Mann gewandt, sagte er: „Ja, Herr Nolte, Sie haben ja in einem feinen Unternehmen gearbeitet. Ich habe die Produkte von *Omas Hofladen* mal untersuchen las-sen. Das ist ja wirklich schlechteste Qualität. Die Garnelen, die ich in einer Ihrer Filialen gekauft hatte, waren nur ge-presstes Weißfleisch in Garnelenform. Nichts anderes als ansonsten nicht verwertbarer Fisch, angereichert mit Ge-schmacksverstärker, Aromen und Farbstoffen. Sogar einen Anteil Hühnerfleisch hat man dazwischengemengt. Wider-liches Zeug! Ganz davon abgesehen, frage ich mich sowieso, was Garnelenschwänze und italienische Antipasti in einem ostwestfälischen Hofladen zu suchen haben. Doch die Krö-nung war eine Packung Schafskäse. Fachleute nennen das Zeug Analogkäse, weil er wie Schafskäse aussieht. In Wirk-lichkeit beinhaltet dieser Käse billiges Pflanzenfett anstelle von Milchfetten und Magermilch von der Kuh. Sagte ich Käse? Käseimitat muss das Gemansche heißen. Und dann obendrein noch die Machenschaften, mit denen das Unter-nehmen *Omas Hofladen* die Konkurrenz ausschalten wollte. Kriminell! Aber, das alles wissen Sie ja sicherlich besser als ich. – Wie auch immer, was dem einen sein Leid, ist dem

249

anderen seine Freud. Ich habe eine super Story. Und, stellen Sie sich vor, ich habe sie schon an ein bekanntes Hamburger Nachrichtenmagazin verkauft. Das wird ein Geschäft. Ach, übrigens, Herr Nolte, jetzt wo sie bei *Omas Hofladen* ausgestiegen sind, wie wäre es mit einer kleinen Insider-Berichterstattung an mich? Ich kann Ihnen sogar etwas Geld dafür bezahlen."

Eine Antwort musste Nolte Rodehutskors schuldig bleiben. Denn im nächsten Moment kam Maren Köster in den Laden. Sofort hatte der Journalist sein Interesse an dem jungen Mann verloren und widmete seine ganze Aufmerksamkeit der hübschen Kommissarin.

„Ah, die schönste Polizistin aus Ostwestfalen", begann Rodehutskors gleich, Süßholz zu raspeln.

Er nahm sie am Arm und zog sie zur Seite. Dann sagte er leise, unter vier Augen: „Ich will nicht aufdringlich sein, Frau Köster, aber wie geht es Ihnen? Sie wissen ja, als Kollege von Michael Grafenberg sind mir die Ereignisse der letzten Wochen natürlich nicht entgangen. Es tut mir leid, was ihnen widerfahren ist."

„Ach, lassen Sie es gut sein, Herr Rodehutskors. Wie Sie sich denken können, tut das Ende einer Beziehung immer weh. Das Schlimme war, dass es mich so aus heiterem Himmel getroffen hatte. Ich dachte immer, wir wären ein ganz gutes Paar. Da habe ich mich wohl geirrt. Aber heute möchte ich nicht weiter darüber reden. Ich bin froh, dass Anton Fritzmeier noch lebt und wir auch sonst keine weiteren Toten beklagen müssen. Lassen Sie uns ein Bier auf das Wohl des alten Bauern trinken, alles andere können wir, falls nötig, zu einem späteren Zeitpunkt besprechen."

Rodehutskors war froh, dass Maren Köster das Ende der Beziehung zu Grafenberg nicht in den Mittelpunkt rückte. Es war nicht gerade seine Stärke, über solche Dinge zu reden. Also holte er zwei Flaschen Bier und prostete der schönen Frau zu.

In diesem Augenblick betrat Schulten Jupp den Verkaufsraum des Hofladens. Er steuerte direkt auf die beiden zu.

„Na, habt ihr Antons neuen Knecht schon bestaunt?"

„Ich würde eher Zwangsarbeiter sagen", entgegnete Rodehutskors. „Aber er soll sich nicht beschweren. Wenn Fritzmeier nicht so großzügig gewesen wäre, hätte es auch schlimmer für ihn kommen können. Es ist doch schön, dass man auf dem Dorf noch etwas auf dem kleinen Dienstweg regeln kann. Es muss ja nicht immer gleich zu einer gerichtlichen Auseinandersetzung kommen. Und ich glaube, Nolte hat dazugelernt."

Maren Köster gab Schulte durch Handzeichen zu verstehen, dass sie kurz unter vier Augen mit ihm zu sprechen wünschte. Die beiden gingen nach draußen in den milden Frühlingsabend.

„Ich wollte eben nicht darüber reden, als der junge Nolte dabei war. Aber vor einer Stunde ist sein Vater festgenommen worden. Er ..."

Schulte hatte an diesem Tag nichts Dienstliches mitbekommen und war völlig überrascht von dieser Nachricht.

„Er steht im Verdacht, Salzmann zu der Entführung von Anton angestiftet zu haben", fuhr sie fort. „Salzmann ist heute Morgen beim ersten Verhör völlig zusammengebrochen. Er musste erst einmal medizinisch wieder aufgebaut werden. Gegen Mittag fing er an zu reden. Und hörte kaum wieder auf. Fast zwei Stunden lang hat er uns sein ganzes Leben vor die Füße gelegt. Und dabei hat er den alten Nolte heftig beschuldigt. Der sei zu ihm gekommen und habe ihn aufgehetzt gegen dich und gegen Anton. Vor allem gegen Anton. Er habe ihm klargemacht, dass Anton ein Hindernis sei, dass Heidental nur dann eine Zukunft habe, wenn er aus dem Weg geräumt würde. Bei Salzmann hat er damit wahrscheinlich offene Türen eingerannt, denn für den wart ihr beide sowieso ein rotes Tuch."

„Aber warum?" Schulte war fassungslos.

„Nolte senior hatte wohl erkannt, dass die Bemühungen seines Sohnes keinen Erfolg bringen würden, und wollte die Sache selbst in die Hand nehmen. Auf seine ganz spezielle Art. Er hat dann wohl mit verschiedenen Dorfbewohnern geplaudert, um herauszufinden, wo es einen Ansatzpunkt geben könnte. Dabei hat er irgendwann auch Salzmann kennen gelernt. Ich denke, Nolte senior, dieser erfahrene Machtmensch, hat gleich erkannt, mit welchem Typen er es zu tun hatte und was für Möglichkeiten sich dadurch für ihn boten. Aber das müssen wir erstmal beweisen. Bisher basiert alles nur auf der Aussage von Salzmann. Und was für ein verdrehter Kopf das ist, brauche ich dir wohl nicht zu sagen. So, jetzt lass uns wieder reingehen. Ich habe Durst!"

Nach und nach füllte sich Fritzmeiers Hofladen. Die geladenen Gäste aus dem Dorf redeten alle aufgeregt miteinander. Die Ereignisse in der Nacht zuvor waren natürlich eine echte Sensation, die in aller Ausführlichkeit besprochen werden musste.

Dann nahm Rodehutskors Schulte noch einmal beiseite. „Wissen Sie, Herr Schulte, eigentlich habe ich ja noch ein Hühnchen mit Ihnen zu rupfen. Sie sind einem Mörder und Psychopathen auf der Spur, und mich schicken Sie los, um die Hofläden in Ostwestfalen zu besuchen. Wenn nicht eine super Story dabei herausgekommen wäre, würde ich kein Wort mehr mit Ihnen reden. Aber sagen Sie mir wenigstens, was jetzt mit diesem Salzmann ist. Ich verspreche Ihnen auch, dass ich die ganze Angelegenheit weiter vertraulich behandeln werde. Reine Neugierde. Aber das muss ich Ihnen ja wohl nicht sagen. Wir kennen uns ja schon lange genug."

„Also gut, Herr Rodehutskors, weil Sie es sind. Was wir schon mit ziemlicher Sicherheit sagen können, ist, dass es sich bei Salzmann um einen psychisch kranken Menschen handelt. Nach den Verhören wird er mit großer Wahrscheinlichkeit in die Forensik und nicht in Untersuchungshaft kommen, um sein genaues Krankheitsbild herauszufinden. Nun zu seinen Taten: Bis zum jetzigen Zeitpunkt wissen wir, dass er in den letzten fünf Jahren mindestens vier Menschen ermordet hat. Die Personalien der Toten und die Todesursachen werden noch überprüft. Anfangs mordete Salzmann, weil er der Überzeugung war, dass der Tod die beste Lösung für die Leute war. Und so richtete er sie hin. Er war fest davon überzeugt, dass er den Menschen, die er umgebrachte, geholfen hatte. Gleichzeitig war er stolz darauf, dass niemand die Verbrechen bemerkte. Im Verlauf der Zeit veränderte sich seine Sichtweise der Welt. Er kam sich als genialer Täter vor, von dem aber leider niemand Notiz nahm. Das machte ihn zuerst unzufrieden, dann wütend. Er wollte Anerkennung. Und ich? Ich hielt ihn für einen der Schwätzer, die hier bei Fritzmeier jeden Abend Bier tranken. Okay, er war nicht so nervig wie die anderen, manchmal konnte man sogar ganz vernünftig mit ihm reden. Aber ich fand ihn irgendwie aufdringlich. Wahrscheinlich, weil er krampfhaft versuchte, mir etwas mitzuteilen. Als das alles nicht fruchtete, schrieb er mir anonyme Briefe. Den Rest kennen Sie ja." Die neuesten Nachrichten über den Einfluss des alten Nolte auf Salzmann verschwieg Schulte.

Rodehutskors wiegte den Kopf. „Die Menschen sind schon seltsam. Wenn ich es mir so recht überlege, hätte dieser Salzmann unerkannt morden können bis zum Sankt Nimmerleinstag. Aber seine Eitelkeit selbst hat ihn dazu gebracht, sich letztendlich als Mörder zu erkennen zu geben. Irgendwie sorgt irgendwas in dieser Welt zu guter Letzt doch immer für Gerechtigkeit."

Die beiden Männer waren so in ihr Gespräch vertieft, dass sie gar nicht bemerkt hatten, dass sich Anton Fritzmeier zu ihnen gesellt hatte.

„Jetzt lass doch mal den albernen Salzmann! Wisst ihr, was ich mich überlegt habe? Der Nolte macht ja jetzt hier bei mir die Strafarbeiten. Der hat doch bis letzte Woche bei dieser Supermarktbude gearbeitet. *Omas Hofladen.* Der kennt sich doch aus. Mein Geschäft läuft ja wie ein Länderspiel. Warum soll dat nich auch woanders in Deutschland klappen? Was haltet ihr davon, wenn ich auch so eine Kette aufmache, wie die dat hatten? Fritzmeiers Hofladen." Der alte Bauer strahlte selbstzufrieden. „Der Nolte kann mich doch dabei helfen. Ich sehe schon überall meine Geschäfte stehen. Und ich werde auf meine alten Tage noch ein reicher Mann."

Anton Fritzmeier hatte den Satz kaum ausgesprochen, die anderen wollten ihm gerade diesen Unfug ausreden, da wurde die Tür aufgestoßen. Im Eingang stand ein massiger Polizist. Schulte erkannte dessen Panzerknackergesicht sofort. Wachtmeister Volle.

„Wir haben den Hinweis bekommen, dass hier illegaler Schankbetrieb stattfindet. Keiner verlässt den Raum!" dröhnte Volle „Bitte halten Sie alle Ihre Personalausweise bereit. Und dann wollen wir doch mal sehen, mit wem wir es hier so zu tun haben. Sieh an, Polizeirat Schulte ist auch in dieser ehrenwerten Gesellschaft vertreten."

Oh Gott, Wachtmeister Volle, dachte Schulte der dümmste Polizist Detmolds.

„Wat is dat denn für einen Unsinn?", polterte Anton Fritzmeier los. „Dat hat mir doch dieser bekloppte Bangemann einchebrockt. Nur weil der Herr Dorfvorsteher nich eincheladen war, scheißt der mich an. Ich sach ja immer, je bekloppter so Politiker sind, um so chefährlicher sind die."

Maren Köster ging in aller Seelenruhe auf Volle zu, zog ihn mit sich hinaus und blieb eine Minute mit ihm draußen. Die Besucher innerhalb des Hofladens warteten angespannt. Dann kam sie zufrieden lächelnd wieder herein. Ohne den Wachtmeister.

„So, den sind wir los!", sagte sie und rieb sich die Hände, als hätte sie sich schmutzig gemacht.

„Wie haben Sie das denn hingekriegt?", fragte Rodehutskors laut lachend.

„Ach, dieser Knallkopp! Ich habe ihn aufgefordert, mir zu sagen, ob eine Anzeige vorliegt. Ob er sonst irgendwie legitimiert sei, hier in eine geschlossene Gesellschaft hereinzuplatzen. Er konnte natürlich nichts vorweisen. Ein Kumpel habe ihm den Hinweis geben, dass hier was nicht mit rechten Dingen zuginge. Na ja, dann habe ich ihm klargemacht, was ihn erwartet, wenn ich sein Verhalten melde. Das hat selbst Volle verstanden. Was kuckt ihr alle so? Kriege ich in diesem Laden endlich was zu trinken?"

Anton Fritzmeier schüttelte den Kopf. „Nee, nee, früher konnte man bei uns in Heidental feiern bis zum Abwinken. Da hat keiner wat chesacht. Aber seit wir solche Städter wie den Bangemann hier wohnen haben, ist dat mit der Chemütlichkeit vorbei. Aber der wird kein Ortsvorsteher mehr. Dafür sorge ich."

„Wieso Städter?", fragte Schulte verblüfft.

„Ja weiße, der Bangemann kommt eigentlich aus Düsseldorf. Der is ers vor fünfzich Jahren hier hinchezogen. Aber dat kanns du ja nich wissen, du bis da auch so einen Zuchezogenen. Wenn auch nenn chanz vernünftigen.

Weitere Lippe-Krimis in Buchform von Reitemeier/Tewes:

Varusfluch	336 Seiten, ISBN 978-3-936867-28-2, Detmold, 2008
Jugendsünden	288 Seiten, ISBN 978-3-936867-22-0, Detmold, 2007
Strandgut	304 Seiten, ISBN 978-3-936867-18-3, Detmold, 2006
Blechschaden	320 Seiten, ISBN 978-3-936867-14-5, Detmold, 2005
Purer Neid	304 Seiten, ISBN 978-3-936867-11-4, Detmold, 2004
Stürmerfoul	368 Seiten, ISBN 3-9807369-8-9, Detmold, 2002
Der Berber	288 Seiten, ISBN 3-9807369-1-1, Detmold, 2001
Fürstliches Alibi	224 Seiten, ISBN 3-9806101-9-5, Detmold, 2000

Erhältlich im Buchhandel!

topp+möller
Medien optimal genutzt!